Samlekort

(Postkort, Kørekort og Julekort)

© 2019 – Nete Yom Knudsen
Forlag: Books on Demand – København, Danmark
Fremstilling: Books on Demand – Norderstedt, Tyskland
Bogen er fremstillet efter on-Demand-proces

ISBN 978-87-4301-107-1

Holbæk d. 09.09.2019

Kender du det, at den ene historie tager den anden? Det var sådan, min Postkortbog pludselig blev til en hel trilogi af KORTe historier om mennesker og begivenheder, jeg har mødt og oplevet over en periode på mere end to årtier, og her forsøgt gengivet så præcist, som hukommelsen nu tillader det.

Hvis DU skulle have sneget dig ind et sted i bogen, og efter endt læsning tænker, "Det har jeg da aldrig sagt eller gjort!" eller "Sådan var det *overhovedet* ikke!", kan jeg kun beklage. For med undtagelse af en enkelt kørelærer, har det ikke været min mening, at fornærme nogen.

Postkortfortællingerne blev oprindeligt skrevet til venner og bekendte på Facebook, og indeholder hverken sex, mord eller gluten. Der er ikke foretaget professionel korrektur læsning (men tak for tilbuddet og grydelapperne Lisbeth), og forfatteren (det er så mig), har ikke optrådt i hverken Aftenshowet, Den Store Bagedyst eller Luksusfælden. Men har du alligevel mod på, at læse lidt videre så:

Velkommen til mit liv, og Rigtig God Fornøjelse!

Blå Bog

Fornavn: Nete (udtales som magnete uden mag)
Mellemnavn: Yom (koreansk efternavn)
Efternavn: Knudsen (uden stumt h eller andre lumske bogstaver)
Oprindelse: Made in Korea
Dansk: Pæn udtale med til tider let jysk accent
Koreansk: Survival niveau
Engelsk: Læner mig op ad en Ph.d. i Danglish
Tysk: Karl spielt Klavier, das klingt schön!
Forældre: Henrik og Anette Knudsen
Bror: Verdens bedste rap, bror, and
Børn: 19 + div.
Uddannet: Folkeskolelærer, Serviceøkonom i Turisme, Diplomtræner og Sandwich Artist
Allergisk over for: Parfume, uforskammethed og konsulenter.
Elsker: Ritter Sport, origami, Queen, Hugh Laurie, Frasier, J-O W, stilhed og buffeter
Hader: Larm, røg, utaknemmelighed og ting der dingler fra diverse hattehylder
Bekendte: Virkelig mange
Venner: Tilsvarende få
Motto: Evigt håb spirer i fed mands mave (tyvstjålet fra Basserne)
Håber: Ikke at ende som katte-dame hverken med eller uden kat.

Indholdsfortegnelse

Postkort

og 29 andre rejsefortællinger

Til min bror Andreas

Forord
af min rejsemakker Lille Pind

*"Phhrrrmmppp hmmmvvvddd ppphhhfff ggnnrrr vvgghh Hrmmpppfffhhh hhhhrrmmppf mmmppprrr!"**

*(Så få da købt den selfiestang!)

Juli 2006
Busstoppested i Kalmar

Han var som taget ud af en amerikansk western. Iklædt forvasket T-shirt, cowboyhat og med et græsstrå dinglende i mundvigen, og for at gøre outfittet komplet, bar han en tynd vest, selvom det var højsommer. Rastløst gik han frem og tilbage, og forsøgte at få øjenkontakt imens.

Efter en nat hvor den primære aktivitet havde været interval flueklaskning, ville jeg egentlig bare hjem til Holbæk, og det hurtigst muligt. Ferien med bus rundt i hele den sydlige del af nabolandet var alligevel slut for denne gang. Desuden var der noget i hans blik, der virkede for kontaktsøgende. Han trak let på det ene ben, men var egentlig pæn på sådan en Hollywood cowboyagtig måde. Det til trods var jeg fast beslutte på ikke at småsnakke, og kiggede derfor konsekvent modsat af hans blik.

"Can I ask you something?", spurgte han pludseligt, stående få skridt væk med en accent der var så klokkeklar prærieagtig, at køerne kunne have ligget på lur i græsset.

3

Spørgsmålet gik på, om hvorvidt jeg mente, at det var nødvendigt, at han anskaffede et sæt ringe, når nu han skulle hjem og fri til sin ungdomskæreste. Det svarede jeg bekræftende til, mens der blev kigget langt efter Säfflebussen, der var opkaldt efter næsten-nabobyen til Fucking Åmål[1]. Trods min ikke alt for snaksaglige attitude, fik jeg uopfordret en bid af hans livshistorie.

I 7 år havde han, uden at have været hjemme en eneste gang, rejst rundt i hele verden og nu opbrugt hver en dollar, af den erstatning han havde fået, efter at være blevet skudt under et røveri, hvor han uheldigvis havde stået i vejen. 4 år tidligere et sted i Indien havde han mødt en svensk pige under en yoga-session midt i nowhere, og hun var nu hans absolut sidste stop, inden turen gik hjem to the Midwest, for at overtage forældrenes farm og blive gift med sin high school sweet heart.

"She has Grown fat!" sagde han tørt, da han fik øje på den svenske veninde, inden han forlod bussen i Karlskrona.

---

[1] Åmål: svensk by. Fucking Åmål: titel på svensk ungdomsfilm

August 2005
Vandrerhjemssovesal i Uppsala

Hun så indisk ud, meget mørk, spinkel og talte engelsk med fransk accent. Hun havde kigget en del, som om hun ville spørge om noget, men ikke vidste, om hun skulle gøre det. Efter to dage i samme seng men på hver vores etage spurgte hun forsigtigt inden sovetid... Om jeg talte engelsk? Om jeg var adopteret? Om hun måtte stille nogle spørgsmål?

Det viste sig, at hun ganske rigtigt var franskmand, men at forældrene var flyttet til Frankrig fra Indien, inden hun blev født. Gennem det meste af sit liv, faktisk indtil få uger inden, havde fortællingen været, at moren var født blind, og at familien var immigreret, for at hun kunne få bedre hjælp i Frankrig end i hjemlandet. En aften havde moren på kraftig opfordring af lægerne alligevel fortalt sin datter, at det ikke var den helt sande historie.

Hun havde håbet, at der inden datteren blev voksen, ville være fundet en behandling, der kunne kurere, ikke den påståede medfødte blindhed men den sygdom, der på kort tid havde taget hendes syn, mens datteren endnu var

5

spæd. Hun havde altså ventet... og håbet. Men forgæves... Tiden var derfor kommet, hvor lægerne havde sagt, at hun skulle informere sin datter om, hvordan situationen i virkeligheden var, da denne selv kunne risikere pludselig at blive blind. Endnu inden chokket havde fortaget sig, havde datteren sagt sit job op med dags varsel, og efterfølgende rejst ud for at se så meget af verden, hun kunne nå, og havde råd til, så hun var sikker på, at have set "noget", inden hun måske en dag vågnede op, uden at kunne se noget som helst.

Som mange andre drømte hun om, at få børn og blive mor, men de spørgsmål der nu pressede sig på, var nye og endnu ubesvarede. De handlede om adoption, og om at vokse op som adopteret, men da hun ikke tidligere havde haft brug for viden om emnet, og ej heller kendte nogen med sådan en baggrund, brændte hun efter at spørge bare en eller anden. Det blev så en tilfældig fremmed på en sovesal nord for Stockholm.

Om det var min erfaring, at kærlighed overvinder alt? Alt, som i f.eks. racespørgsmål? Om jeg mente, at udsigten til arvelig blindhed var bedre end at vokse op og ufrivilligt se anderledes ud end resten af familien? Hvad svarer man lige til det?

Hun så åbenlyst sønderknust ud, men det er vel naturligt, når udsigten til hendes fremtidsdrømme på nul komma fem brutalt var blevet skudt i smadder?

Juli 2006
Næste Stop Göteborg

" Jamen herregud. Är du inte svensk? Du prater väldigt bra svenska!". Efter et par dage i Karlstad i toppen af Vänern på endnu et besynderligt og næsten tomt vandrerhjem med et gurglede og generelt larmende toilet, højt placeret i forhold til resten af byen, gik turen nu i bus ned mod Göteborg på Sveriges vestkyst. Ved siden af mig på forsædet i en komfortabel Swebus sad 90 årige Margarethe, der præsenterede sig, allerede inden vi kørte ud fra p-pladsen. "Jag heter ochså Ahlgreen, som dom godis bilerna!" Det grinede vi af begge to. Da jeg lidt senere tilbød en MER päron juice, takkede hun pænt nej med begrundelsen; Hvad der kommer ind, skal jo også ud.

Mens det gik sydpå med svensk sommerradio strømmende ud af højttalerne i en bus proppet med ferieglade mennesker, fortalte hun om, hvordan hun selv og den nu afdøde mand havde cyklet rundt med telt, inden verdenskrigen brød ud. Det havde været gode men økonomisk trængte år. Da børnene flyttede hjemmefra, den ene til Öckerö hvortil hun nu var på vej, havde de haft råd til at rejse, men det var ikke noget for ægtefællen. Faktisk var han imod alt udenlandsk.

På et tidspunkt fortalte hun, at noget hun gik og drømte om, men pga. mandens modvilje aldrig havde turdet gøre, var at gå ind på den der amerikanske restaurant med det store gule M-skilt, der lå på torvet over for hendes lejlighed hjemme i Karlstad, og bede om sådan en bolle med et svært udtalt navn. "Dom ser jättegoda ut!"

August 2005
Strömkajen Stockholm

Som skabssvensker med hang til Kalles kaviar, J-O's forhånd og Roxette ad. lib. er det altid en fornøjelse, at slentre rundt i den svenske hovedstad, og når solen skinner, og spejler sig i det klare vand, vil glæden næsten ingen ende

8

tage. At sidde med fødderne i vandet og kigge over på trendy Södermalm mens Katarinahissen drøner op og ned mellem vandspejlet og Coop skiltet, ja så er det i sandhed blevet sommer.

Turbåde er der mange af, og Strömmabådene sejler til næsten alle afkroge af skærgården. Placeret cirka midt i køen til et fire timers mini krydstogt, stod jeg, og kiggede på de forbipasserende. Ham der stod bagved, kiggede også, ja faktisk var stirrede mere dækkende, dog ikke på folk men kun på mig. Når jeg så vendte mig om, kiggede han den anden vej for blot at kigge videre sekunder efter. Han var bleg, som kun en englænder kan være det. Det sparsomme hår næsten hvidt, skjorten lys, bukserne beige. Kun tasken med det store kamera havde en mere markant farve.

Da jeg atter mærkede hans øjne i nakken, vendte jeg mig hastigt, og spurgte vist knapt så venligt, "om han ville spørge om noget?!" Det nikkede han ivrigt til, selvom han så lidt genert ud. "Du må undskylde, at jeg kigger sådan, men... er du koreaner?" De fleste sådanne forespørgsler plejer at have ordlyden "kineser", så lidt overrasket blev jeg, mens jeg svarede "ja", efterfulgt af et "hvorfor?". Han præsenterede sig som James F.,

9

irsk akvarelmaler, på Skandinavien rundrejse indtil konen blev pensionist. Hans søn var en måned tidligere immigreret til Korea, for at tjene gode penge som engelsklærer på Koreas østkyst. Derfor hans interesse for min nationalitet.

Bommen blev hævet, og alle i køen myldrede nu ombord. Langs den ene side fandt vi to gode pladser med fin uforstyrret udsigt, og mens skibet tøffede rundt mellem alle skærene, flere beboet med de traditionelle falunrøde småhuse, stillede han en masse spørgsmål om Korea, som han håbede, engang at kunne besøge, og fortalte desuden om alt det han havde oplevet på turen indtil videre.

Der var dog noget, han ikke kunne hitte rundt i. Op af tasken hev han et noget krøllet kort, og forklarede, at han ikke kunne forstå, at gaderne i Stockholm slet ikke lå, der hvor de burde i forhold til hinanden. Stavningen passede også kun sporadisk. Så sent som dagen inden, havde han godt nok fundet Strandvejen, men de andre gader var ikke placeret korrekt. Da jeg kiggede nærmere, klukkede jeg højt... for det var et kort over København.

April 2016

Beach Street, San Francisco

I Guds eget land er kontrasterne enorme. Både når det gælder økonomisk formåen, størrelsen på folks livvidde og stort set alt andet der kan måles og vejes. Da jeg var få hundrede meter fra mit hostel dagen inden efter en lang tur over først Atlanten og sidenhen USA i hele landets bredde, havde en flok afrikansk udseende drenge i 12-15 års alderen ud ad det blå, budt velkommen ved at tyre isterninger fra en stor restaurationspose efter mig. De grinede, og reagerede ikke med andet end høje jublende lyde, ikke engang da en af isklumperne ramte mig under det ene øje, og jeg begyndte at græde, var der nogen anden form for reaktion. Ikke lige hvad man forventer en sen eftermiddag i silende regn på sin første dag i Amerika.

Med det i tankerne den efterfølgende dag efter at have snuset rundt på området ved Fort Mason, sprang pludselig en tydeligt forstyrret dame frem, der åbenbart boede i et ukendt antal sorte sække bag en række buske ved det maritime nationalmuseum. Hun kiggede sig vildt omkring, med øjne der næsten roterede af intenst vanvid, inden hun med hovedet på skrå, betroede mig;

"They Will come and get us!" Jeg troede hende på stedet. I hvert fald på, at en af os blev hentet... snart! Som en anden kuk-urs fugl på retræte kravlede hun straks ind bag busken og de sorte sække igen. Der så lidt trangt ud, så jeg valgte bare at gå videre.

Juli 2006
Slottsskogens Vandrerhem, Göteborg

Når man deler værelse med op til 15 andre, er det altid en del af underholdningen, at iagttage de andre rejsende. Ejeren af overkøjen ved siden af min havde jeg efter tre dage stadig ikke set i vågen tilstand, da hun sov om morgenen, dybt begravet under hele to dyner og ikke kom hjem, samme dato hun tog afsted. Den sidste aften inden jeg skulle videre, var hun ved at dresse up, da jeg kom hjem for at sove.

Makeuppen og håret sad perfekt. Tøjet så dog ikke super komfortabelt ud, men ville uden tvivl vække jubel hos et hvilket som helst hankøn. Jeg må have kigget længe nok til, at hun bemærkede det, for hun pegede på sig selv, og præsenterede sig som "Poledancer".

Lidt senere vidste jeg også, at kun kom fra Umeå oppe i Nordsverige, og at hun havde fortalt forældrene, at hun studerede økonomi her nede i Göteborg. Sandheden var dog en anden, nemlig den at hun de sidste måneder havde boet på sovesale rundt i hele Europa, levet vildt, danset og strippet om natten, og så sovet om dagen. Hun orkede ikke tanken om det liv, forældrene håbede, hun ville leve, men orkede på den anden side heller ikke tanken om deres skuffelse, når det tætteste hun ville komme på professionel berømmelse, nok var at have givet prins Albert en lapdance i Monaco.

"Fa'n neeej...!" sagde hun, inden hun kiggede opgivende på mig, tog sine stiletter, og lagde dem ned i tasken, og forlod værelset på vej ud i sommernatten.

Oktober 2013
Zürich Hauptbahnhof

Med et Whopper Meal på bakken kiggede jeg ud over de relativt få siddepladser, der var hos Burger King. Mindstemand i en familie på tre snuppede det eneste bord, hvor folk så ud til at bryde op, og så kunne jeg bare stå, og se fåret ud. Pludselig spottede jeg alligevel et to-mandsbord, masede mig frem, og havde kun lige sat bakken, da en meget trist og træt udseende mand med en backpack, der ikke umiddelbart bar præg af at være på ferierejse, men nok snarere indeholdt alle mandens ejendele, på gebrokkent engelsk spurgte, om han måtte sætte sig. Mens jeg gumlede løs på dette pragteksemplar at fastfoodens kongemenu, sad han foroverbøjet med begge hænder foldet omkring en kop kaffe, og pegede så på min grønne ketcherbag.

På tysk fortalte jeg om racketlon, ketchersportens svar på mangekamp, om det netop overståede VM og om mit første stævne et halvt år tidligere i Göteborg. Så sagde han pludselig på klingende svensk, at han var vokset op i Malmø, hvorpå jeg på "røversvensk" fortalte, at jeg var dansk, hvilket han sagde, han godt havde gættet. Svensk var jeg i hvert fald ikke! Hans svar faldt på dansk… Så sad vi der, han med en nu tom papkaffekop, og jeg med en halvspist burger.

Han fortalte, at han var hjemløs, men havde taget røven på de schweiziske myndigheder gentagne gange. Han vidste præcis, hvor og hvor længe man kunne opholde sig, før man fik problemer.

Det eneste der ifølge ham selv holdt ham oppe, var tanken om at blive genforenet med sin nu voksne datter, han ikke havde set, siden hun var 4 år. Kæresten havde været utro, og i vrede og afmagt var han stukket af for at glemme, men årene var gået, og ja... nu var det alt sammen nok for sent. "Man kan jo ikke bare dukke op 20 år senere og sige "Hejsan". Måske hun slet ikke vil se mig". Jeg tilbød at købe en omgang mad, men han rystede på hovedet, tog sin rygsæk, og forsvandt ud i banegårdens mylder.

Rejseramme Fra Zürick

April 2016
HI Hostel Fort Mason, San Francisco

Hollænderen Dirk med det store vilde hår havde fortalt, at han til daglig boede i Malaga, havde skrevet speciale om geologi-et-eller-andet, og spillede racketlon hjemme i Holland. I hostellets opholdsstue lige foran mit sparsomt beboede fællesværelse med direkte udsyn til den sagnomspundne store orange bro, sad han med snuden i nogle papirer, de gange jeg passerede, for at hente vand i den gurglende vandmaskine. Han virkede ekstraordinært flink og meget levende, men fortalte over morgenmaden, mens vi begge ventede på tur til at benytte brødristeren, at han skulle videre ud i naturen på et 7 dages hike, hvorpå vi ønskede hinanden held og lykke med vores forskellige fortsatte oplevelser.

8 dage senere i fælleskøkkenet efter at have set tæt på samtlige turistattraktioner i hele SF, står jeg, og vasker op efter aftenens dåsemenu fra det nærliggende Safeway. "You are reeeally Niiice!" En pige forsøger at gøre sig interessant over for en med en noget fyldig frisure. Denne kigger tværs gennem hende, over på mig og udbryder så et begejstret, "It's you!", hvilket han jo sådan

17

set havde ret i. Hollænderen var tilbage, efter at have delt telt med en filippinsk fyr, der troede, han bare kunne sove på jorden ude i naturen med en pude under hovedet. "Da jeg fandt ham, var han så afkølet, at vi måtte ligge hud mod hud for at få varmen. Det lyder lidt gay, I know, men seriøst, han var helt frossen!"

Han spørger, om vi skal lave noget senere, hvortil jeg svarer, at så skal det være samme aften, i det det er min sidste dag, inden turen atter går hjem til Danmark.

Da han skal skifte til et andet HI hostel tættere på sit konferencested, der skal huse den årligt tilbagevendende geolog-geografi-konference-something, aftaler vi, at mødes ved Hilton Union Square. Men samme aften konstaterer jeg, at der ikke er noget Hilton ved pladsen, der bærer samme navn som hotellet. Inden det nåede der til, havde jeg tilbragt dagen med at indsnuse atmosfæren ved et af de mest berømte universiteter i verden, nemlig Stanford med de karakteristiske flade gule bygninger med røde tage, omkranset af palmer, mens de studerende der sidder på græsset, ser ud til at nyde, at studere netop dette ikoniske sted.

Togturen derud foregik i selskab med en stor og temmelig behåret ungarsk professor ved navn Zoltan. Inden ombordstigning spurgte han nysgerrigt til mit Clippercard, San francisco versionen af et dansk Rejsekort, og vupti, så havde jeg en rejsemate for life! I hvert fald hele vejen til Palo Alto, hvor jeg skulle af. Han fortalte, at som ungarsk universitetsprofessor havde det taget ham adskillelige år, at spare sammen til netop denne rejse, som var nøje udvalgt, eftersom den konference han skulle deltage i, blev afholdt forskellige steder i verden, men at han allerhelst ville opleve USA. Han vidste ufattelig meget om europæiske lønninger, og det viste sig også, at han havde bedre styr på min lærerløn, end jeg selv havde.

Taletiden på den godt en time lange togtur var fordelt cirka 57 min. vs. 3 min. Hans søn ville myrde ham, hvis ikke han kom hjem med et billede fra Googles hovedkvarter, og missionen denne dag var da også, at komme på guidet tur i Silicon Valley. En billet til sådan et arrangement havde han imidlertid ikke, men var sikker på, der måtte stå adskillige guider til rådighed, så snart han ramte den rigtige station. "For Gods sake, This is America!".

På mine 3 minutter fik jeg fortalt, at jeg samme aften skulle mødes med en af hans konference kolleger, men han var tydeligt mere interesseret i det Target indkøbskatalog, der lå på et af nabosæderne, men de havde også gode tilbud på både kød og sokker. Jeg skulle af først, hvilket mine ører var meget taknemmelige over, men vinkede selvfølgelig tilbage, da toget med Zoltan viftede vildt med sine store behårede arme, kørte ud af mit liv.

Efter som nævnt at have konkluderet, at Hilton Union Square ikke findes ved Union Square, lykkedes det efter en del forespørgsler, at finde frem til hotellet, men mødetidspunktet var for længst passeret, og jeg forbandede min egen nærighed, der gjorde, at jeg ikke havde en funktionsdygtig telefon på mig. Stående midt på fortovet spejdende til alle sider, kommer skuffelsen rullende, og rammer hele kroppen, da jeg pludselig er ved at blive løbet over ende... af hollænderen!

Efter i kor at have fastslået, at Hilton Union Square ikke er at finde på den indlysende adresse, indfinder vi os på en lille thairestaurant i området ved restauranttætpakkede men ret scary Ellis Street. 10 minutter inde i en god omgang grøn karry med kylling, er jeg ved at berette om dagens besøg på Stanford og om, hvordan jeg fulgtes i toget med en af hans konferencekolleger fra Ungarn. Han griner af beskrivelsen, der får et ekstra pift med fagter og sjove udtryk, men jeg griner endnu højere, da en stor mand kommer næsten væltende baglæns ud fra toilettet allerbagerst i lokalet. Selv fra lang afstand var der ingen tvivl. Da manden storsmilende og lettere klodset passerer vores bord, siger jeg "Dirk... This is Zoltan from the train!"

April 2016
Golden Gate Park, San Francisco

Pigen i nabokøjen hed Anna, var 20 år og fra Schweiz. Hendes to rullekufferter med en masse badges fra primært europæiske lande stod pænt for foden af hendes seng. Ankommet to uger tidligere, var hun nu på jagt efter et værelse, så hun kunne få det optimale ud af en praktikperiode som sygeplejerske. Bedste bud indtil videre var et 7 m2 værelse hos en halvgammel hel døv kone, der forlangte 6500 kr. pr. måned. Bortset fra adressen havde vi absolut intet til fælles, hvorfor det blot blev til høflige hilsner morgen og aften. På femtedagen havde jeg besluttet at udforske den enorme Golden Gate Park, der er hhv. 5 km lang og 800 m bred og huser et uendeligt antal små og snørklede veje.

Det føles som om man på en almindelig dag, kan gå i adskillelige minutter, uden at møde nogen som helst, og de små stier der ikke er aftegnet på hverken Lonely Planets kort eller den officielle tourist map, er så øde, at det ikke føles helt trygt. Hjertet kommer da også galoperende op i halsen, da jeg pludselig ser en mand i usselt tøj, ligge på en bænk bag en indkøbsvogn fuld af poser med hovedet i en meget unaturlig stilling. Der er ikke andre inden for rækkevidde, men selvom jeg kort forinden bildte mig selv ind, at være på eventyr, skynder jeg mig hastigt videre.

Først da pulsen er normal igen, vover jeg at sætte mig på en anden bænk, og tørrer sveden af panden. Stien ligger stadig øde hen, da en pige kommer gående med en kop kaffe. Kiggede lige en ekstra gang, for af alle mennesker i hele SF (og der er sgu mange!), var det såmænd... Anna! Jeg fortæller om manden, og sammen sniger vi os tilbage. Ved lyden af en god gang harkning aka "gigant slimklat på vej op og ud af svælg", konstaterer vi, at han er i live.

Trods forskelligheder måtte vi alligevel lige vende dette pudsige tilfælde, inden vi ramte vores respektive køjer samme aften. It's a small, small world!

Rejseramme Fra San Francisco og Omegn

April 2006
Vandrerhjemskøkkenet, Fort Mason

"Are you going to eat that?", spurgte en meget sportstrænet fyr med et smørret grin, der vel egentlig var passende nok, efter som den monster sandwich jeg forsøgte at tæmme, var så stor, at den kunne brødføde en mindre familie en halv dag, og det til trods for at jeg netop havde befriet den for over 300 gram blandet kød i skiver. Hvis jeg inden befrielsesaktionen havde stillet brødet på højkant, og sænket temperaturen til 5 grader celcius, kunne det snildt have fungeret som kødopbevaringsdepot. Men når jeg nu havde spenderet en 14 timers luksustur på mig selv, i form af en semi-privat-guidet tur til Yosemite Nationalpark, skulle jeg i hvert fald også have energi til at opleve det hele, hvilket dette fænomen fra afdelingen med færdigmad uden tvivl ville sikre.

Han hed et eller andet Jr., og præsenterede sig som naturguide. Hans nysgerrighed efter hvor turen gik hen, slukkede dog på ganske kort tid mit brændende ønske om at møde en barndomsven. "Sorry to say, but it's the wrong park! Yogi Bear lives in Yellowstone, NOT Yosemite!". Tænkte, at han måske tog fejl, men da han overrakte sit visitkort, stod der sort på grønt "Yosemity Tour Expert".

Sorry Yogi...!

Juli 2013
1,5 Dag Fra Stockholm

På HF i Greve bar min højre Kangaroo sko ordet "København" og den venstre ordet "Stockholm". Begge bynavne var skrevet med sort permanent marker på snuderne. Er ret sikker på, den eneste der syntes, det var tilnærmelsesvis sejt, var mig selv, for de andre var mere optagede af Buffalo eller Doc Martens sko, hvem der druknede bilen i benzin ved køreundervisningsafhentning foran gymnasiet, og så dagens ret (hvorfor var der kun fredagsburger om fredagen?). Men sådan er vi jo så forskellige.

Drømmen var at cykle til hovedstaden mod nord på mit gule Tour de France klistermærkede Everton lyn, og efter to mislykkede forsøg hvoraf det ene bogstavelig talt regnede væk i et historisk langvarigt lavtryk, så det endelig ud til at lykkes, efter at have stiftet bekendtskab med en perlerække af halv eller heltomme vandrerhjem, der lå på hjemstavnsgårde, folkehøjskoler eller som det i Vittsjö, der mest af alt mindede om, og lugtede af surt plejehjem. Plaster på såret var helt klart de harmonikaspillende mænd i dagligstuen.

Efter at have sovet på det der engang var et høloft, hvor en pæn del af aftenen gik med at stoppe sammenfoldede turistbrochurer i sprækkerne, for at undgå alt for mange insekt- og myggebesøg, havde jeg set frem til et sted, hvor man ikke skulle i skuret for at tisse. Norrköpings vandrerhjem, Abborreberg, så fint og bekvemt ud, men da receptionisten hev en gammel nøgle frem, og fortalte, de havde reserveret et særligt værelse til mig, blev jeg lidt ængstelig, da han gik over mod skoven.

Den gule hytte lugtede gammelt, og møl flaksede ud, da min vejviser efter at have sat skulderen imod døren, åbnede ind til værelset. Da toilettet lå halvvejs tilbage mod hovedbygningen ad en øde og tæt bevokset strækning, lånte jeg en kande fra fælleskøkkenet, der kom til at spille en lidt anden rolle, end det den nok var tiltænkt. Om morgenen vrimlede det med sortklædte trist udseende unge mennesker. Spurgte, om det var

27

til en film, men en læderjakkefyr stak mig en avis, hvor overskriften fortalte om begravelse af et alt for ungt menneske.

Trak ind til siden, da jeg ville skifte trøje syd for Björnlunda, da vejret pludselig viste sig fra sin lune side. Et ægtepar i slutningen af halvtredserne cyklede forbi. Manden nikker afmålt, mens damen smiler mere imødekommende. Inden trøjen er pakket i tasken, er damen vendt om, og spørger, om jeg skal have hjælp, mens hun vifter med en telefon med GPS. Da manden efter forbavsende lang tid endelig besluttede sig for at køre tilbage, for at undersøge, hvor hun blev af, havde vi udvekslet livshistorier light, stående overskrævs på hver vores cykel.

De havde adopteret to børn. En koreaner og en fra Sydamerika. Sønnen havde klaret det godt. Havde fået journalistuddannelse, lækker lejlighed og gjorde nu karriere i Stockholm. Datteren var aldrig faldet til i sit nye hjemland. Det havde været smerteligt at opleve. Specielt da hun var barn. Til deres store sorg havde hun meget ung giftet sig med en muslim, stoppet sin uddannelse, og levede nu en selvvalgt afsondret tilværelse sammen med andre muslimske kvinder uden direkte kontakt til det traditionelle Svenson-svenske samfund. "Det er sværest for min mand", betroede hun mig, "Hun var fars pige, men nu ser vi hende kun et par gange om året".

Jeg blev tilbudt en seng og et måltid mad, men med kun 18 km til Björnlunda, sidste stop inden jeg forhåbentlig næste dag efter 10 dage på farten, ville trille ind over Stockholms bygrænse, med, nå ja... i hvert fald den ene hånd hævet højt i luften i triumf, (den anden skulle bruges til at holde balancen), takkede jeg pænt nej. "Vores bryllupsrejse gik til vandrerhjemmet i Björnlunda", sagde manden, og konen nikkede bekræftende. Pudsigt nok, var netop det min slutdestination for dagen.

Oktober 2014
DSB Stillekupe

Turen går med IC3 til Esbjerg som så mange gange før. Det, der er anderledes denne gang, er, at min moster ikke længere bor i Sædding i sit nu alt for store hus, men er kommet på plejehjem. Mindes de mange gange vi har siddet inde i elevationsdobbeltsengen og set det ene reality

29

skodprogram efter det andet, og hvor den virkelige underholdningsfaktor slet ikke var det, der foregik på skærmen, men gamle og altid underholdende mosters muntre kommentarer til de ofte ikke alt for påklædte unge mennesker.

Tænker, at omsætningen i Bilkas cafeteria faldt betragteligt, den dag hun stillede Roveren i garagen for sidste gang. Slut med ris a la mande-ekskursioner, der ofte blev afløst af Cocio og røde pølser med det hele i Søfartsmuseets restaurant, mens vi som et par bedre spioner, kiggede på de andre gæster, så samtaleemnerne til aftenkaffen var sikret. Men nu står der altså plejehjem på programmet.

Damen over for mig i 4 personers indhakket sidder med en flot bog om Finland. Jeg hvisker "Wow, so beautiful!" og laver thumb up. "It's a present" hvisker hun. De første øjenbryn ER allerede løftet, i kupeen hvor et klistermærke visende en mand, der er på vej til at pille næse, indikerer, at her skal man være stille! "Are you adopted?" hvisker hun spørgende. Inden jeg når at svare, fortæller hun, at hun skal besøge sin bortadopterede søster i Kolding, og at bogen er en gave. "I haven't seen her for more than 30 years".

Damen ved siden af mig fortæller så, at hun har adopteret fra Columbia, og mellem Odense og Fredericia har jeg på opfordring, hvisket min egen historie i pixi format. Pludselig virker det som om, kupeen har ører, og en bagved siger højt, at hun altså gerne vil høre resten af samtalen. Folk smiler, nogle griner ingen er sure, hvilket er ret bemærkelsesværdigt stedet taget i betragtning. Folk i stillekupeer er nemlig blevet truet på livet og udsat for andet og mere end stærkt anklagende blikke for langt mindre forseelser.

Damen fra Finland fortæller, at hun har opsporet sin finske søster, der blev bortadopteret til Danmark som 4 årig. De skal mødes på Kolding Station, og søsteren vil have en lilla jakke på. Da vi triller ind på perronen, og dørene går op, står vi, de resterende passagerer, henne ved vinduerne i perronsiden. Da en af damerne først hviner "iiihhhh... nu har de set hinanden" og sidenhen "iiihhhh nu krammer de", er der flere, der får fugtige øjne.

Kupeen er atter blevet stillekupe, da vi fortsætter mod Esbjerg.

31

Januar 2005

Et Sted i Oslo

Det kombinerede matematik- og dansk/matematik liniefagshold var på studietur med Holbæk Seminarium til Norge, uddannelses foregangslandet dengang først i nullerne. Matematikholdet skulle med Charlotte til en folkeskole, for at blive INSPIRERET. Vi andre... Det har jeg egentlig glemt, men det var uden tvivl VIGTIGT! I hvert fald skulle vi mødes efter frokost tæt ved Frognerparken, hvor to af klassekammeraterne forsvandt for at kysse lidt på hinanden. Da de begge var gift, bare ikke med hinanden, blev folk lidt forargede, men som de nærmeste sagde; Vi er jo på tur!

Da de to grupper blev til én igen, udvekslede vi oplevelser. Steen siger grinende, på en måde og med et udtryk som er meget stensk; "Og da vi så næsten var færdige med rundturen, tilbød de, at vi kunne se "noget mye mye spændende". De fortalte, at de havde besøg af en ÆGTE japaner, der kunne folde alt muuuligt i papir, sådan noget ORIGAMI, HELT fantastisk!, men så grinede vi, og sagde, at sådan en havde vi skam selv derhjemme... Hvem skal med på Mac D?!"

Januar 2005

Sinsenkrysset Vandrerhjem, Oslo

Efter udvekslingsopholdet i Korea i år 2000, var jeg blevet ekstra nysgerrig efter at tale med "rigtige koreanere" og ikke sådan nogle "undercover-nogen" som mig selv. I køkkenet var en asiat ved at koge nudler. Ikke tilfældige splatnudler men dejlige koreanske Shinramyon, der fik de danske discount-supermarkeds-instant-spicy-versioner til at smage af udkogt carbonara. Jeg må have kigget længselsfuldt hen på gryden, måske savlet et øjeblik, for hun smiler, og konstaterer, at det er "korean-style!". På bedste konglish (den koreanske pendant til danglish), siger jeg "very massisoryo!" (lækkert) og nikker. "Are you Korean?" vil hun gerne vide. Her efter følger den samme skabelonagtige forklaring på, at jeg godt nok er "Made in Korea", men ellers så dansk som det nu lader sig gøre, selvom hårfarven er langt fra leverpostej. Kort tid efter er nudlerne færdige, hun spiser, jeg går.

Næste morgen kigger jeg forbi køkkenet, for at se om hun er der. Køkkenet er tomt, men pludselig er der en, der prikker mig på skulderen. "Saetakki... I don't know". Saetakki betyder vaskemaskine, og prikkeren er pigen fra dagen før. Jeg går med, og kigger på vaskeanvisningen. Da maskinen endelig kører, småsnakker vi lidt, men det er svært for os begge, at kommunikere det vi gerne vil.

Hun kommer ikke fra Seoul, men fra den koreanske østkyst. Hendes korte kommentar til hovedstaden er, at Seoul er alt for larmende, og der bor for mange mennesker. Hænderne for ørerne og begyndende kvælningsudtryk demonstrerer på bedste vis både larm og forurening. Hun er fløjet til Norge for at se Bergen, hvor det ikke overraskende regnede alle dagene. Hun vil gerne se Tyskland, men ved ellers ikke, hvad Europa har at byde på. Danmark har hun hørt lidt om. "Aaandersssen" udbryder hun efter en lille tænkepause. Jeg giver hende mit navn og telefonnummer hvis nu... og løber så afsted for at tage på endnu en tur rundt i hovedstaden i landet, hvor ikke kun bjergene peaker, men eleverne ifølge Pisa gør det samme.

Hjemme på kollegieværelset i Holbæk pakker jeg ud. Fingrene lugter stadig af det imponerende bjerg af skaldyr, jeg spiste mig igennem på Oslobådens overdådige Restaurant 7Seas. Man kan komme i himlen på mange måder, og rejer plus en god gang gorgonzola var helt klart en af dem for mig! Mens jeg skiftevis tænker på herlighederne, og småbøvser, ringer min mobil. Det skratter... "Nitae? Sorry?! ....This is Mi Ja from Oslo........ Copenhagen. Now. I Will visit.......... Ok?". Lidt forvirret kigger jeg ned i telefonen. "Are you in Copenhagen? Now?" spørger jeg mildt sagt overrasket, da jeg har været hjemme mindre end et kvarter.

På børneengelsk begynder jeg at forklare, hvordan hun kommer til Holbæk, men kan godt fornemme, at hun ikke forstår min forklaring. "Give me Danish person in telephone!" Jeg gentager, og det skratter voldsomt. "Hallo???!". Manden i den anden ende af betalingstelefonen griner. "Hallo? Øhhh... Hun hev bare fast i mit ærme, og gav mig telefonrøret i hånden?!". Da jeg har forklaret sammenhængen, har han indvilliget i, ikke bare at hjælpe hende med at købe billet, men også at følge hende ned på spor 8. Jeg takker, og kaster et blik på uret. Kan lige nå at rydde lidt op, da turen fra hovedstaden til Holbæk trods alt tager en time.

Da jeg senere står på stationen, og der ikke kommer flere folk ud, kan jeg mærke bekymring, der efter endnu et tog bliver afløst af skuffelse. Endnu en time passerer, og jeg kigger forbi stationen en sidste gang, og der... står Mi Ja grinende. "Nitae Sorry! In Roskilde. Biiig Church..... and Vikings!".

Januar 2014
Wien Lufthavn

Wienende varmt var nok den beskrivelse, der passede bedst til det hostel, jeg havde støvet op via booking.com. Gennem først en hovedbygning, så skråt over en halvstor skraldebefængt gårdsplads, op på tredje sal ad trapper med løse lister, og så ned for enden af en tæt på uendelig lang laksefarvet gang, der lå mit værelse.

Der var helt klart noget galt med termostaten, for efter få minutter var jeg iført en mondering, der næppe ville gå andre steder end bag egen låst dør. Dagene gik med turneringsdeltagelse, nytårschampagne på rådhuspladsen og besøg i den lokale zoo, hvor bambusgnaskende pandaer sad på enden i solstrålerne, og nød livet. Men intet godt varer ved. Next stop lufthavnen.

Det lignede kulisserne fra opfølgeren til en film, og havde sikkert også været brugt til noget sådan, men lettere forvirret og i ikke alt for god tid var det lykkedes at finde et skilt, der viste mod terminal G. Med boardingkortet i den ene hånd og passet i den anden, blev jeg ved med at gentage "Terminal G, G..." og var lettet, da paskontrolskuret, for det var faktisk bare et skur, dukkede op. Ud over manden i skuret var der helt og aldeles mennesketomt, og på nær den kraftige gule streg på gulvet der løb vandret med ydersiden, og markerede en skillelinje, var der helt hvidt over alt. Jeg viste passet, manden, en rank bredskuldret fyr i fyrrene, kiggede koldt på det, gryntede, og smed det på en temmelig arrogant måde tilbage i lugen.

Jeg træder lige præcis over den gule streg, da jeg instinktivt tjekker boardingkortet igen. "Shit... Terminal J?! Nej, det kan da ikke passe. Hvorfor troede jeg, det var G?" Det tager præcis mindre end 1,5 sekund, at træde de 2,5 skidt tilbage. Jeg smiler beklagende til vagten, der stadig er eneste levende væsen i hele området, og peger mod "Terminal J" skiltet, der viser stik modsatte retning. Fuldstændig koldt ryster han på hovedet. "No. Go!" siger han, og peger mod G. Jeg forklarer, at tiden er ved at rinde ud, men nej, selvom der stadig ikke er andre i nærheden, OG jeg viser ham boardingkortet, rejser han sig faretruende, peger og råber "GO!". Måtte løbe hele vejen gennem den forkerte terminal og igennem et andet security point, inden jeg våd af sved og temmelig arrig akkurat nåede gaten, hvor jeg blev mødt af en stewardesse, der hovedrystende og med en mine der mere end antydede IDIOT, pegede surt på sit ur.

Happy New Year Wien! Din arrogante skiderik!

Rejseramme Fra Wien

Oktober 2017
Shiphol Lufthavn

Efter endnu en tur til kimchiens hjemland[2] er der mellemlanding i Amsterdam. Køen i security er lang, og folk er evigheder om at få deres sager pakket i de rullende kurve. Hvordan det stadig kan komme som en overraskelse af de helt store, at deres pc skal ligge separat, og at de hverken må medbringe dyrt indkøbte drikkevarer eller have metal i lommerne, er mig en gåde. At det endelig er blevet min tur, går hen over hovedet på mig, da jeg ikke umiddelbart har for vane at reagere på "Sir. Sir...?!... SIR!!!". Da jeg endelig træder frem, og løfter hænderne over hovedet, som jeg bliver bedt om, træder securitydamen resolut et stort skridt tilbage, mens hun med hænderne afværgende foran ansigtet og i forsvarsposition udbryder, "Are you going to do kongfu on me?"

---

[2] Kimchi: Koreas fermenterede nationalret

April 2016
Yosemity, California

Den lille emission free minibus havde, efter at have samlet sidste mand op tæt på Ghiradellis, der bl.a. solgte giga sundae's til op mod 23 USD, sat kursen mod Yosemity Nationalpark. Guiden, en frisk fyr på max. tredive i praktisk udendørs outfit, fortalte om de mange spændende steder, vi passerede. Specielt var de endeløse mandelplantager fascinerende, men hele nødde-set up'et var også ganske forargeligt, hvis man sammenholdt Californiens desperate mangel på vand med hans informationer om mængden af daglige liter, der blev sprøjtet ud dag efter dag, mens store dele af staten lå alt for tør hen tiende år i streg. "95% af alle verdens mandler kommer herfra", oplyste han, inden første fortælling gik over i en beretning om den kinesiske by, vi passerede midt i nowhere.

Selskabet var blandet. To indere i farvestrålende tøj kiggede meget begejstrede, ikke på udsigten men på hinanden. Tre solorejsende af ubestemmelig herkomst sad fordybet i hver deres spejlreflekskamera, og redigerede billeder en god del af turen. En ung sydamerikansk modeltype sad med hørebøffer, og gumlede snacks, og ham

41

til venstre for mig sad i sine egne tanker. Jeg selv havde travlt med at forbande mine alt for korte ben, der ikke engang med tåspidserne, kunne nå bussens gulv, og derved opnå en form for hvileposition, hvorfor de bare dinglede foran stolen som på et lille barn. Det føltes faktisk virkelig ubehageligt. Løsningen blev, at bruge min enorme madkasseskråstregrygsæk som skammel, og kunne så derefter fokusere ordentligt på det fortalte.

Sidemanden mumler et eller andet på tysk, som kommentar til en morsom anekdote. "Ah, du er tysk?" spørger jeg, hvortil han nikker, men ellers ikke ser ud til, at være interesseret i at samtalen skal udvikle sig. Lidt senere spørger han alligevel høfligt, hvor jeg er fra. "Danmark? Jeg holdt ferie i Esbjerg og Vejers som barn", siger han, og smiler lidt ved oplysningen om, at min mor er fra Esbjerg, og jeg har holdt ferie der hver sommer lige siden. Spørger så til hans fødeby i Tyskland. "Ah, det bare er en lille by i toppen af Bayern, og desuden har jeg boet de seneste 4 år i Mexico".

Et uendeligt antal mandeltræer passerer stadig forbi vinduerne i hastigt tempo. "Min veninde bor ellers en time nord for München. Det må være tæt på dig", forsøger jeg. Han ser lidt irriteret ud, og svarer lettere modstræbende. "Jeg voksede op i en lille by, der hedder Herzogen-Aurach". "Ah... hjembyen for Puma og Adidas" griner jeg. "Det er præcis dér, min veninde bor. Hendes mand arbejder for noget, der hedder "Schaeffler", er det et firma, du kender?"

"Jo..." Det mente han jo nok, da det netop var dén virksomhed, der havde udstationeret ham til Mexico.

December 2005
Grey Inn's Road, London

For 260 kr. pr. nat får man ikke meget overnatningsluksus i den engelske hovedstad. Således delte jeg værelse med 14 fyre fra Sicilien, et søskendepar fra Schweiz og en hvis bagage lå spredt ud på gulvet ved personens underkøje. Rummet ved siden af var lige så tæt pakket, og til sammen havde vi 3 toiletter og 4 brusekabiner, hvor kun låsen på det ene toilet faktisk kunne holde fremmede ude. Gulvene i badet ville dumpe en hvilken som helst sundhedsinspektion på stedet, og var nok mere egnet til et biologistudie efter nye (slimede) arter, selvom

43

vandtemperaturen, der var tæt på kogende, nok ville udrydde de mindst levedygtige. På sovesalen var én eneste lampe, så havde man ikke medbragt en pandelampe eller lignende, var det lidt surt, at skulle rode efter tabte effekter midt om natten, med mindre man fandt det stimulerende, at høre vrede kommentarer fra nabokøjerne, der flere gange rummede mere end køjens faste ejermand morgenen derpå.

Nytårsaften lidt før Dronningen hjemme ville tale til nationen, sad jeg oppe i min køje, mens fyrene fra Sicilien havde travlt med at sætte hår, slips, spraye med voldsomme mængder eau de stinke-doro og på skift posere foran rummets eneste spejl, for at se om alt var, som det skulle være. En af dem havde, trods brug af mindst en halv bøtte voks, store problemer med at få lokkerne til at sidde, og ud fra alvoren på hans ansigtsudtryk, kunne en af nutidens største diplomatiske kriser næppe have affødt lignende frustration. Kom simpelthen til at fnise over hele arrangementet, og på en eller anden måde endte det med, at samtlige fjorten fyre fra Sicilien gik modeshow foran min køje, mens jeg hhv. vendte tommelen op eller ned. Pænt underholdende!

Al snak døde dog på stedet, da døren pludselig blev sparket op, og en vildt udseende mand i netundertrøje kom ind med en stor kokkekniv hævet i hovedhøjde. Han marcherede direkte mod den rodede underkøje, og kylede kniven ned i sin kuffert, hvorpå han vendte sig om, og sagde "Don't worry, I'm a chef!"

Juli 2007
Mutianyu Great Wall, Beijing

Med lillebror i bagagen var første stop på en måned lang rejse, Beijing. Guidede ture ud til den mest besøgte del af muren havde vi besluttet, ikke at deltage i. I stedet havde Lonely Planet angivet et busstoppested inde i centrum, hvorfra en lokalbus ville køre så tæt på en mere ukendt del, at selv turister som os, ville kunne finde vej. Eneste europæisk udseende person i bussen er min bror, der i forhold til resten af passagererne ser påfaldende blond ud. Store vejskilte viser, at vi er på rette vej, men for en sikkerheds skyld peger jeg ned i bogen, så chaufføren ved, hvor vi gerne vil af. Han nikker, de forreste nikker, og vi føler os pænt på højde med situationen.

Uden at kunne forstå et eneste ord kinesisk, er jeg ret sikker på, at den information der bliver givet i den skrattende højttaler, må lyde i retning af "Dette er sidste stop. Venligst stig ud!" I hvert fald slukker chaufføren for skiltet i forruden, men ryster på hovedet, da vi kigger spørgende på ham. Vi er nu de eneste passagerer i bussen. Vi kigger lidt nervøst på hinanden, og senere igen peger jeg ned i bogen, men chaufføren nikker bare som første gang. Da vi et godt stykke ude på landet drejer til højre, og skiltet mod muren helt klart viser i stik modsatte retning, begynder katastrofe overskrifter a la "Dansk søskendepar bortført i Kina", at køre inde i mit hoved.

Vi siger ikke noget, da chaufføren pludselig drejer ind på det, der viser sig, at være et busdepot, stiger ud, henter en kasket og en drikkeflaske, og vinker os ud ad bussen. Stedet vrimler med mænd i "køredragt", men at stikke af giver ikke rigtig mening. Derfor går vi med manden. Ude på vejen gør han tegn til, at vi skal vente, hvorefter han forsvinder, for at vende tilbage i en meget slidt personbil. Han slår døren op, og siger "Privat driver?!" mens han peger på sig selv. Lidt kritisk er man jo opdraget til at være, men da der ikke rigtig var nogen alternativer, finder jeg en skriver og et stykke papir frem.

Da "Privat driver" vist er det eneste engelske ord, han kan, går der lidt, inden vi i ordets sande betydning, har tegnet en tændstiksmand-kontrakt, der går ud på, at han kører os til muren, får halvdelen af det aftalte beløb, venter 3 timer, kører os til en bus, hvorefter han får de sidste penge.

Da vi godt ømme i skankerne kommer ned efter at have oplevet det storslåede bygningsværk, sidder chaufføren såmænd, og stanger tænder, og spiller skak med et par andre mænd. Han vinker til os, vi tanker op med lidt vand, og da han lidt senere sætter os af ved busstoppestedet, smiler han bredt, og råber "Goodbye!".

Februar 2015
Sovesal, Prag

At rejse på minimumsbudget, har givet anledning til flere spændende og uforudsete oplevelser og bekendtskaber, men aldrig har barometret vist rødt for fare. Højst lidt irritations gult over f.eks. 12 kinesere, der efter en måned i Europa midt om natten insisterede på at sammenligne IKEA erobringer, inden de skulle retur med morgenflyet, eller en gruppe støjende franskmænd der gik knase-amok over et parti brød-stiks med tilhørende ostedip featuring en smilende ko, der partout skulle nydes med noget brægende amour luftforurening efter en tur i byen. Tidligere besøg i den gyldne stad havde været med familien, hvor komfortniveauet trods alt var en tand højere.

A & O Hostel ligger i et lejlighedsområde, der mildt sagt ikke er super indbydende, men da klokken nærmede sig 23, og der var kampstart allerede klokken 9 dagen efter, gjaldt det bare om at ramme dynen hurtigst muligt. Desværre træder de sidste af en hel bus fyldt med engelske meget berusede fodboldtilhængere ud, og skal tjekke ind før mig. Da der kun er én ansat til stede i receptionen, og alle uden undtagelse snøvlende forsøger at lægge an på hende, bliver det et godt stykke over midnat, inden jeg låser mig ind på det 6 personers værelse, hvor jeg skal sove.

Lyset er slukket, og der er nogenlunde ro i de andre køjer. En ligger dog og... ja, piller ved sig selv, helt uforstyrret af at jeg er dukket op. Da værelset er i stuehøjde, og skæret fra gadelygterne uden for vinduet spreder et vist lys indenfor, viser et nærmere eftersyn, at de fem andre overnattende gæster er meget store kulsorte mænd. På det tidspunkt var jeg næsten segnefærdig af træthed, så stiller tasken, og lægger mig oven på dynen med alt tøjet på, uden dog at besøge drømmeland overhovedet. Burde have bedt om et andet værelse, men for 9 Euro er det vel begrænset, hvad man kan forlange.

Næste morgen er tre af mændene incl. selvpilleren rejst videre, og senere på dagen, præsenterer de to andre sig, selvom jeg egentlig troede, at også de VAR rejst. I hvert fald var deres bagage sendt til lufthavnen, da de skulle hjem efter 3 uger i Europa. Egentlig virkede de flinke nok, men lige lovligt nærgående. Tænker, at det nok er noget kultur-forskels-noget, men træder alligevel et skridt tilbage, da de begge pludselig står alt alt for tæt på. Griner lidt febrilsk, og rabler et eller andet tåbeligt af mig, da den ene træder så tæt på, at jeg uden problemer ville kunne pudse næse i hans skjorte.

"You have a very nice body" siger den ene, og træder endnu tættere på, mens de kigger på hinanden. Mit hjerte sidder nu oppe i halsen, og mens hjernen overvejer, om det er nu, jeg begynder at råbe på hjælp, går døren op, og to europæiske fyre i 20'erne træder ind, selvom de næsten bliver væltet omkuld af afrikanerne, der stormer ud ad døren.

Den ene af de to spørger på tysk, om alt er ok, men da jeg begynder at tude, kan han godt se, at det er det vist ikke helt. Jeg fortæller om de to afrikanere, og han tilbyder at hente hjælp i skranken. Mændene er dog stukket af i en taxa, og efter at have drukket en sodavand og småsludret lidt, er pulsen tilbage til normal.

Lovede mig selv, at det var sidste gang, det blev til overnatning på blandet sovesal, og det holdt da også i næsten tre år, indtil deres søster hostel i Hamburg, alene ud fra et navn sendte en mand op på damesovesalen, hvor han under stor ståhej midt om natten, nægtede at forlade rummet, da det jo ikke var hans fejl, at de troede, han var en FRAU.

Påsken 2006
Ingerslevgade - ZOB Kaiserdamm t/r

Skulle besøge Manuela min udvekslingsveninde i Berlin. Uden for bussen står en fyr og ryger. Han ser lidt hærget ud, og rører sig ofte ved næsen. Han er ranglet og rastløs. Sådan Stones, Rock n' Roll'et. Da vi kører ud af København, sidder han på sædet bag mig. Vi er de eneste, der sidder for os selv. I Nykøbing samler vi et ægtepar i halvtredserne op. Fyren bag mig er hurtig i vendingen, og da jeg er nået til at overveje muligheden om sædebyt, så de to kan sidde sammen, står han ved mit sæde med sin guitar, mens han storsmilende og gestikulerende siger, at parret kan få hans plads.

Han kryber sammen i sædet ved siden af mig med guitaren foran sig. Der er virkelig ikke meget plads til benene. Af og til drikker han af noget, der hedder "Påskmost". Om den indeholder en blanding af lige dele presset hare og fyldt påskeæg, er uvist, men i hvert fald har jeg ikke set sådan en flaske før. Inden vi når færgen, ved jeg, at han hedder Christian, bor i Skellefteå i Nordsverige, der udtales som "she left you", og at han skal spille guitar til et bryllup i Leipzig. Berlin er bare et transfersted. På færgen går vi hver for sig, men taler videre på engelsk suppleret med svensk, da vi atter sidder i bussen.

Hans mor bor i Gøteborg, hun har haft det svært. Han drikker fortsat af den der påskmost, og vi taler om alt mellem himmel og jord. Han er alt det, jeg ikke er, hvilket gør det spændende. Han er fascinerende, og virker som en, man kun kan holde af, men der er også noget lidt farligt over ham. I Berlin giver vi hånd. Ingen udveksling af numre eller mailadresser. "Have a nice life" siger jeg kækt. Han tager sin guitar, og går ud for at finde et toilet. Jeg forsvinder ned i undergrunden på Kaiserdam ZOB og finder U5, der er tætpakket med larmende fodboldfans på vej til Olympia Stadion. Jeg skal heldigvis modsatte vej.

Om natten hos min tyske veninde tænker jeg, at det ku være fedt, hvis jeg ku møde ham igen. Han sagde, at han sku hjem "Tuesday", og mandag aften overvejer jeg seriøst, om jeg sku ombooke min billet, for "helt tilfældigt" at støde ind i ham ved busstationen. Men nej... Fornuftige, røvsyge Nete sejrer, og torsdag inden afgang tager jeg mig selv i at kigge på alle de ventende passagerer, for tænk nu hvis... Fra vinduespladsen i bussen kigger jeg på uret. 3 minutter til afgang. Udenfor står et pakistansk par med et mindre barn. Der er kun to pladser tilbage i hele bussen, og de diskuterer med chaufføren, om de kan komme med. Damen gestikulerer, at hun kan sidde med barnet på sit skød.

Tværs over busstationen kommer en skikkelse hastende, bærende på en guitar. Mit hjerte banker pludselig meget højt, for det ligner... Da han når hen til fordøren, løber jeg gennem bussen og ned ad trapperne. "You are late!" siger jeg bebrejdende og alt for højt. Chaufføren, der stadig diskuterer med det pakistanske par, spørger nu undrende, hvem det er. "It's my boyfriend, and his late". Jeg skælder Christian ud for diverse, jeg kan finde på, og spørger, om han i det mindste har husket at købe billet. Han ser ualmindelig forvirret ud, specielt da jeg kalder ham "Darling", betaler hans billet, og skubber ham foran mig op i bussen... foran det ventende par.

Da vi i en propfuld bus kører ud fra parkeringspladsen i retning mod København, lyder der et brøl af grin, da det går op for ham, hvorfor han kom med. "You said Tuesday?!" siger jeg undrende. "Today is Thursday!" Han trækker på skuldrene, læner sig godt tilbage i sædet og siger "Faa'n... Engelske är inte min styrka". I København udveksler vi telefonnumre, men han advarer, at han ikke er så god til at holde kontakten. Han har ret... Men... Det er jeg til gengæld.

Juli 2006
Holbæk - Göteborg t/r

3 måneder senere sidder jeg i en bus på vej til Gøteborg. Christian er på besøg hos sin mor, og vi har aftalt, at vi skal mødes ved Niels Ericsson Terminalen, gå lidt rundt, spise frokost, inden jeg kører de 4 timer hjem igen. Han står, og venter i sådan en hawaiiskjorte og shorts. Håret er blevet længere, og han har fået lidt mere sul på kroppen, hvilket gør, at han ser klart sundere ud. Snakken går lidt trægt, men hvad... Vi kender jo sådan set kun hinanden fra bussen. Første gang en pige siger "Heeeyyy", og smiler lidt for sødt, spørger jeg, om det er en gammel kæreste. "Neeej" svarer han, "men jeg er lidt berømt".

Det gentager sig to gange til. Om det skyldtes, det band han fortæller, han har spillet i, eller en dokumentar om unge der er blevet voksne efter en hård barndom, fandt jeg ikke ud af der. Ej heller da han besøger mig to dage i en efterårsferie. Efter at have gået op og ned ad blandt andet Avenuen, Göteborgs paradegade, ender vi på et skib, der serverer seafood buffet. Da vi står, og kigger på herlighederne, og jeg mest bare har lyst til at kværne skalrejer, insisterer han på, at jeg skal smage østers. Mens den ligger på tallerkenen, og stirrer på mig, lukker jeg øjnene, og sætter tænderne i det, der mest af alt minder om en sej, salt snotklat. Jeg forsøger at se sofistikeret ud med bæstet i munden, da Christian er ved at brække sig af grin. "Uh... dom er verklig äkla, hva'?".

Oktober 2006
Göteborg - Holbæk t/r

Efter en tur rundt i København hvor jeg hentede Christian ved bussen, tog vi sammen toget til Holbæk, hvor vi skulle sove i hver vores ende af min meget for store lejlighed. Han i min seng, jeg på en blå folde-sammen-madras. Som aftenen gik, rykkede jeg nærmere og nærmere, og til sidst endte vi i min seng, sammen, selvom der ikke blev sovet meget... da snakken gik uafbrudt.

Da det blev morgen, kløede han sig i håret, og sagde "mine venner vil aldrig tro på, at jeg er taget hele vejen til København, for at mødes med en pige, og vi så ikke engang har knullet". Men... Det blev de nok nødt til. Desværre.

Juli 2007
Smålandsstenar, Sverige

"Hvor fanden ligger Reftele?"
Er på vej til Stockholm med verdens ikke mest anvendelige kort. Er dog ret sikker på, at Novasol heller ikke havde tænkt, at netop deres feriehuskatalog skulle være vigtigske vejfinderkilde på en 750 km cykeltur, men spare-Nete vurderede, at det nok kunne bruges, selvom Malmö og Stockholm befandt sig på en og samme A4 side. Damen, jeg har spurgt om geografisk assistance, kigger bestyrtet på kortet, først undrende, så irriteret, hvor efter hun klør sig i håret, og sidenhen arrigt udbryder "Faaan, hvorfor benytter I inte en jordglob?!"

September 2017
Fredericiavej, Vejle

Efter en sommer, der bedre kunne betegnes som grøn vinter, havde solens tilstedeværelse lokket cyklen ud til en kort tur med en enkelt overnatning. Mange andre er også ude for at nyde vejret, og på hjemvejen passerer jeg glade is-spisende børnefamilier bag stationen, fjollede teenagere ved Bryggen og en mængde polskindregistrerede håndværkerbiler i gaden der løber parallelt med posthusgrunden. Erfaringsmæssigt er der to mulige reaktioner, når jeg smiler til vandrende pensionister. Enten smiler de stort tilbage, eller også tjekker de med tilknappet ansigt, om tasken er, hvor den skal være.

På vej op ad Fredericiavej passerer jeg en større gruppe 60+'ere, der side om side med en makker går, mens de smiler hjerteligt retur. De minder om en velopdragen skoleklasse, og mens tankerne går tilbage til diverse ekskursioner med knapt så geledstærke deltagere, lyder det pludseligt højt fra bagtroppen; "Ni Hao, spise her eller ta' med hjem?!". Flokken fniser, jeg stopper, kigger og tænker så… "What the fuck???!"

Juli 2007

Beijing Zoo

Dyrene i Beijing Zoo havde det skidt. De fleste gik, hvis der da ellers var plads til, at de kunne gå, frem og tilbage mellem to punkter med et stift og dødt blik i øjnene. De eneste der umiddelbart kunne tænkes, at have det tåleligt, var pandabjørnene, der kun kunne beskues, hvis man var villig til at betale en ekstra sjat penge. Efter at have hilst på isbjørnen, der stod i et overdimensioneret fuglebur, ude af stand til at vende sig, og kun med en smeltende isblok liggende på toppen af buret, fik min bror det så fysisk dårligt, at vi næsten løb ud ad anlægget.

I verdens største akvarium var der flere flotte bassiner, men selv som ikke fiskekyndig var det svært ikke at få klaustrofobiske trækninger, når f.eks. karperne knapt kunne svømme eller ændre retning pga. "overbefiskefolkning". Det lignede en stor orange suppe, anti-pendanten til rejeosten, hvor højtråbende kinesere i alle aldre, klappede, eller lige frem slog de fisk, der lå øverst. Besøget dette sted blev også ganske kort, inden vi fandt en bænk i et flot anlæg foran akvariet.

Mens vi spiste kiks, trådte en nydelig ældre herre over det lave hegn, trak bukserne ned, satte sig under et træ, og sagde så noget der lød som et langtrukkent "hrrrmmmmhhhh", mens han lagde en lort. Da han havde trukket bukserne op, kiggede han kort på os, inden han gik tilbage til billetkøen.

Juli 2002
Fredersdorf, Berlin

Cirka 20 minutter efter jeg for første gang havde hilst på min udvekslingsvenindes kæreste, drønede vi over stok og sten i en hvid Trabant ud mod den nærmeste badesø. Turen i bussen til den tyske hovedstad havde været varm, og en dukkert selvom det for den knapt så naturglade gæst skulle ske i en grumset sø, var mere end tiltrængt.

Nogle sætninger bliver hængende mange år frem. En af mine favoritter kom til verden, da jeg stod ved bredden, og spejdede efter et sted at klæde om. Da jeg vender mig om, står min venindes kæreste som Gud har skabt ham, og laver tåhævninger. Jeg tænker, at jeg har set lettere overrasket ud, for han kigger ned ad sig selv, slår armene vandret ud til siden, og udbryder så, "Aber das ist doch ganz natürlich!"

Maj 2016
Hallandsåsen

Da chaufføren råber "Knudsen", træder jeg frem, og går så raskt op på øverste etage i bussen, og helt frem til et af forsæderne mens jeg sender den flinke mand hos Skanrejser en venlig tanke. Han havde lovet, at gøre hvad han kunne, hvilket altså nu resulterede i en panoramaplads på vej mod Sveriges største turistattraktion, et kæmpe indkøbsområde med egen reality serie ved navn Gekås, der startede som en sokkebutik på en svensk mark.

Kort tid efter sidder jeg næsten mast op mod sideruden, da de tre veninder, der ligeledes har fået en forsædeplads, fylder for godt fire en halv. De joker selv med det, og tilbyder et mentol bolche fra en tysk grænseshop som kompensation. Bussen er fuld af primært kvinder

61

i 40'erne med store tasker og indkøbsnet. Flere strikker, andre taler strategi, som røber, at dette ikke er deres første tur.

På vej op ad Hallandsåsen går det pludselig langsommere og langsommere. Da vi når toppen, lyder det som om bussen sukker, inden den dør helt. Chaufføren går en runde, og konstaterer, at vi nok skal komme frem, bare ikke i denne bus. Et par minutter senere kører en anden bus ind, og holder bag os, og i radioen efterlyser de en enlig rejsende, der vil med videre. Damen ved min side orker ikke at rejse sig, så jeg må kravle hen over hende, og ind i den nye bus på det eneste ledige sæde ved siden af en fyldig østeuropæisk dame i 50'erne. Da jeg forklarer, hvorfor jeg er endt ved netop hendes side, fortæller hun i et væk, om hvordan hendes veninde havde meldt fra i sidste øjeblik ("Er det ikke tarveligt?!"), om at hun er dårligt gående ("Det meget besværligt, ja?!"), at hun i hjemlandet er uddannet lærer ("jeg godt lide skole, ja!"), at hun har to børn ("Nu de er voksne, ja!), om jeg vil se billeder af hendes børnebørn? (*Et af den slags spørgsmål, der i virkeligheden slet ikke er et spørgsmål*), om jeg har besøgt hendes hjemland? ("Det meget meget flot"), om

62

jeg har været ved Gekås før? ("Jeg kende det ik!"), og om jeg ikke synes, der er for lidt benplads?! (Jooh...!)

Da vi kører ind i landet ved Falkenberg, fisker hun efter, om vi skal følges. Da jeg har glædet mig helt enormt til bare at gå rundt alene, efter at have hjulpet en masse i forbindelse med sygdom hjemme, siger jeg pænt, at jeg gerne vil gå rundt for mig selv. En istid kunne knapt have medført et lignende temperaturskift. Hun stirrer ualmindelig vredt på mig, og siger, at jeg skal gå min vej! At det er hendes sæde, fordi veninden har betalt. De omkringsiddende passagerer begynder at kigge, og lidt komisk er det, at hun gør sig så bred som overhovedet muligt, i et forsøg på at skubbe mig væk. En udglattende kommentar har absolut ingen effekt, og hun næsten hvæser efter mig, da jeg forlader bussen.

Chaufføren fortæller, at jeg skal med samme bus hjem, da den oprindelige bus stadig venter på aflastning, og denne først vil komme fire timer senere.

63

Efter at have handlet vigtige ting som sokker, vinterjakke, frugtkarameller og en masse i Panduro's outlet, går jeg tilbage til bussen. Damen sidder, hvor hun sad, da jeg gik, og om hun overhovedet har været ude på noget tidspunkt, er uvist. Da jeg peger på sædet og mig selv, lægger hun sig simpelthen ned over begge sæder, og lader som om hun sover.

Da jeg spørger chaufføren, om han har kendskab til andre busser med en ekstra plads, kræver det selvfølgelig en forklaring. Han slår en skoggerlatter op, og udbryder, "Det var satans!". Efter en runde på den store p-plads, lykkes det at finde en enkelt bus mod København med præcis ét ledigt sæde. Da vi kører ud ad p-pladsen, passerer vi den bus, jeg oprindeligt var med. Men nu sidder jeg på bagerste række på midterste sæde med fødderne dinglende fem centimeter over jorden med chokolade-spisende pagehårspensionister til hver side.

Juli 2018

Ebeltoft, Kombar'do!

Efter at have tilbragt en god bid af sommerferien med at køre Flixbus mellem Vejle og København, var det tid til forandring. Cyklen blev derfor pakket, og første stop var Danhostel Fiskergade i Aarhus midtby. Selvom de kvadratmeterstore vinduer på sovesalen stod på vid gab hele natten, var der så kvælende varmt, at det ikke blev til meget søvn. Derfor var der ikke mange ben i at komme tidligt afsted og ud over Mols' bjerge den efterfølgende dag. Vind var der lovet en del af, og da der som bekendt er temmelig kuperet, var der beregnet r i g e l i g t med tid til de knapt 68 kilometer inklusiv omvejskørsel.

I Aarhus havn hilser jeg på Molslinjen, der ligger og skvulper nede i havnen, og der efter går turen ud langs fjorden. Mange andre er ude på to hjul, der lufthilses, og frokosten indtages ved en fin strand inden selve Ebeltoft. En meget solrynket dame med hund fortæller, at hun bor i sommerhus det meste af året, og at der er ca. 5 km ud til færgelejet. Tilpas mæt kører jeg forbi Fregatten Jylland, og følger et cykelskilt mod færgen. Solen skinner fra en skyfri himmel, og jeg har stadig god tid. Faktisk så rigeligt at jeg fortsætter ud til Øer Maritime Ferieby, hvor der nydes en iskold overpriced sodavand. Men hvad... man er vel på ferie!

Op i sadlen igen og trille trille trille ned til check in. Med billetten i hånden melder scan-selv-maskinen, at "der forberedes til næste afgang", så jeg sætter mig på en trappesten, da der stadig er næsten en time til afgang. En norsk indregistreret personbil kører hen foran mig, og ud træder en ung gut, der spørger, om jeg også skal med til Sjælland. "Det skal jeg lige præcis" svarer jeg. Han nikker, og siger, at så vil de med samme færge, han skal bare lige købe billet.

Efter cirka 20 minutter kommer han tilbage. "Der sejler ikke flere færger her fra i dag!". "Jo jooo" siger jeg i bedste skolelærer-jeg-ved-bedre-stil. "Jeg skal nemlig med 14:15". "14:15 er fra Aarhus" siger han, mens han kigger ned i sin telefon. "Næææh nej. Jeg cyklede inde fra Aarhus i morges, for at sejle med her fra Ebeltoft". Jeg går hen, og finder min billet. "Se selv", siger jeg, og kigger ned på papiret. "14:15 er der afgang fra.............Aarhus!"

Nordmændene beklager, at de ikke kan have både mig og cyklen med, inden de kører tilbage mod byen.

Som kontrol freak hjalp det lidt, at solen skinnede og dagen stadig var lang, så jeg beslutter, efter i sidste minut at have ombooket til afgang fra Ebeltoft dagen efter, at jeg vil have min shelter-overnatnings-debut. "NEJ", er min natur-kyndige brors reaktion, hvor efter han sender link om "Farligt vejr over Danmark". Booking.com melder billigste overnatning i området til 800 kr., så da vandrerhjemmet nægter at tage sin telefon, beslutter jeg, at køre derud og spørge alligevel. På vejen bliver jeg pludselig overmandet af træthed, og føler mig rigtig godt dum. Ude ved landevejen sætter jeg mig ned, og ser modløs ud, da en bil kommer trillende, og føreren ruller vinduet ned. "Holder du pit stop?" spørger han.

Nogle gange ender håbløse situationer godt. En bekendt på Facebook foreslog opslag på Tinder for at finde en seng i området, men da listen af hans tidligere forslag skråstreg gode råd også indebar f.eks. at bruge restskat på silikonebryster eller en købe-mand, endte jeg i stedet med at tilbringe natten på første sal i en fin villa med udsigt over vandet. Det til trods for at damen i huset havde brækket begge arme, og derfor havde svært ved næsten alt. Manden, der stoppede op ude på vejen, og egentlig var på vej til det lokale loppemarked for at gøre et sidste minuts kup, endte med at klunse en tilfældig nødstedt cyklist-dame med lyserød hjelm i stedet, og nøj hvor var hun taknemmelig for det!

Juni 2018
Korea

Postkort 1   Luftrummet Over Tyskland.

Der er flere måder at påkalde sig folks vrede. Den mest sikre er, at kommentere på den måde de omgås deres børn! Efter afgang mod Paris, sad overskuds mormor og overskuds svigerdatter ved siden af mig allerede godt solbrændte og hurtigt fordybet i inflight katalogets parfumesider. På modsatte side sad lille Børge sammen med sin über tjekkede far, sut i mund og en bil i hånden. Et par rækker foran sidder farmor til lille Børge. Allerede inden vi er ude på startbanen, ved i hvert fald den bagerste halvdel af samtlige passagerer, at Lille Børge hellere vil sidde ved siden af farmor, men det går åbenbart ikke. Tjekkede far forklarer sin søn, på samme måde som han nok ville forklare en lidt tungnem jævnaldrende om tyngdeloven, at han hellere må blive siddende, fordi bla bla bla., og det kan han vel nok forstå?!

Præcis da flyet er nået vandret position, begynder Lille Børge at græde. Gråden bliver hurtigt til skrål, og kort efter skriger han som en stukket gris. Han vrider og vender sig, mens de omkringsiddende ser mere og mere anstrengte ud. Mormor tilbyder slik (efter at have lakeret sine negle), men det hjælper ikke. Tjekkede far siger til tjekkede mor, at han nok bare skal skrige af, og de kigger indforstået på hinanden.

Da flyet lander en time senere, skriger lille Børge stadig, og er nu fuldstændig opløst og brandbil rød i hovedet, lidt som de nærmeste passagerer. Mormor tager ham på skødet, og han peger interesseret på mine ørepropper, hvilket er ret imponerende, efter som de næsten er forsvundet halvvejs ind i kraniet. Jeg forklarer, at det er fordi, han har grædt hele vejen. Overskudsmor bøjer sig fremover og hvæser, "HVA' BE HAR???!!!!". Jeg gentager, og tilføjer, at det ikke er rimeligt, at han har siddet, og skreget i så lang tid. Mormor tager en pædagogisk mine på, med ultra giftig undertone, og spørger, om jeg da har nogle råd til, hvad de kunne have gjort? Kunne godt have sagt en ting eller to, men svarer blot med et "Nej. Det er ikke min søn". Overskudsmor er nu blevet til en oversize brun bjørn, og jeg får læst og påskrevet med punkt 150, at hendes søn faktisk var i vild panik! Tænker, der er forskel på panik og hysteri, men... vil egentlig gerne overleve resten af turen, så jeg ønsker lille Børge en dejlig ferie, og forlader så flyet med mere end et enkelt par morderiske øjne i ryggen.

Med kun 30 minutter til næste boarding blev der løbet zigzag gennem de forskellige terminaler, vente vente vente og så bus ud til terminal M. En lille håndfuld mangler at boarde, inden jeg får scannet mig ind. Safety instruktionsvideoen hos Air France var elegant og humoristisk. Til gengæld var underholdningsskærmen klar til udskiftning. Touch screen systemet var tæt på også at være massagestol for personen foran, så hårdt skulle der trykkes. Stewardessen smilede, indtil jeg bad om et glas Cola Zero med is.

Hovedrystende bad hun mig gentage, men lige lidt hjalp det. Først da jeg tog fat i flasken oppe på hendes vogn, efter at have vredet mig noget nær en rygskade til, var der forbindelse, men så havde hun vist også opbrugt sin smilekvote. I hvert fald blev der på resten af turen kun smilet til min sidemand, men hun kunne selvfølgelig også tale fransk. Måske jeg sku prøve at bestille petit Danone på hjemvejen.

Mens min sidemand bander over, at skulle udfylde det obligatoriske visitor- og quarantine card (Nej til diverse våben, fyldte oste eller fyrværkeribatterier gemt i bagagen), tjekker jeg tiden, og finder ud af, at klokken lokal Seoul tid ikke er 13, men 07. Klokken 13 var afgangstid fra Paris, og da der først er check in på mit hostel kl. 16, er der trods lang kø ved immigration, stadig mange timer til, da jeg står i Incheons [3] ankomsthal, og undrer mig over, at sveden ikke allerede løber zigzag ned ad ryggen.

Alle lufthavnsbusserne holder på række ude foran som en farverig flåde, men jeg smutter ned under

---

[3] Sydkoreas største lufthavn, flere år i træk kåret som verdens bedste

jorden, får tanket mit T-Money card[4], og tager med den første subway ind mod byen. De store rummelige vogne er næsten tomme, og airconditionanlægget kører for fuld smadder. Den velkendte subwaystemme annoncerer, at vi nu er på vej mod Seoul Station, og jeg læner mig tilbage i sædet, mens vi kører over broer med blå bjerge og den karakteristiske Korea-grønne konstruktionsfarve i baggrunden. 15 dages ferie er begyndt!

Postkort 2   Ude Godt "Hjemme" Bedst

På Booking.coms hjemmeside havde jeg booket tre nætter hos "J House, a eco-friendly". Gætter på, at Google translate nok har haft en finger med i oversættelsen af navnet. I bekræftelsesmailen var medsendt et fint billede med måder hvorpå, man kunne finde stedet. Ved Digital Media station smuttede jeg over mod linje 6, og klamrede mig til rulletrappens gelænder, da hældningsgraden føltes tæt på lodret. Ny subway ankom samtidig med mig, og Gusan station fulgte 23 minutter senere, hvoraf halvdelen af tiden blev brugt på i smug, at betragte en ældre mand med hønseæg

---

[4] Plasticbetalingskort til blandt andet offentlig transport

store bylder i hele hovedet og på hænderne. Efter endnu en stejl næsten 80 meter lang rulletrappetur, der blev afløst af endnu en, stod jeg ved udgang 4, og missede op mod solen, der var begyndt at brænde, det bedste den kan.

På grund af vanvittige data priser var der taget screenshots af vejen til J House. Flere gader har ikke navne, så der var lidt skattejagt over det, når vejene delte sig, og det ikke lige var til at se, om den valgte vej matchede kortet. Hostels i Korea er som regel max 5-7 etager, men hvor mit kort endte, tårnede 20 etagers lejlighedskomplekser op med Gu bjerget lige i baghaven. Min hårdtprøvede grønne allerede alt for tunge tennisbag var våd af sved og proppet med tøj og diverse, der sikkert slet ikke kommer i brug, men uanset hvor jeg kiggede hen, var der ingen skilte til J House.

Med adressen i hånden spurgte jeg en forbipasserende, om det nu også var her. Det nikkede han bekræftende til. Endnu en rundtur resulterede i det samme... Ingenting. En ung fyr stod med sin smartphone, og også han nikkede, efter at have tjekket adressen online. Havde jeg

73

ikke været lidt svedt i forvejen, var det nok sket, da tredje mand med sin lille søn i favnen forsøgte at ringe til hostelnummeret, der ikke blev besvaret. Jeg takkede pænt, men han gjorde tegn til, at jeg sku vente, mens han ringede op på ny. Minutter senere kom hans kone ned, og hun ringede til vagten, ham der sidder med alvorlig mine hele dagen, og nikker afmålt til folk der passerer ind og ud af området. Til sidst takkede hun, og forklarede sin mand, hvor han sku gå hen. Han tog fat i min hånd, og i en af opgangene i de kæmpe lejlighedskomplekser kørte vi til 6. sal, hvor der på en af dørene var et mini klistermærke med lettere slidt J House print. Hmm... Døren blev åbnet, og en genert udseende post teenager sagde "Hello". Manden, der havde hjulpet, nikkede kort, og løb så til elevatoren, mens mit "Tak" rungede i opgangen.

J House viste sig ikke at være et hostel men et værelse i en privat lejlighed, hvor ældste søn åbenbart studerede i Japan. Min skuffelse var til at tage og føle på, da jeg lukkede døren, og kiggede ud på en ordinær dagligstue, og det der var "a mountain view". Mellem to af nabokomplekserne kunne man med lidt god vilje, netop skimte bjerget over reolen med skoleårbøger og et ukendt antal toiletruller. Opholdsrummet, dvs. familiens stue, var dog skinnende ren, og der hvor der normalt er tørrerum, var indrettet et siddehjørne, hvor udtrykket "mountain view" var mere på sin plads, da man faktisk havde frit udsyn til en begyndende grøn bjergside. Efter en times afslapning bankede det på døren, og værten, en mand først i 50'erne kiggede storsmilende ind. Pegede på min taske, og spurgte "badminton?". "No no", svarede jeg, og tilføjede at bordtennis og tennis mere var mig. Meget entusiastisk gentog han sit et ords spørgsmål, og selvom jeg svarede undvigende, da badminton virkelig ikke er en spidskompetence, sad vi ti minutter senere i hans store bil omklædt til sport.

Sportshallen lå for foden af endnu et bjerg, og var helt pakket ind i grøn plastic. "Fire!", oplyste han, hvilket forklarede en del. Indenfor var der 6 baner, hvor der blev doublet på dem alle. Ud over rosenkål og myseost, er badmintondouble (kun overgået af tennis ditto), en af de ting jeg absolut ikke synes om, men mens min makker med et smil der bredte sig tværs over ansigtet, fandt et par vi kunne spille i mod, fik jeg slået et par seriøse huller i luften.

Kort tid efter gik det dog hæderligt, og da man ikke behøver at skiftes til at slå til fjeren, drønede min makker rundt, og lavede det ene fantastiske slag efter det andet, mens jeg gjorde mit ypperste for, ikke at stå i vejen. Det viste sig, at han var en af klubbens bedste, og havde spillet i over 30 år. Da vi stod ubesejrede sent på aftenen, og jeg var øm i hånden efter "High 5's", udbrød en af modstanderdamerne lettere mopset, at hun ikke vidste, hans søn kunne spille badminton. Sønnen, dvs. mig, fik et mindre grineflip, inden vi atter sad i bilen. Et kig på klokken afslørede, at jeg havde været vågen tæt på 30 timer, men alligevel endte vi i en bordtennisklub, hvor der blev doublet videre. Tror, det var blevet et pænt stykke over midnat, inden hovedet fandt puden helt af sig selv.

Næste morgen havde jeg netop besluttet, at gå en tur på baghave bjerget, da det atter banker på døren. "Mountain walk. You and me. Now?". Ok da! En hurtig flaske vand i tasken og så afsted. Opstigningen var temmelig stejl, og sikkerhedsforanstaltninger er ikke noget, man gør det så meget i. Måske fordi selv kvinder i høje hæle færdes lige så hjemmevant som bjerggeder til stor forundring for f.eks. folk fra pandekageflade lande. Et kvarter efter nåede vi hovedstien, hvor primært mænd iført bjerggear i alle mulige (og umulige) farver og mærker, flere også med maske på, gik målrettet afsted. Flere steder var små plateauer, hvor diverse sportsmaskiner stod til fri afbenyttelse. Min makker afprøvede energisk dem alle, mens jeg konstaterede, at det ikke skyldtes en defekt maskine, men manglende muskelstyrke, at den ikke rørte sig ud af stedet, når jeg forsøgte. Om aftenen bankede det på for tredje gang, denne gang med en middagsinvitation da den hjemmeboende søn fik en kammerat på besøg. Adskillelige små både grøntsags- og fiskeretter med hovedretten hældt op på to store fade og placeret midt på bordet, udgjorde en helt fantastisk afslutning på det, der umiddelbart havde virket som en skuffelse. Bed, breakfast og sportsplaymate var ikke et helt dårligt koncept.

Postkort 3   Masser af Wasser

"Welcome to Pyongchang Winter Olympic Games" skiltene prydede vejen de sidste godt 30 kilometer, inden bussen nåede Gangneung på østkysten. Enkelte steder stod de to olympiske maskotter, Soo Ho Rang, den hvide Tiger, og Ban Da Bi, den buttede Bjørn, der var maskot for de paraolympiske lege, ved vejkanten og bød velkommen. Trods de 30 graders varme var det ikke svært at forestille sig, hvordan hele det bjergrige område i starten af året, havde været omdannet til olympisk værtsby. Flere steder midt i intet stod sprit nye højhuse med fancy navne og store skilte på koreansk, engelsk, russisk og kinesisk, og inviterede til, at turister kunne ringe til det tydeligt angivne turistnummer, hvis de behøvede hjælp.

Da alle to passagerer havde forladt den semi-luxuriøse bus, kom min veninde løbende. Da hun har boet i Freiburg år tilbage, forsøger vi at tale tysk, men da vi kun taler sproget en eller to gange om året, går der altid nogle timer, inden ordforrådet og tungen makker ret. Til dagligt arbejder hun en time fra Seoul, men af en eller anden grund, har hun fået mulighed for et par fridage, der ska bruges på at vise barndomsbyen frem. Hendes store 20 år gamle firehjulstrækker stod parkeret uden for stationen, og efter kommentarer om min omfangsrige bagage gik turen i bedste racerbil stil gennem byen. Egentlig skulle vi have boet på hostel, men da hendes forældre var på ferie, kunne vi bo i deres hus. På en hævet cementvej med frit fald til rismarker på begge sider, kørte vi tæt på 90 km i timen. To kryds med dårlig sigtbarhed drønede vi ligeledes igennem, inden bremserne blev knaldet i, der blev bakket og vupti... forældrenes hus.

Langs indkørslen stod fem hjemmelavede pagodelignende bikasser, hvor de små flyvere summede ind og ud ad flyvesprækken. På modsatte side var en lille majsmark, hvor planterne målte samme højde som mig, og fra baghaven kunne man se en flod sno sig mellem flere bjerge. Huset var kæmpe stort, og gulvet skinnende rent. Ved den ene væg stod et gigantisk fladskærms tv og et glasskab med alverdens alkoholmærker, og oven over viste flere billeder triumfer fra taekwondo og uddannelse. Køleskabet havde samme størrelse som en mellemstor brusekabine, og resten af huset så ud, som koreanske huse nu engang gør. En enkel træseng uden madras, en træsofa uden polstring og et børneværelse med væg til væg bøger. Desuden et stort skab i hvert værelse hvor madrasser, puder og tæpper bor i løbet af dagen for at spare på gulvpladsen. Snakken gik lystigt på bedste gebrokne vis, og kort efter var vi på vej mod havet iklædt badetøj, shorts og solcreme.

Vandet var blåt, som man ser det i reklamer for eksotiske rejsemål, og stranden var tæt pakket med enten pigegrupper, drengegrupper eller par i matchende tøj. Uanset tilhørsforhold gik tiden med at tage selfies i fjorten millioner forskellige positioner, ofte med medbragte spejlreflekskameraer. 7 piger i gymnasiealderen stod i vandkanten med front mod havet, mens de på skift vendte sig om enkeltvis og poserede med gruppen i baggrunden. Underlaget bestod af små fine sten, og efter at have fundet et passende sted, slog vi lejr på et Pororo[5] plastic tæppe. Trods udsigten til det lækre vand var der ingen ude at bade. No wonder... Det var hamrende koldt!

Efter flere halvhjertede forsøg lykkedes det dog, og min veninde plaskede lykkeligt rundt. Efter en god dag på stranden ventede vi på bord på en kendt burgerrestaurant med amerikansk tingeltangel på væggene. Aldrig er så meget ost

---

[5] Koreansk tegneseriepingvin med flyverbriller

set på én burger! Men ned kom det, og der var taget hul på kalorieforbruget tre dage frem.

Da endnu en dag ved vandkanten var ved at være slut, kom en gruppe drenge med oppustelige badedyr. Inden tæerne blev våde, kom en betjent løbende, og fortalte, at det pga. uforudsigelige strømforhold og lurende kæmpe brandmænd var forbudt at gå i vandet. Hmm... Det havde vi ikke mærket noget til, men det var så forklaringen på de manglende vandhunde. Om aftenen ville min venindes nevø gerne ud og bowle, hvilket vi så gjorde. Det er måske lidt snobbet, men der ER nu noget morsomt over, at der faktisk findes folk, der har sin egen bowlingkugle. De vil så til gengæld finde det tilsvarende morsomt (eller ligefrem pinligt?!), at man kan være så dårlig til bowling, som tilfældet er for mig.

Med et glas iskakao i hånden kunne vi fra en cafe, se solen forsvinde, og mørket komme buldrende. Efter godt en uge i Korea uden at have set en eneste europæer, sidder der pludselig en fyr ved siden af, og spørger undrende på tysk, hvorfor vi taler tysk. Ankommet direkte fra Heidelberg skulle han besøge en veninde, der havde været udvekslet fjorten år tidligere. Lidt morsomt...

Knapt så sjovt var det, at min veninde, der normalt aldrig har hverken korte bukser eller T-shirt på, mest af alt ønskede at flytte ind i køleskabet hjemme i huset, da både arme og ben var så forbrændte, at det gjorde ondt, bare at kigge på dem.

Efter fire hyggelige dage var der lige tid til at drøne til den olympiske park, hvor bl.a. is-konkurrencerne havde fundet sted, men parken bestod kun af fliser, vandpytter og byggeaffald, alt pynt var væk, og kun de fire gigantiske stadions stod tomme tilbage. En vild jagt satte nu ind på at finde maskotterne i personstørrelse for at nappe en selfie med mit rejsepindsvin på hovedet, inden det var tid til at vende tilbage til Seoul. Da de fleste busafgange var udsolgt, gik det hjemad med skramleramlemodellen, og efter små tre timer ankom vi til ekspresbusterminalen, der ligger i Gangnam. "OB OB obba Gangnam Style!"

Postkort 4   Far, Mor og Store Nete

Familieferie står for nogen som årets højdepunkt. For andre indebærer det en lettere kraftanstrengelse, hvor første arbejdsdag efter ferien er periodens egentlige højdepunkt. Umiddelbart befinder familieferie korean-style sig for mig et sted midt i mellem. Mine koreanske biologiske forældre er bitte små, og følelsen af at være gigantisk til sammenligning, er ret ejendommelig, specielt når jeg hjemme i Danmark oftest er den klart klejneste. Kommunikation er svært, når mit ordforråd netop rækker til ikke at fare vild eller dø af sult, og deres præcis dækker cola, World cup og de forskellige make up arter, der er engelske låneord tilsat en - eu lyd efter de fleste stavelser.

Min biologiske mor speedsnakker, og når jeg så slår beklagende ud med armene, gentager hun en lydstyrke højere. Lidt som ikke-sprogkyndige eller meget fulde folk, der tror, at bare de taler højt nok, går budskabet bedre ind. Det hjælper dog ikke det store. Heldigvis er hun, som mødre er flest, og vores brudstykssamtaler lyder cirka således;

"Sov!"

"Nej, jeg er vågen."

"Spis din ris!"

"Tak, Det ser godt ud."

"Hvorfor spiser du ikke, kan du ik lide maden?"

"Jo, men jeg er mæt!"

"Vil du have vandmelon?"

"Nej tak!"

"Kan du ik lide vandmelon?"

"Jo, men...(suk)"

"Her, spis lidt æble!"

"Mor!"

"Kirsebær?"

"MOR!"

"De smager godt, vil du have et? ..."

"Arrrhggghhh...!"

En time senere gentager samtalen sig, mens koreanske dramaer i tv afløser hinanden i en uafbrudt strøm. Indholdet i dem er lige så forudsigeligt som vejret i regntiden, hvilket indebærer enten madprogrammer sendt live fra en eller anden ukendt del af landet, nogen der grædende falder på knæ, dør eller får en flad.

Min 79 årige far kiggede fra dag et misbilligende på mine nye Teva sandaler. Efter en cykeltur ud til områdets største bjerg på to mini cykler a la dem fra filmen My Girl med ham Alene Hjemme drengen, bandt han en sirlig sløjfe med et tyndt reb om de to fordæk. Alle andre cykler i det bugnende stativ havde store kædehængelåse med kombinationskoder, men hvad... Med mindre tyvene var under 1,5m, ville de knæ-knock-oute sig selv med det samme, hvis de forsøgte at flygte på dem.

Som en anden hærfører pegede han mod stationsområdet, der, som resten af den her koloenorme by, er spækket med lige så koloenorme (neon)skilt prydede ejendomme, restauranter, imponerende malls, street food vogne, alverdens butikker, lektieakademier, øl og kylling barer, ejendomsmæglere, renserier, karaoke, billardklubber, tøjdyrskranmaskiner og... skobutikker. Udvalget er enormt, men alt hvad der hedder damesandaler, er så gyrlige, at jeg hellere går barfodet.

Med seriøs mine holder min far det ene par frem efter det andet, og de mest tiltalende kan bedst beskrives som fodformede to-farvede svømmeplader med tværrem. Jeg ryster beklagende på hovedet, da han næsten desperat siger, at mor har givet ham 50.000 Won[6] til skoindkøb. Efter endnu en hovedrystetur i endnu en fancy butik, passerer vi en gadesælger, der sælger mærkesko i medtaget emballage og der, lige der, var et par, der faktisk var meget pæne. For at vise, hvor glad jeg er for dem, hopper jeg i mine nye 10.000 Won sko (ca. 57 kroner), og rækker Teva sandalerne til manden, der står med en sort pose. Far siger et eller andet, og først da han ikke gør mine til at returnere sandalerne, går det op for mig, at han tror, de ska kasseres. På vej hjem med den sorte pose i favnen, fortæller jeg, at skoene altså er nye, og har kostet over 120.000 Won, hvorpå han hovedrystende regner ud, at jeg ku ha fået næsten 13 par nye, der endda er meget pænere. Da mor senere kigger på skoene, og spørger til prisen, fortæller han, at det blev præcis 50.000 Won, hvorpå mor ser tilfreds ud, klapper mig på armen, og far og jeg smiler medsammensvorent.

---

[6] Koreansk møntfod. 1000 Won = ca. 5,7 kr.

På buffetrestaurant med min ældste søster, hendes mand og deres 6 årige søn, er udvalget enormt og europæisk-amerikansk-japansk inspireret. Set-up'et minder om dem i diverse wedding halls, hvor fortolkninger af alverdens retter er opstillet side om side i store sølvglinsende fade og gryder. Ved den ene væg kan man frit slå sig løs med forsyning af hhv. øl, sodavand, vin, risdrik, juice, kaffe, te og vand, og går man på opdagelse i buffeten, kan man f.eks. ende med en tallerken bestående af majsvælling, nigiri sushi med laks og wasabi creme, kogte risstænger med ostefyld i chili-blækspruttesovs, henkogte ferskner, vandmelons gele, friturestegte løgringe, banankage med tiramisu topping og pizza med spam. Kom ikke og sig, koreanerne ikke er alsidige!

Efter de aftalte fire dage med næsten nonstop tv og ditto spisning, så jeg frem til min skotøjsæske af et hostelværelse tæt ved Seoul station. Det svære bestod i at forklare mine forældre, hvorfor jeg hellere ville bo der end hos dem, og endnu sværere blev det, da mor insisterede på at følge mig til dørs. Naboen til hostellet er en koreansk udgave af 7-eleven, og inden jeg nåede at undre mig over, hvor hun blev af, kom hun ud med favnen fuld af dåser med min yndlingsjuice, kopnudler og en sushistang. Efter en lang farveltale hvor jeg kun forstod noget med paraply, manglende bh, pas på mænd og spis ris, proppede hun en masse sedler i min taske, kyssede mig på kinden, og forsvandt inden jeg havde nået at sætte tasken.

Postkort 5   Seoul-Mates

Først da jeg står foran bygningen, der ligger næsten øverst i Gwanac bydelens stejle gader bag det slidte orangefarvede Save Mart, går det rigtig op for mig, at min bordtennismakker gennem 18 år, er gået bort, og aldrig mere højlydt og med glæde i stemmen vil slå armene ud og udbryde "Niiitae!!!". Døren ind til lejligheden er åben, og ved siden står en overdimensioneret blomsterkumme med smukke kridhvide blomster. Symbolet på at nogen ikke er mere. Ved siden af fjernsynet står et portrætfoto, fra inden han blev rigtig syg. Hans kone står foran, og har trods flere forsigtige "Hello'er", ikke hørt mig. Da hun får øje på mig, kommer hun hen, og tager mig i hånden, og så sidder vi stille på kanten af sofaen, og mindes, mens tårerne presser sig på. Men pludselig bliver stilheden brudt, og det vælter ind med børn og børnebørn, der kalder på deres bedstemor.

Den ældste på 12 løber storgrinende gennem lejligheden med de fire mindste skrigende efter sig. Over hovedet holder han den store sæk, som stod ude i forrådskammeret. Sekunder senere har han tømt indholdet på gulvet, og over 20 helt nye bamser med mærkat i øret, overværer hvordan de bliver fordelt mellem børnene. Det yngste barnebarn på 3 år krammer en halvstor Hello Kitty, mens hun kigger mere skeptisk på en blød udgave af Stitch. Jeg spørger undrende, hvor de dog er kommet fra. Den yngste datter imiterer en bamsekran, og peger på sin bror, der for første gang i de 18 år jeg har kendt ham, ser glad ja ligefrem lykkelig ud. Dette skyldtes dog ikke succes ved bamsekranerne, men glæden over at have fundet sin hylde i livet. Ingeniørstudiet blev oplevet som en langtrukken pligt-pest. Så fulgte en masse skod jobs, men i en alder af 37 besluttede han, at åbne en øl og kyllingebar, hvor en af gæsterne en dag smilede sødt. Invitationen ligger i min taske. De skal giftes til august.

Det ligner allermest tyk brun sovs med store stykker løg. Fordelt over en dejlig bunke nudler, er jjajjangmyon en af de mest populære kinesiske retter, der faktisk har fået opkaldt en dag efter sig. Black day, er dagen hvor ugifte nyder netop denne ret. Foruden fem af dem er der bestilt to mindre bjerge af stegt kylling i forskellige smagsvarianter, Seafood suppe og de obligatoriske sideretter med gæret kål og gul kinaradise. Vi sidder otte voksne på gulvet, mens børnene har fundet et jumboglas Nutella, der bliver støvsuget for indhold. I tv har man de sidste dage kunne se, hvordan sundhedsministeriet eller hvad det hedder herude, kalder vagt i gevær, da sandwich European style ikke gør noget godt for koreanernes livvidde. Hvidt sødt kagelignende toastbrød med tykke skiver spam og salami, mayo, stegt æg og det vi kender som toastost og mozzarella er mega populært, til trods for at det pris- og smagsmæssigt, slet slet ik kan måle sig med næsten hvilket som helst koreansk måltid. Men... Lige som mange danskere slubrer E-numre mættede kopnudler i sig, har sandwichen invaderet Korea.

Regnen er stoppet for en stund, da det er tid til at sige farvel. Den yngste datter når at vise mig en lille film med billeder af sin far, der dog kun kan skimtes i baggrunden på de få billeder, der er, mens tårerne triller lige så stille. Hendes mand forklarer, at hun er ked af, at hun ikke tog flere billeder af sin far, mens han var i live, og spørger, om jeg vil sende dem, jeg tog sidste år. Foran Save Mart vinker vi farvel, og kort tid efter ringer jeg på hos mine tidligere værtsforældre, der flår døren op, og råber "Welcome!!!". Tæt på midnat ligger jeg, og tænker på, hvilke oplevelser og bekendtskaber udvekslingsopholdet 18 år tidligere har ført med sig. Om et par dage går turen hjem. Håber ikke jeg møder lille Børge, eller værre endnu, lille Børges tjekkede bjørnemor.

Juli 2017
Tyskland og Omegn

Postkort 1   Gørding, Tredje Mark Til Højre.

Med udsigt til Burj Khalifa kunne man godt fristes til at tro, at jeg har cyklet temmelig stærkt og tilsvarende langt, men eftersom Vejles bakker stadig sidder i benene, er sandheden, at jeg sidder i en af 3 mulige senge på mit gigantiske B&B værelse i eksotiske Gørding. Helt klart et step op i forhold til fællesværelser på vandrehjem og hostels, og havde jeg hund, ville det næsten være som hjemme, da den svage men dog meget tilstedeværende lugt af våd pels sidder i gulvtæppet og de falmede plasticblomster på bordet. Modellen af verdens højeste bygning står usikkert, da fundamentet mangler et par brikker. Må håbe, Gørding ikke bliver ramt af en sandstorm i nat.

Som smartphone udfordret (eller bare dumstædig), består min cykel-gps af laminerede udskrifter fra Google maps, siddende på styret i en opgaveskinne med to små borede huller stripset fast til bremsekablerne, hvorpå er fastspændt en stor sort clips. Min vært har lige budt et bekymret fransk ægtepar velkommen. "Here really is very safe! You Can go for a walk. Don't worry". I den forbindelse burde hun nok have nævnt gæsten, der tjekkede ind før dem, en langskægget gut på motorcykel med dødningehoveder på både huden og lædervesten samt en pung proppet med 1000 kr. sedler. Da han også var fransk, ku de sikkert ha udvekslet opskrifter på Coq au vin.

Fredericiavej, der fører ned til Vejle C, er ikke til at spøge med, hvis man af natur er en kylling, OG kører rundt med 19 år gamle userviceret bremsekabler. Overvejede at trække cyklen ned, men tænkte så; Ha! Jeg kører da bare udenom, og rammer Ribevej via bagvejen. Efter en 5 km omvej kunne jeg så konstatere, at nedkørslen for enden af Pedersholmvej var omend endnu stejlere, og måtte forceres gående, til lige dele undren og slet skjult morskab for forbipasserende ægtepar i praktisk tøj, da jeg næsten ikke kunne styre jernhesten ned.

Med dagens andet par sokker siddende godt i sandalerne, (det første par blev offer for en ustyrlig WD40 dyse under kædesmøring), blev det endelig tid til at synkronisere laminatmaps version 2.0 med cykelcomputeren. Et gennemprøvet men endnu ikke patenteret system, der styrker hjernen gennem både hovedregning og afstandsestimattræning. Eksempelvis siger kortet "kør tv efter 1,7 km". Hvis km tælleren står på 36,4 km, skulle hjernen gerne huske at dreje ved 38,1 km, men med pludselige seværdigheder som skiltet "Nordisk Orgelsamfund" eller oplevelsen af at få kastet sprinklervæske efter sig af forbipasserende fyre ved Egtved, kan koncentrationen godt ryge. Men på nær et overset skilt til Borgergade i Vejen lykkedes det faktisk, at nå hele vejen til Gørding uden at fare vild.

Undervejs blev der tygget en del græs. Ikke af mig, men af de mange mange fritgående køer på de saftige grønne marker. Dem der ikke kunne nyde den luksus, stod i hyper moderne ventilerede stalde side om side med ligesindede, mu(h)ligvis inden for det samme nummereringsinterval på gårde så store, at man næsten skal have set det, for at tro det er sandt. Det største sted mindede i konstruktionen om en gigantisk fransk kirke, (så, nu kom biker Pierre tilbage fra den Fleggaard inspirerede købmand med et bundt mindre sedler, til stor glæde for værten), og virkede næsten skræmmende i størrelsen (stalden altså).

Skulle du i øvrigt have karaoke crawings og være træt af Sams bar på Strøget, er der godt nyt. Du behøver nemlig ikke tage til hverken Seoul, Tokyo eller få den itu-sungne PlayStation lappet sammen. En billet til Gørding Central will do the trick, da der ligger en bodega skråstreg karaokested lige over for banen kun få stop fra Esbjerg, der efter sigende skulle være mere interessant end San Francisco... (Nogle bemærkninger glemmer man aldrig, Frida!)

Aftensmaden blev tilberedt på et meget skridsikkert gulv (læs colaklistret), og bestod af All You Can Eat dåseravioli til 8,95. Da fælleskrydderihylden kun indeholdt oregano, karrypulver og en tom klistret Scandinavien Spices beholder, (gad vide, hvad den egentlig bestod af), var retten lige så lækker, som du kan forestille dig. Men... Energidepoterne blev tanket op, og resten hapser jeg til morgenmad... Man er vel på ferie... Over and Out fra Gørding!

Postkort 2   Neuenkirche, Lige Over Stregen

Når to landsmænd fra to forskellige forstæder til samme by, mange hundrede kilometer hjemmefra, på samme alder, begge på motorcykel, med identiske vindpraktiske frisurer, kørende ad nogenlunde samme rute (den ene nordfra, den anden startende i syd), med hver sin pose nyhentede øller, mødes tilfældigt i Gørding på fællessofaen foran mit værelse, ja... så har natteroen lange udsigter! Mit franske begrænser sig til "Tour de France, fromage, baguette, cafe noir og peloton", men ud fra deres højlydte og gentagne glædesudbrud lød det til, at tatoverede franske bikere er et højlydt og muntert folkefærd!

Ved synet af vejskiltet til Jernved løb tænderne i vand ved minderne om de mange gode oste, en tidligere kollega pushede på lærerværelset år tilbage. Men da vejrudsigten lovede høj sol og 23 grader fordelt over de næste dage, kunne eventuelle køb have nået at få en ret så sjov konsistens ved hjemkomst. Måske man kunne have erobret titlen i Guinness Book of World Records, som indehaver af det største stykke smeltede ost? Nå! trampede i stedet ekstra hårdt i pedalerne, mens køerne muh'ende slog takten an, og det flade landskab med kæmpe skive-runde uplasticficerede halmballer foldede sig ud.

National Cykelrute 1 og North Sea Trail lægger vejen forbi Ribe, hvor man længe inden byskiltet passeres, kan se tårnet på den imponerende domkirke. Noget tilsvarende imponerende er det omfattende vejarbejde, der så ud til at stå på i store dele af indre by og de meget lidt cykelegnede brosten. Med 10 kg bagage og en stor fodpumpe på bagagebæreren, sendte jeg ængstelige blikke til mine gamle racerhjul mens det i sneglefart, storbumpende gik over stok og brosten. Til sidst blev det så grelt, at jeg valgte at hoppe af og trække tværs gennem byen. Horder af turister kunne skimtes nede på kirkepladsen, men da en lejrskole lagde vejen forbi for få år tilbage, blev det ikke til et gensyn denne gang. Kunne ellers være hyggeligt at nyde en tur rundt i kirken, denne gang uden at skulle slæbe rundt på en storbandende tjetjensk dreng på tur, der mente, at et visit hos en dansk kirke ville forringe hans senere chance for at komme i paradis.

Google maps havde beordret, at vejen sydpå skulle gå inde i landet. Et oversigtskort syd for Rømø viste, at man blot kunne følge slusevejen ved kysten helt ned til grænsen uden at kigge på kort, og så ramme dagens destination alligevel. Smart smart tænkte Cykelmyggen Nete, den snupper jeg. Det kan godt være de mange kilometer var bilfri, men med stiv sidevind fra ultra flade marker, ståen af og på for at åbne og lukke meterlange og tunge kreaturlåger og forsigtigt gå over storskramlende, rustne kreaturriste, for så at køre ind på ujævne, stenede digeveje uden udsigt til et lokum med dør men kilometer efter kilometer marskland, ak... Den strækning var pænt anstrengende.

Højer Pølser ligger ikke overraskende i Højer, og har store fine skilte til at markere, at netop her fyldes de lækre tarme med tilpas krydret, hakket dyr. Som med osten i Jernved skulle tasken heller ikke fyldes med pølselækkerier denne gang, men jagten efter et toilet, var gået ind for alvor. I en lille landsby med fine velplejede haver var over hver anden stang på halvt. Cyklede alligevel ned til kirken, da der ofte er mulighed for at låne et toilet, men netop som jeg trak cyklen op ad den ene sti, kom et hav af gæster med buketter op ad den anden. Meget hurtigt fik jeg jernhesten vendt, og gjorde i stedet holdt ved en bænk, hvor en anden turcyklist var ved at gøre klar til at komme videre.

Hvad han hed, ved jeg ikke. Men han var tysk, og vi har sikkert været jævnaldrende. Iført det rigtige men noget slidte outfit, var han kørt fra Flensburg samme morgen med etapeslutning i Esbjerg. "Hast du kein Smartphone?" spurgte han med et øje på min laminerede ruteplan. Han selv kørte efter kort i en bog om North Sea Trail. Ville fortsætte op til Skagen, holde ferie i en uges tid, tage færgen over til Gøteborg, cykle ned til København, blive et par dage, og så hjem med tog. "Und du?" spurgte han. "Ich Will meine freunde Fleggaard und Calle besuchen!". Derpå sagde han Tschüß, og kastede sig i sadlen. Jeg spejdede fortsat efter et tissehus, men måtte desperat efter yderligere små 8 km hoppe ind i en busk ude ved hovedvejen, for blot 300 m længere fremme at bande af et skilt, der lovede hele to toiletter ved førstkommende rasteplads.

Spejdende efter flygtninge gemt i græsset kørte jeg over grænsen ved Rudbøl. Ud over isspisende turister ved grænsekroen sad to lokale koner i en privat indkørsel med plastic legetøj spredt ud over gruset, godt presset ned i hver sin farvede fletstol. Den ene havde en rulle toiletpapir i hånden, og i det jeg passerer, siger den ene henvendt til den anden, "deeeed ek så gåt". Om det var kvaliteten af lokumsrullen eller livet generelt, hun kommenterede på, er svært at vide, men da jeg passerede første tyske grænseshop uden plads til andet end 5 mælkesnitter, kunne jeg kun give dem ret. Nedturen varede dog kun til byskiltet ved Neukirchen.

Lugten af tysk hjemmelavet kromad blæste mig næsten baglæns ved døråbning ind til dagens B&B, men efter endt bad og kalorieindtag skal det gøre godt med 9 timers søvn, inden morgendagen ifølge dmi byder på ca. 13mm nedbør. Må virkelig håbe, at de tager fejl, da regnjakken ligger hjemme på gulvet. Eneste lyspunkt er mine afklippede røde Jack Wolfskin regnbukser i str. 12 år. De blev købt, da jeg skulle afprøve mit spritnye Dankort... i 1998.

Postkort 3   Heide

For 230 kr. kan man få et enkeltværelse med dejlig morgenmad i byen Neukirchen. Forskellige bløde oste a la brie var der mange af i meget gavmilde modne skiver, et fint udvalg af nybagt brød, æg, kødpålæg, nutella, forskellige marmelader og røget laks. Juice er de ret gode til i Tyskland generelt, og multifrugtvarianten var ingen undtagelse. Yoghurten var hurtigt spist, og i det hele taget knurrede maven godt og grundigt, da aftenens usle menu ikke helt stod mål med dagens anstrengelser. Efter at have betalt, hentede jeg cyklen i den aflåste garage, fik spændt tasker på, trak regnslagene frem med det samme, og trillede roligt ned ad vejen, på det der blev en meget lang og meget fugtig dag.

Hvis østtyske motorveje er et begreb, du kender, kan du sikkert gætte dig til standarden af de cykelstier, dagen bød på. Ca. hver 50. meter var en opadstående asfaltsprække tværs over stien. De fleste var desuden groet godt til, og cyklen sagde "klonk klonk klonk" næsten uafbrudt de første 50 km. En underlig lyd kom til, men uanset hvad jeg gjorde, var den der stadig. Så nu sagde det klonk klonk skrummmphf i stedet. Endelig blev synderen fundet! En ultra tynd stenflage havde fundet vej ind i dækket på forhjulet, og hver gang den passerede skærmen, gav den lyd. De efterfølgende minutter bad jeg til den store antipunkterkænguru om at klare frisag. Det gav pote!

Bakker er der ikke mange af her i grænselandet, eller hvad man nu kalder de tidlige danske områder. Køer, heste og road kill er der til gengæld uanede mængder af. Aldrig har jeg set så mange flade fugle og mus. Som skudt ud af en kanon var en flot hare en lille centimeter fra at kollidere med cyklen. Tror faktisk, forhjulet snittede pelsen. Efter at have råbt forbandelser efter den på hjemmestrikket tysk, stoppede jeg op, og så misundeligt på, hvordan den med lethed, hoppede som... ja... en anden hare ind over marken. Få kilometer længere fremme gik en velnæret pindgris let slingrende midt ude på vejen, uden at kunne beslutte sig til at gå til højre eller venstre. Da B5 i perioder er stærkt trafikeret, skyndte jeg mig videre. Lyden af et imponerende splat, ville ligesom have ødelagt idyllen OG pindens frisure.

Ved kanalen i Friederichstadt vrimlede det med mennesker i alle aldre. Mange var iført redningsvest, og skiltene i byen røbede, at jeg var havnet midt i et dragebådsarrangement. De små smalle gader så virkelig idylliske ud, men med mange kilometer til mål blev det kun til en kigger og et ønske om, at se nærmere på byen en anden god gang. Husum i Slesvig er noget hyggeligere end københavnske Brønshøjs nabo, og har en virkelig fin havn og promenade. En fyr i en telebutik opgav at give mig mundtlig instruktion indendøre, da Weststrasse ikke var, hvor den burde være ifølge kortet, så han tog det i den ene hånd og mig i den anden, og forklarede så med store fagter foran de mange cafégæster, der sad og nød solen.

Både DMI og yr.no havde lovet regn, og da det begyndte at smådryppe på klokkeslæt, (begge havde skrevet adskillelige mm kl. 11), lå benzintanken i rundkørslen helt perfekt. De små dryp blev til styrtregn, men med limonadeindtag under tankens tag kunne det regne lige så tosset, det havde tænkt sig. Og det gjorde det så! Ude i regnen kunne jeg pludselig se to umage skikkelser, jeg havde passeret tidligere. En dreng med Downs syndrom og dennes store ven eller bekendte. Drengen smilede over hele femøren med totalt sammenklasket drivvådt hår, og pegede med entusiasme på Mc D skiltet ved tankens nabobygning, men vennen rystede på hovedet, og de fortsatte i 100% regnvådt tøj.

Da det atter var blevet tørvejr, fortsatte jeg ud ad B5. Ved en anden tank stod en slank, senet cykelmand i sit slidte cykeltøj, og så modløs ud. Hans kone stod overskrævs på sin egen godt oppakkede cykel, og stirrede frem for sig i hvidprikket lang blå regnfrakke. Den ene datter røg en smøg, og den anden stod ligeledes overskrævs på mountainbiken, der manglede forhjulet. Manden talte hurtigt med den unge tankpasser, der gentagne gange blot rystede beklagende på hovedet, og til sidst rakte hjulet tilbage til manden, der var på nippet til at eksplodere. Stemningen var så spændt, at jeg ikke skulle have noget af at spørge, hvor turen gik hen, og de værdigede mig heller ikke et blik. Til sidst sagde manden noget i et formanende tonefald, der resulterede i en mopset mine og arme over kors hos den hjulløse. Kom hurtigt i sadlen igen efter at have lånt toilettet. Uh... Måske de står der endnu?!

Hele dagen var fugtig. Tøjet var fugtigt. Taskerne var helt klamme, og flere hold tordenfluer valgte at flyve videre, da de ikke kunne finde en ledig plads på mine arme. Ok... overdrivelse fremmer forståelsen, men den der klæbe-klistrede-fornemmelse er bare ufed! Da jeg altid kører med sokker, og mine cykelshorts og stretchpants har forskellige længder, er mine ben et tricolore eksempel på hvid/rødlig/let brun. Når sommeren er omme, har jeg naturlige hvide sokker på fødderne, helt uden at have sokker på. Må håbe, modepolitiet har travlt andet steds, ellers kunne det godt ende med en klækkelig bøde.

Når kræfterne er ved at slippe op, og det ene skilt siger Heide 5 km, bliver man lidt irriteret, når næste skilt siger Heide 6 km. Når der så 2 km længere fremme står Heide 3 km, stiger humøret en del igen. Da triptælleren går fra 99 til 100 km, ryger den ene arm så højt op, det er muligt i triumf, men da skulderen er ganske øm, tror den modkørende bil, at jeg vinker, og føreren flotter sig med et neutralt nik med hovedet i min retning. Hvilken fejring! Laminatgoogle fortæller, at ejendommen Poststrasse 4 findes på venstre side, men da det er der, de ulige numre er, sender jeg masterkorttegneren en fnysende tanke.

Udsigten til fred på vandrerhjemmet ryger allerede, da jeg triller op ad indkørslen. Mindst 3 forskellige børne- og ungdomsgrupper vælter rundt i haven, og heldige mig... To af grupperne bor også på min gang! Venlige som de er, deler de tonerne af tysk pop højt nok til, at jeg også kan synge med... Hvis jeg ellers ku teksten... Arrrrgh! Kl. 02:48 listede jeg ud på gangen med strithår og uknappet skjorte. Værelsesdøren blev uheldigvis lukket så tilpas højt, at næsten hele gangen valfartede ud på tønden efterfølgende. Først en halv time senere var der ro igen, helt til 6:45 hvor et mangestemmigt Happy birthday på tysk, runger ned gennem gangen. Verdammt!

Postkort 4   Fockbek ved Rendsburg

49 043313389XX5... Blev en anelse irriteret over at blive mødt med en opfordring til at ringe til dette nummer, istedet for en imødekommende receptionist, da jeg efter en omvej på små 12 km endelig nåede Fockbek ved Rendsburg. Efter en kort telefonsamtale og yderligere 5 minutters venten, var cyklens saddel pludselig skiftet ud med forsædet i en über cool spritny Audi stationcar. Et kort vruuum, og en automatisk skærm dukkede ud af instrumentbrættet, inden damen tog sine solbriller på, og vi trillede ud på vejen. Da mit overnatningssted for dagen åbenbart var en nebengesjæft for et finere hotel lidt væk, og damen der sku låse op, ikke kunne huske, om pengene allerede var blevet trukket, bød hun på en tur hen til hotellet. Lidt blæret og en sjov kontrast til de sidste dages transport.

"Nein... Das geht nicht!", sagde damen, der styrede morgenmadsbuffet'en på Jugendherberget i Heide i morges. De to piger, der ellers var ved at øse hele skålen med choko-morgenmads-knas ned i deres frokostposer, så meget overraskede ud, men taktikken med at sige, at andre havde gjort det samme, hjalp ikke. Damen havde dog så meget hjerte, at pigerne fik lov til at beholde, hvad der allerede VAR erobret, mens hun demonstrativt kom frem, og rettede på skålen. Imens smuglede jeg to Buko smøreoste ned i håndtasken, så der var lidt smag til frokostbollerne.

Ved et andet bord sad tre kulsorte drenge i ens farvestrålende skjorter med pilemønstre, og gnaskede vandmelon. De så ud til, at de var kommet til verden trip trap træsko, og mens de sad helt stille med øjnene fikseret på frugten, talte de et sprog, jeg ikke har hørt før. I et tilstødende rum sad tre mænd i samme nuance, ligeledes i farvestrålende skjorter men med andre mønstre. Det så så anderledes og prægtigt ud, blandt alle de andre gæsters praktiske khaki, sort og fald i et med tapetet tøj. Også de sad med skiveskåret melon, og hyggede sig. Gad vide hvor de kom fra?

Oppe på gangen forsøgte pædagogerne at få de sidste værelser i orden, mens det ene præteenagebarn efter det andet trak i hver sin kuffert, hele vejen ned ad trapperne uden at overveje, at det faktisk er muligt at løfte sådan en. Gong gong-gong-gong...! Fik selv fejet, spændt taskerne på, og så ud på en helt stille Poststrasse med retning med Fockbek.

Damen i receptionen havde printet mig et kort over området, så jeg bedre kunne navigere mellem de mange vejarbejder i området, hun hjælpsomt havde indtegnet. Da dagens distance var turens korteste, holdt jeg ind ved Mien Bäckerei i byen Wrohm (sejt navn!) allerede efter 25 km. Der sad jeg på en bænk, og gnaskede et mandelhorn, mens solen gjorde sit bedste for at sammensmelte mine cykelshorts og lår. Da kirkens klokker ringede, kom et helt optog af børnehavebørn i små gule veste med en trafikkyndig elefant på maverne, gående forbi i en lang formation. Dernæst fulgte en masse forældre med blomster og kameraer, og flere så meget stolte ud. Enkelte bar også en stor skoletüte, som er sådan et fint dekoreret overdimensioneret kræmmerhus med ting til skolestart.

Broen var oppe, da jeg skulle krydse Eideren, så køen med ventende køretøjer blev ganske lang. Da den atter var nede, kørte jeg ind på de mest usle 7 km cykelvej tilbagelagt til dato. Efter 3 km føltes det som om, mit kranie var rystet løs, så selvom vejen var meget smal, lod jeg sti være sti, og kørte ud, og forårsagede flere køer, da to biler ikke kunne passere på samme tid med mig på banen. Sjovt nok var der ikke en eneste, der dyttede, råbte, eller pegede arrigt, ind hvor cyklen burde køre.

5 km før Fockbek lå en isbutik. Med kugler til en euro og en god lokkende bænk fik mandelkagen selskab af en kugle hindbærsorbet, der blev nydt foran en græsk restaurant. Et bemærkelsesværdigt antal cyklister blev ved med at dukke op, så isdamerne havde travlt med at smile, og spørge om man sku ha kop eller vaffel. Godt tilfreds cruisede jeg det sidste stykke, og slog så lejr på dagens tredje bænk, indtil klokken blev tre, så jeg kunne krydse vejen over til dagens hostel, der viste sig at være en hel lejlighed på 26 m2 med eget køkken og bad. Ikke dårligt! ... og i hvert fald en hel del bedre end stedets ringe WiFi. Må stå inde i køkkenet hos småbørnsforældrene, mens de venter på, at

deres pap-pizzaer bliver færdige, hvilket har det med at gå hurtigere, hvis der er skruet på både varmetype OG temperatur...

Postkort 5   Flensburg

"Aber Mausi...Daß geht nicht! Kommt doch hierein!"... Men det gad lille Mausi ikke, for hun (han?) havde travlt med at samle sten op fra indkørslen, mens faderen kløede sig i nakken for gud ved hvilken gang, i dyb undren over hvordan alle familiens pakkenelliker incl. Mausis barnevogn nogensinde igen skulle komme ind i bilens bagagerum. Imens lokkede moren med brötchen, men lille Mausi endte med at finde en fin sten, der må have set ekstra lækker ud, for ind i munden kom den. Moren drønede så over indkørslen, for at forhindre, at stenen endte sine dage i Mausis mave. Da faren endelig fik smækket bagdøren, gik den lille familie hånd i hånd i hånd over vejen til et af byens bagerier. Med dette drama blev min sidste køredag skudt i gang, og jeg trillede mod Flensborg.

Laminat-maps fungerer for det meste, men nogen gange bliver en ret simpel vej gjort mere besværlig. Derfor tjekker jeg altid ruten en ekstra gang, og tager screenshots af steder, der kunne virke til at volde lidt besvær. Stående ude i et industrikvarter, spejdende efter Zum Krat med øje på både IPad billeder og kørestrimmel, endte jeg med at køre hen til et par fuldvoksne håndværkere, for at spørge om vej, men de havde "keine Ahnung". Trillede så tilbage til sidste sted, der gav mening, og forsøgte igen. Håndværkerne sad der endnu, da jeg drønede forbi og ind på en lille skovvej. Uh... Pga. regn kunne stien lige så godt hedde Sneglevej, så det blev tre km zigzagkørsel gennem en slimet suppe. Fy for fanden! Med en puls på 210 nåede jeg ud til omfartsvejen, og kunne have vredet min køretrøje.

Tunge skyer tog løbende til i størrelse og farve, men indtil 25 km før mål holdt det tørvejr. 100 meter senere begyndte det så småt at regne, så dagens sidste rute gik fra busstoppestedsskur til det næste afhængig af regnens styrke. De der skure var faktisk rigtig fine. Ikke noget med smadrede graffittiplagede vægge, men halvstore, rene, bjælkehytter i træ. Et sted overfor en

111

planteskole der reklamerede med hortensiafestival, sad jeg, og kiggede ud i regnen med en bolle i den ene hånd og en flaske vand i den anden.

En svale fløj tæt forbi i raketfart. Trak faktisk hovedet til mig med et ryk, da det virkede som om, den ikke kunne komme tæt nok på. Tænk hvis de leger kylling, (den der leg, hvor den der viger først, har tabt), sad jeg og tænkte, idet to svaler nu fløj direkte mod mit hoved, for først at dreje af en halv meter fra mig. Mega ubehageligt! Tre gange gentog det sig. Tænkte, at de måtte være på speed eller noget, indtil den ene fugl fortsatte hele vejen ind i skuret, så jeg måtte springe til side... Da jeg kiggede op, kiggede den ned... fra sin rede under taget... Crazy bird!

Hvorfor gøre noget let, når man kan gøre det besværligt? Et skilt ude ved en hovedvej med en fin cykelsti separeret fra kørebanen, viste Flensburg lige ud. Laminat-maps ville det dog anderledes, og da jeg jo var på eventyr, fulgte jeg den udprintede plan. Den ene lille Dorf efter den anden blev passeret. Nogen steder står små børneplastictraktorer ved byskiltet. Først troede jeg, at det måske var til minde om et barn, der var kørt ned, men SÅ mange kan umuligt have ladet livet, og så lige ved byskiltet. Forklaringen kunne i stedet være en påmindelse om, at man skal tage hensyn til legende børn.

En stor mand på en mountainbike godt læsset med cykelferiegrej kørte roligt videre, uden at vende hovedet, da jeg ringede med klokken for at passere. Heller ikke da jeg råbte "Haaalllooo?", skete der noget. Om han var hel- eller halvdøv, vides ikke, men ud på vejen måtte jeg, for at overhale, hvorpå han smile-smilede og vinkede. Pga. stop på en tank endte jeg atter bag ham, indtil vi kørte ind i Flensburg. Heldigvis havde vandrerhjemmet pga. sommerferie åbent i receptionen. Havde ellers frygtet, at skulle sidde tre timer i drivvådt tøj, og vente på at de åbnede.

Var lidt spændt, da døren ind til fællesværelset gik op, for pga. en episode i Prag for 4 år siden, der ku være endt rigtig galt, har jeg ikke sovet på blandet sovesal siden. Heldigvis var den ene af de to andre gæster en almindelig rolig tysk pige. Beboeren i hendes overkøje har vi stadig til gode at se. Der ligger kun en flaske vand og en T-shirt.

70131415...

"DSB? God dag. Jeg står i Flensborg, og vil gerne have min cykel med i toget på mandag. Ved du, om DSB har en billetautomat på stationen?".

"Flensborg er i Tyskland. Så nej!"

"Øh... Ok så. Tænkte bare, at når der står en i Malmø, kunne det være, der også stod en sydpå. Hvad gør jeg så?"

"Så må du cykle til nærmeste danske station".

"Jo... Men... Toget starter jo i Tyskland, så mon ikke det er muligt, at bestille herfra?"

"Du kan cykle til Padborg!"

"Det kan jeg, men kan du ikke trylle en anden løsning frem?"

"Nej. Reglerne gælder alle, også dig!"

"Øh... Ok så. Det var ikke rigtig til nogen hjælp".

"Måske... Men det er jo dit problem...!"

(Censureret)

En tur op i byen resulterede i en god gang thaimad. Vejrudsigten i morgen lover regn, regn og mere regn. Tænker, at dagen i dag med fordel kan slutte nu.

Postkort 6 Underkøje Med Udsigt Til Uvejr

Den tredje på værelset kom "hjem" kl. 02:20, og faldt i dyb søvn med det samme, mens hendes glow-in-the-Dark armbånd sendte et gustent skær ud i rummet. Da jeg vågnede til et voldsomt haglvejr, var hun allerede taget videre. Lyden fra vejret var så voldsom, at jeg måtte hen til vinduet, og kigge ud. Store hagl brugte den omfangsrige haveparasol som trampolin, og med ét blev hagl til skybrud. Bahnhofstrasse blev på sekunder forvandlet til en mindre flod, og oppe fra vinduet kunne jeg se taxaer pløje igennem, som i en anden vandrutchebane. Sendte en tanke til cykelturisten fra i går, da han havde telt spændt bag på. Nå ja... og så er der jo også de 40.000 spejdere incl. en tidligere kollega, der ligger i Sønderborg. Må håbe, de har investeret i oppustelige liggeunderlag, eller er indehavere af indtil flere... vandmærker. Hjem i morgen... om DSB og vejrguderne vil!

...Men det ville DSB ikke, så i arrigskab trampede jeg hele vejen fra Flensburg til Vejle!

115

Juni 2017

Finland

Postkort 1   Finsk Rundtour

Solidt plantet i turistbussens sæde 39 og 40 med kurs mod Finland, drog min far og jeg afsted på en, "Vi har fikset alt for jer tur". Af det tidligere firmanavn måtte man antage, at størstedelen nok havde nået en vis alder, og jeg var vist også langt den yngste.

Modsat sidste tur der gik tværs over det amerikanske kontinent, og af uvisse ikke-indlysende grunde først kommer efter den her beretning, var de andre rejsende hverken repræsentanter fra Amish samfundet, rablende gale tiggere eller andre der så ud, som om samfundet havde sendt dem til tælling. Tvært imod var mange næsten lige kommet hjem fra deres seneste ferie, og havde, når den forestående tur var til ende, udsigt til årets måske 3. 4. eller 6. rejse.

Undervejs op gennem Sverige var der stop i Gränna, polkagrisenes hjemby. Her blev serveret det første af mange lækre måltider på en fiskerestaurant nede i havnen, hvor vi kunne se færgen til Visingsö lægge til kaj. Kun to af parrene fra bussen så ud til at kende hinanden på forhånd, så det var helt tilfældigt, hvem man lige endte ved siden af. Maden blev indtaget i absolut stilhed, mens regnen silede ned, og vi kunne kigge ud på en forpustet plastic version af noget, der mindede om Titanic forklædt som hoppeborg.

På strækningen videre nordpå langs Vättern og senere østpå fra Ödeshög og ind i landet, gik det i rask tempo, indtil vi nåede "Välkommen til Stockholm" skiltet. Her gik trafikken næsten i stå, og i lighed med mange andre steder undergik vejene en seriøs om- eller udbygning. I det fjerne kunne vi skimte Globen, der lagde scene til Brødrene Olsens grand prix sejr i 2000. Fortællinger om "Kongens kurva", elge, Det Stockholmske blodbad, IKEA (I=Ingvar. K=Kamprad. E=Elmtaryd (barndomsgård). A=Agunnaryd (barndomsby)) og ikke mindst landeplagen lös godis, strømmede ud af højttalerne, og gjorde turen interessant.

På min turismeuddannelse havde en af underviserne på et tidspunkt brugt buffeten på Finlandsfærgen som synonym for kaos. Han havde ret... for ALDRIG har jeg oplevet noget lignende! På vores udleverede kahytsnøglekort i kreditkortformat stod printet spisetid. Da vi øvede vejen for at sikre, at vi kunne være fremme som aftalt, kunne man læse på tavlen indtil restauranten, at hver seating varede 75 minutter, hvorefter et nyt hold skulle ind og så fremdeles.

Godt så! Rejselederen, der skulle sige de magiske ord ved buffet-check-in, kom 8 minutter for sent. 67 minutter tilbage. Herefter kunne vi alle 31 gående i en lang slange MASE os frem mellem de forskellige buffeter, mens vi på samme tid skulle gå slalom mellem primært asiatere med tallerkner fyldt så meget til randen, at en del landede på gulvet. Her blev så balancen sat på prøve, når man undgik at glide i pil-af-rejer, steg eller lakridskonfekt!

Fremme ved vores borde næsten flåede folk deres jakke af, for at reservere netop DEN stol, for at mase tilbage efter først drikkevarer (her var der kø), sidenhen fiske- kød- og/eller salatbuffeten, (her var der endnu længere kø), spise maden med et nervøst blik på henholdsvis buffetkøernes længde OG uret, hente flere drikkevarer (kø), og til sidst stille sig hen for at vente på tur i dessertrækken, hvor flere havde et udmattet og lettere svedglinsende skær over ansigtet

Serveringspersonalet cirkulerede som gribbe for at fjerne ejerløse tallerkner, uden at skele til mængden af mad på den pågældende tallerken, hvilket bevirkede, at flere måtte om bag i køen igen, fordi en drikkevareerobringstur resulterede i hapset service. På mirakuløs vis nåede vi dog, at få fyldt maverne uden at kløjs i maden, så hvis du er i tvivl, om du er stresset i forvejen, kan 260 kr. buffeten anbefales som markør!

Postkort 2   Heinola og Omegn

Da vi trillede fra borde i Turku tidligt mandag morgen, var det første af 5 overvejende regnfulde dage. Faktisk udartede det sig til, at i det øjeblik vi stoppede for at se nærmere på diverse, og trådte ud af bussen, regnede det et sted mellem drip-dryp og skybrud. Flere gange blev himlen så sort, at det det føltes som nat.

119

Hvis du aldrig har været i Finland, kan det beskrives med 3 ord; søer, lupiner, træer. Beskrevet med 6 ord lyder det; mange søer, mange lupiner, mange træer! Som førstegangsgennemkørende et nyt sted vil man helst ikke slumre, af frygt for at gå glip af spændende ting, der passerer vinduet. Efter over 700 km i det sydfinske terræn kan det dog konstateres, at man roligt kan tage en morfar uden at gå glip af det store.

På vej mod hotellet i Heinola fik vi en masse oplysninger om Finland. Alt det med naturen har jeg allerede glemt, men Nokia har åbenbart produceret gummistøvler, finnerne holder VM i taburetkast, koneløb hvor manden løber med konen, og vinderen får hendes vægt i øl, er populært, Finland blev erklæret selvstændigt for præcis 100 år siden, og endelig er den nyeste og mest populære sport KÆPHESTERIDNING med over 10.000 aktive udøvere. Konkurrencerne indeholder forskellige ridedicipliner, og kæphestene, der er noget lettere at transportere end dem med lyd i, bliver solgt for mange tusinde kroner, hvis de har klaret sig godt.

For tilhængere af saunasidning, får navnet Heinola måske en klokke til at ringe. Byen var nemlig indtil for få år siden, årlig vært for VM i netop saunasidning. Desværre var deltagerne i den sidst afholdte konkurrence så stædige, at det kostede den ene livet. Hele underetagen på vores noget slidte hotel var omdannet til sauna- og spa-område, men den første sauna vi så, lå faktisk inde på den første tank, hvor der blev holdt pause og skænket en lille skarp efter eget ønske.

Når man hjemme er vant til morgenmad bestående af havregryn, rugbrødsklapsammen til frokost og spaghetti op til 4 dage i træk, var det overvældende med stor varm/kold morgenbuffet, 2-3 retters frokost og 3 retters aftenmenu, alt sammen i overraskende god og lækker kvalitet. Selv de mest berejste klappede i hænderne, inden der blev skålet i vin og finsk og belgisk øl.

På nær en enkel finskfødt dame var den samlede rejseselskabsviden om Finlands seværdigheder nok temmelig begrænset. Kirker fik vi set en masse af, men "rock church" (stenkirken) i Helsinki var ganske usædvanlig smuk. Udhugget inde i en klippe med en stor kobberplade i loftet og med et helt særligt lysindfald, glemmer man ikke lige med det samme. Skihopbakkerne i Lahti var også imponerende. Gad vide, hvordan man lige beslutter sig for at gå til skihop?!

På vej til Iittala glasværket fik vi at vide, at glaspusterne desværre var sendt på kollektiv ferie. Pænt skuffende, men verdens nok kedeligste dame fortalte lidt inde på det tilhørende museum. Bagefter var der tid til at købe Aaltovaser og Fiskars produkter og kigge rundt i de forskellige småbutikker. Da rejselederen ikke kunne garantere mødet med en moomin trold, købte jeg en kop med et fint moomin billede, bare for at være på den sikre side!

De tre aftener på hotellet var der faste pladser. Vi sad ved et rundt 8-personers bord med udsigt over en gigantisk sø, hvor der blev diskuteret italienske vine, bageopskrifter, havetips og listige steder på Bornholm. Det vil sige, de andre diskuterede, og jeg morede mig med at lytte. Det sjove og lidt mærkelige var, at først under turens næstsidste måltid, begyndte folk at spørge til hinandens navne. Ellers havde vi bare refereret til dem som; hende med hatten, ham med konen, dem med de blå tasker.

Postkort 3 "Hende med Håret"

(Navne og lokaliteter er ændret lidt... måske)
Vi var 31 rejsende i alt excl. rejselederen, og dem kan du møde herunder. Tænker du "Gaaab!", kan det i stedet anbefales, at gå en tur i regnen og spise et stykke finsk lakrids, der leger skjul i chokolade, mens du lytter til Sibelius eller Hard Rock Halleluja på youtube. Gætter på, at Finland er det et af de eneste lande, hvor morgenradioen spiller hård rock efterfulgt af Beatles i et og samme program. Nå... Sig pænt god dag til dem i bussen.

Dejligt par i 70'erne fra Rødovre. Hun i rød lækker skindjakke. Meget levende, interessant og smilende. Han i bordeaux sweater med V-udskæring. Talte sagte, let foroverbøjet i tilhørerens retning. Sommerhus på Bornholm. Rejste rundt i hele Europa. Maastricht til efteråret. Stort kendskab til Italien og mad. Sønnens kæreste elsker muldvarpeskud. Manden lyste op som et barn, og afslog konens fremrakte friskbagte brød fra buffeten. Med julelys i øjnene og fjedre i skoene begav han sig i stedet hen for at hente, "noget han aldrig fik hjemme". Minutter senere sad han henrykt, og gumlede mariekiks

123

efterfulgt af to imponerende glas softice, mens han stille jublede, "Engang spiste jeg en hel liter!"

To par fra Solrød. 3 pensionister og en efterlønner. De spiller 60+ tennis vist primært for fællesspisning og kaffe. Den ene mand elsker flødeskum, men hader ost. Den anden stor og bredskuldret, nydelig, lidt for solbrændt, har gået til italiensk. De elsker alle sammen fugle. (Hvad er der med pensionister og fugle???). Den ene dame vil gerne arbejde. Spinner, og er engageret i lokalforeningen. Den anden nydelig og lidt reserveret, men tøede op, og blev rigtig flink. Har lidt svært ved den anden mands åbenlyse brovtende kræsenhed. De drikker vin både rød og hvid, og deler 50/50. Har rejst meget, og kender mange europæiske lande. Ordforrådet for fiskearter på engelsk opslap for den enes vedkommende ved ordet "fish".

Pensioneret gymnasielærer med sin yngre religiøse men heller ikke helt unge kæreste/kone. Svært bevæbnet med praktisk tøj, felthat med hagerem og tilsvarende praktisk fodtøj. Manden med en fyldig mave, tyrenakke, mustache og en mursten af en bog med titlen "Fauna" som fast

124

følgesvend. De fik læst en masse undervejs, og hjulpet hinanden med krydsord. Indtog en del helsekiks samt enkelte øl, mens de med jævne mellemrum begejstret pegede på fugle, der fløj forbi, eller lidenskabeligt forsøgte, at finde frem til navnene på de vækster, der voksede i den parkerede bus' nærhed. Alt sammen i meget høfligt tonefald. Da damen så dåbskjoleudstillingen i Heinola kirke, blev hun straks inspireret til en lignende udstilling hjemme. Så hvis du bor i Sakskøbing eller omegn, kan du godt finde dåbskjolen frem fra gemmerne.

Lidt bleg, slank og anonymt udseende mand med sår på næsen, og hans meget søde lidt Hyasinth-light-agtige kone i stor gul frakke. Hun talte med accent, men ville ikke i første omgang ud med, hvor hun kom fra. Senere fortalte hun det alligevel, men gentog, at hun ikke ville have, andre skulle vide det. Om det var ham eller hende, der var flov, ved jeg ikke, men hun var virkelig underholdende og flink. Hun brød sig ikke om kylling, og syntes generelt, der var alt for få grøntsager. I de tidlige morgentimer under indsejlingen til den stockholmske skærgård, kom hun joggende i lange sorte flagrende bukser med pænt bøjede knæ. Jeg lavede bølgen, hver gang hun passerede mit læsted, mens hun forpustet kundgjorde "Hvii siiis om to minnnuuuttter".

To magre, rynkede, identisk solbrune udseende kvinder med samme gråkrøllede frisure og med en generation i aldersforskel, og datterens kæmpe store og lige så kæmpe rare mand fik støttet firmaet med en masse, da snaps, vin og øl blev drukket ved hver en lejlighed. Han ville helst blive i bussen ved seværdighederne, men trykkede alligevel kasketten ned i panden, og med hænderne dybt begravet i lommerne, forlod han oftest bussen som den sidste. "Vi rejser en masse mens svigermor ka' holde te' et", fortalte han, inden sætningen blev skyllet ned med endnu en skarp.

Venner kan man aldrig få for mange af, og på Finlandsfærgen blev kimen lagt til en sådan. En lille forvirret udseende dame kunne ikke finde syltetøjet, og gik lettere panisk rundt med sit enlige bare stykke brød. Da jeg pegede, og hun efterfølgende fandt det, takkede hun gentagne gange. Under en af middagene fortalte hun, om det bosted hun kom fra, og om hvor dejligt det var, endelig at have fået eget bad og toilet.

Hendes aldrende gudmor hjalp og forklarede en masse undervejs, og de så begge ud til at nyde turen i fulde drag. Efter maden i dag takkede hun igen. Hver gang hun købte noget, kom hun storsmilende og stolt og viste tingene. Den form for umiddelbar glæde ses alt for sjældent.

En kortklippet, rødhåret, skrutrygget og temmelig kraftig dame iført meget stor T-shirt med en glimmer-leopard afbilledet på mavsen, gik rundt med en mand med en meget tydelig afgrænset munkefrisure, og tøj der var gået af mode allerede i 70'erne. Alle der talte lidt med dem, blev hurtigt temmelig høfligt afvisende, da de ligesom sugede sig til folk. Hun havde sandaler på, og da hun klagede over regn, og jeg sagde noget med det praktiske i, at hun så kunne slippe for fodbad senere, blev hun så oprørt, at jeg gentagne gange måtte forsikre hende om, at der intet ondt var i den kommentar. Det hjalp dog intet. I pauserne fik han fortalt om deres støttecenter, og om alle de spændende ting de skulle i løbet af sommeren. Hun skulede hele første dag, indtil jeg komplimenterede hendes Kaptajn Haddock trøje og så... var det svært ikke at have kaptajnen, der et par dage efter blev til Pokemon GO, inden for 2 meters afstand.

En kæmpe mand havde en lille, gråkrøllet, rund og mildt udseende dame i hånden. Det eneste jeg hørte hende sige, var, at han jo selv havde valgt, at de sku være sammen, og at han måtte tage hende, som hun var. Faktisk virkede flere par som vindere af seniordating.dk. Tilpas høflige over for hinanden, men ikke så tætte, som man bliver efter et helt eller halvt liv sammen.

I sæderne foran sad et par, der ikke gjorde meget væsen af sig. Skød hende allerede første dag til at være finne, da hun havde noget umiskendeligt moomin-agtigt over sig. Da rejselederen under en af turene fortalte om finske børn i Danmark, nikkede hun trist på alle de rigtige steder, og da vi stod i tisse-kø, bekræftede hun min forespørgsel. Havde dog boet i den svensktalende del, og sidenhen i Danmark i over 50 år. Tror hun fik købt finsk slik, rækkende frem til et godt stykke ind i 2019.

To små 60+ damer i smarte jeans og mærke-outdoortøj nåede ikke lige ned til bussen på Helsingborg overfarten, da vi kørte fra borde, så de kom gående i hyggetempo ud af den store færgeport, længe efter det sidste køretøj havde forladt dækket. Heldigvis gav de ikke anledning til yderligere forsinkelser, men fik læst en masse gamle numre af "Hjemmet" og støttet bussens drikkevareforsyning med ikke så få kroner.

Endelig var der vores lange, meget solbrændte og kompetente chauffør, og guiden Helle, der gjorde et stort nummer ud af, at hun netop ikke var guide men rejseleder. Hun var pensioneret folkeskolelærerinde, havde en tydelig, rolig og yderst behagelig stemme. Humoristisk men ret skolelæreragtig, selvom hun lovede, at vi ikke kom til at gå to og to på række. Vidste en del og kom med underholdende anekdoter, finlandsvittigheder (Molbo-style) og læste op fra politiken.dk om curlingforældre på Roskilde Festival, hvilket var ret underholdende.

Alt i alt en super dejlig men temmelig stillesiddende tur op og ned gennem Sverige og sidenhen rundt i det sydlige Finland. Oste-elg-suppe og de små 2000 km kan også klart anbefales!

April 2017

Tværs Over USA Med Tog

Postkort 1   San Francisco

"Ma'am?! Ma'am! GO BACK IN LINE! Did I Call you? No I didn't, so GO BACK!......... NOW!!!" Welcome greeting at US Border control. Trods alt bedre end at få isterninger smidt i hovedet som sidst, men temperaturen på hilsenen var tæt på at være identisk. "owling"... Et must for fugleelskere? Nope... Nogen havde hugget b'et fra forlystelsescentrets skilt.

"Don't leave".......! En personlig opfordring nede på Warf'en. Måske en anelse insisterende og lidt skuffende da det viste sig, at neonskiltet bare kørte i ring, og først to dage senere viste hele teksten... "Don't leave Your valuables in the car!"

Lørdag morgen. Byen sover. Næsten i hvert fald. Synligt påvirket mand tævede løs med knytnæver på kvindelig bekendt på fortovet langs Market Street. Hun skreg gentagne gange, men jeg turde ikke sige eller gøre noget. Han skreg også, men

130

det var mere noget i stil med "I will fucking end you bitch!"

Spinkel, rynket, alt for branket "hvid" dame 60+ i mini sportstop knaldede pludselig døren op ud til O' Farrell Street, svingende med en håndvægt i hver hånd med nok 4 kg på hver stang, inden hun storbandende og stadigt vægt-svingende gik ned ad gaden, mens folk hoppede til siden.

Mand uden ben lå på ryggen midt på Market Street midt i myldretiden. På magisk vis så jeg ingen, der trådte på ham.

Caribien Style woman gik hvileløst frem og tilbage på Oaklands Telegraph Avenue i gennemhullet tøj, brølende efter tilfældigt forbipasserende ved KONO[7]. Hver sætning indeholdt mindst et "fuck" og et "bitch" suppleret med truende fagter.

"I just need Money for a damn cold beer", "Random act of kindness will save my day", "I'm hungry", "I'm homeless, "Help me, please!"... Mange bare sad med deres skilt. Andre sang,

---

[7] KOreatown NOrthgate i Oakland, San Francisco.

tiggede, spillede guitar, solgte blomster, slog på tromme og en... Han havde sådan en slidt gul iturevet trafikvest på, mens han stiv i blikket steppede som besat på en vejarbejdsplade.

Sydamerikansk teenager stod i en slags kravlegård af sorte stænger op til knæhøjde foran det store Fishermans Warf skilt med to små børn om fødderne, mens hun med behørige back up beats fra anlægget blandt andet rappede om fremtidsdrømme. "Rap artist" stod der på hendes skilt.

Sydeuropæisk mand lå på sædet i BART[8] (lokal tog) med fødderne op ad vinduet, mens han kradsede det blødende hul i hovedet endnu større. Når der var bid, satte han sig op, snusede til sine fingre, kørte dem hen over næsen, så sporet af størknet blod blev gradvist bredere, inden han atter lagde sig ned, og gravede hullet endnu større.

Aldrende asiatisk ægtepar som selvbestaltede affaldsindsamlere. Damen havde en kagetang,

---

[8] Bay Area Rapid Transit i SF og omegn

der kunne kringle låsemekanismen på skraldespande. Plastflasker blev taget fra, og da hun fandt resten af en burger, spiste de af den begge to.

Ultra slank mørk mand uden fortænder iført møgbeskidt joggingtøj anno 1990 storgriner, mens et menneske i abnorm størrelse er lagt i håndjern, vrider og vender sig liggende på jorden, mens politiet 4 mand høj forsøger at tale ham til ro.

Og så er der de der vanvittige blikke fra mennesker, der bare går hvileløse og møgbeskidte rundt. Stirrer, men ikke virker til at ænse noget omkring dem. Har jeg set 25, 40, 50...? Jeg ved det ikke, men der er godt nok mange! Alt for mange.

Men trods al elendigheden og en intensiv haglbyge lige over Berkeley University, ligger de slidte søløver stadig, og hygger sig i de lejlighedsvise solstråler nede på Pier 39, mens forbipasserende kan indsnuse lugten af burgers hos Hard Rock SF, rejer hos BubbaGump, chokolade hos Ghiradelli eller andet af al det der frister, mens aftenen måske afsluttes med en tur op over byens bakker til Powell, hvor man lettet kan konstatere, at man ikke behøver vente i den endeløse kø, der skal køre selfiehungrende turister tilbage samme vej, mens de holder fast med een arm, hængende ud over siden på de slidte cable cars. Men nu er det sengetid, for i morgen skal jeg ud at køre med tog!

Postkort 2   Zephyr Line, Vogn 6 Et Eller Andet Sted i Utah.

Kl. 03:00 ankom vi til Salt Lake City eller Salt Lake Central, som der stod på perronens skilte. Det var mørkt og midt om natten, men mange af de rejsende var alligevel ude og strække benene. Flere stod de obligatoriske 50 feet fra dørene for at ryge og nej... Ud fra lugten var det ikke kun cigaretter, der blev nydt.

Turen startede 18 timer tidligere fra Emeryville, Amtracks SF stoppested ved Oakland, hvor en connecting bus fra SF Financial District yderligere to timer tidligere, havde samlet mig og en håndfuld andre rejsende op. I Emeryville var der mulighed for at købe snacks til turen, hvilket folk benyttede sig af i stor stil. Ikke så mærkeligt, når flere skulle hele vejen til Chicago, en tur på godt to døgn.

"I Can NOT heat your personal food. That is a State regulation, so please stop asking. Please keep your shoes on at all times, and children age 12 or below should be accompanied by an adult at all times. When we call your number, please find the way to our dining car and wait to be greeted and seated by our staff. Thank you!" Så fik vi lige det på plads!

På min billet stod blot "reserved seat guarenteed" men ikke et specifikt sædenummer. Sad en gang på gulvet hele vejen fra København til München på grund af pladsbilletforvirring, så var lidt spændt på, om noget lignende skulle gentage sig. Men da det 9 togsæt lange California Zephyr train rullede ind på perronen, blev vi fordelt af en højtråbende "Do NOT cross the Yellow Line when train is approaching"-ansat, der efter at have scannet folks billetter, gav besked på, om vi skulle gå op eller ned. "Go upstairs ma'am" sagde hun til mig, og så var det ellers om at finde et ledigt sæde.

En 30 timers tur kan være lang, hvis sidemanden f.eks. taler uafbrudt, ikke har set et bad i dagevis, hører høj musik, har div. tics eller spiser ildelugtende mad, men Emmanuelle, en hip ung gut på vej til NY virkede helt fin, men ved først kommende ledige sæde andetsteds, greb han resolut sin taske, flåede opladeren ud af stikket, og skyndte sig videre. Sidder stadig og lurer på, om det mon er tid til at skifte deo.

I Sacremento blev toget fyldt, primært af folk der skulle til Reno. To sæder bag mig sidder en Luther Wandross klon, der på nær et par timers søvn, har talt uafbrudt med alle indenfor rækkevidde. Han spørger til deres familie, job, rejseplaner og når de har svaret, fortæller han en 12 kapitlers parallelhistorie fra eget liv. Heldigvis er hans stemme behagelig, så han fungerer mere som soundtrack end irritationsmoment.

Bag mig sidder et ungt kinesisk par. De vandrer ustandseligt frem og tilbage mellem snackvognen, loungen og udsigtsvognen. Forrest på hendes sweater er et kæmpe rødt hjerte, der dækker hele maven, og farvemæssigt matcher patchwork-bjørnen på kærestens trøje.

Foran sidder et lesbisk par. Den ene er maskinklippet, maskulin og i store militærstøvler, den anden slank og piercet flere steder i ansigtet. De tænker nok deres, for jeg har kigget en del, men det skyldes udelukkende, at den ene på en prik ligner en fra bordtennis, jeg kendte en gang. I rækken skråt fremme sidder en lang sort fyr. Han indledte turen med en telefonsamtale. Da han nåede til "Yo bitch, you remember what happened the second time I was on parole...?" gik han desværre nedenunder, for at tale videre. Ville ellers gerne have hørt resten.

Et af de mange ældre par der steg af i Reno, sad i rækken tv. for mig. Hun svært overvægtig i flere lyserøde nuancer og med plateau-agtige sko. Han iført kakifarvede bukser, jakke og kasket og blussende røde kinder. Da vi trillede ud fra stationen, gik han ned for at hente snacks. I mellemtiden var hun faldet i søvn, så først spiste han selv ca. 400 gr trailmix[9], så en family sized

---

[9] Blanding af nødder og chokoladeknapper

pose chips efterfulgt af først en gigant snickers skyllet ned med en root beer. Med næven maste han dåsen, tørrede sig om munden, og fandt en tegneblok frem.

Nysgerrige Nete rykkede frem i sædet, og kunne nu se side efter side med små karikaturtegninger af mennesker, der efter ansigtsudtrykket at dømme alle lige at have nydt en citron, og måske havde fået et slag i maven med noget tungt. Meget besynderligt... Da han havde tilføjet yderligere nogle ansigter, fiskede han en bog om træskæring frem. Denne var han opslugt af, indtil konen vågnede, og opdagede, at der ikke var flere snacks.

Nu vil jeg spise den tredje af mine fire identiske bagels fra hostellets morgenmadsoverskudskasse smurt med creme cheese og skæreost, og nyde turen inden jeg når Fraser-Winther Park, mit første stopover. Vi skulle være fremme om små 7 timer.

Postkort 3   Fraser, Colorado

Vågnede midt om natten ved lyden af en mand, der løb ned gennem togets midtergang, mens han højlydt udstødte lydsekvenser a la "Ha-Hi-Ho" og slog hårdt mod de opslåede mini-klapborde, der sidder på bagsiden af sæderne. Fik et chok, men døsede atter hen, indtil han løb en æresrunde, og gentog nummeret. På det tidspunkt turde jeg ikke sove mere, da scenarier for galskab udfoldet i tog passerede på det indre lærred.

116 vogne havde det godstog, vi passerede ved Granby, og fra det øjeblik vi kørte ind i Colorado, cirkulerede replikkerne fra Dum og Dummere nonstop inde i hovedet. "That John Denver guy is full of shit..." og "I expected the Rocky Mountains to be a little rockier" kombineret med billedet af Jeff Daniels, hvis tunge er fastfrosset til skiliften, fik det i forvejen gode humør, til at stige yderligere.

Fraser-Winther Park blev valgt som stopover af tekniske grunde. Dels var det eneste sted før Denver, der havde et ledigt (betaleligt) værelse, og dels havde tanken om at bo midt i ingenting lige ved en highway med høje bjerge i baggrunden, sejret. Vi var tre der steg af, inden Tog 6 mod Denver og slutstation Chicago satte i gang igen.

Efter 30 timer på skinner og inden da 3 nætter på sovesal med fælles bad og toilet på gangen, er dobbeltværelset på Holiday Inn tæt på paradis. Hurtig indkvartering og så over vejen for at gå på sightseeing i Safeways lange gange. Morgenmadshylden er underholdende. Et utal af mærker med alverdens chokolade-peanutbutter-rosin-marshmallow-crunchy-farvestrålende-i - alle- tænkelige -former-sugar coatede-produkter sælges i poser store nok til at mætte flere generationer på en gang. Betænksomt nok har de skrevet, at det er familieposer, sikkert for at undgå sagsanlæg fra een, der kunne tænkes at gå i krig med en ske, og sidenhen i knasende koma, når sukkeret stivner i årerne, når temperaturen udenfor passerer minus.

En anden bemærkelsesværdig hylde for folk med trang til sære oplevelser er f.eks. hylden med Campbells soups. Her har den ikoniske tomatsuppe fået selskab af utallige varianter

140

(Campbell's Frozen, anyone?!), og hvor rækken ender, dukker alle SPAM produkterne frem. De der dåser med sammensatte kødstykker i sky, der på forunderlig vis bliver lige så tiltalende som dåseleverpostej, når man altså er sulten nok.

Hylden til mors dag bugnede af kaloriemættede kærlighedserklæringer, der pga. den sene påske havde fusioneret med en del æggelignende godter. Således findes der vel næppe den mor i hele verden, der ikke ville blive lykkelig for 800 gr morsdags påskeæg med æggelikør eller 1,7 kg blandede chokoladehjerter?! Alle herlighederne stod placeret lige ved rengøringsmidlerne, så der burde være mulighed for en gave til enhver type mor, hvis sukker alligevel ikke er sagen.

På vej hjem samlede jeg en god stak brochurer over området. På side 1 i Winter Park guiden for 2017 står, at vi befinder os i op til 9000 fods højde. No wonder selv det at hoppe op i sengen, og sidenhen sidde og spise chokoladeknapper og drikke hindbær te, føles anstrengende.

"If the world is your oyster, then this is your pearl!". For små 24.000.000 kroner kan man erhverve sig en mountain lodge i Breckenridge, der har ikke mindre end tre garager, deluxe bar, fireplace, 145 special features, Master suite og nok så vigtigt; et mother in law annex. Billigste tilbud er en grund med udsigt til minimum et træ og en håndfuld bjerge for kun 320.000 kr. Det må siges, at være fundet til prisen! Apropos oysters... Prøv at Google Rocky Mountain versionen!

Fraser River Trail går fra Fraser til Winter Park og er ca. 9 km lang. 2 af de 4 eneste gående jeg mødte på hele turen, havde to ben og vi hilste høfligt. At have udsigt til sneklædte bjerge, træer og store vidder er lidt specielt, når man kommer fra overvejende flade Danmark. Skisæsonen slutter officielt her på mandag, og der var da også kun enkelte steder på stien, der var dækket af sne. Undervejs kan man læse om området på diverse infotavler. Den første fløj jeg baglæns væk fra, da der sad en knytnævestor tudse. Først ved et senere skilt hvor 3 fra elgfamilien havde udstillet mørke metaludgaver af deres ekskrementer, gik det op for mig, at tudsen nok slet ikke var levende, da den havde præcis samme farve som efterladenskaberne.

På nær en meget kort oplevelse på et koreansk skiresort for 16 år siden, der hovedsageligt huskes, fordi jeg skar 35 schnitzler ud til bestik-udfordrede børn, (prøv lige at spise en hel ikke-udskåret schnitzel med pinde!), og turen ned fra løjpen foregik i en banan bag på en scooter, har jeg aldrig været på et skisportssted. Derfor var det spændende, at gå og lure på de få tilbageværende ski-entusiaster.

De fleste vandrede rundt nede i butiksområdet i deres store skistøvler, og så derfor ud som om, de alle havde lavet i bukserne. Selvom løjperne lå modsat, havde flertallet stadig store solbriller på, og flere af de unge fyre havde enorme garn, der trængte til at blive vasket. På en cafe med udsigt til de næsten affolkede løjper sad 3 hærdebrede Park Rangers, og småflirtede med den halvgamle men meget muntre servitrice, der efter eget udsagn kedede sig til døde, mens hun efter en del diskussion med den ene, tilgav ham for, ikke at ville have tomat i sin sandwich, da han forsikrede hende om, at han skam HAVDE forsøgt, en gang kæresten pressede ham til det.

Den sorte shuttlebus tilbage til Fraser kørte frem, netop som jeg havde besluttet, at det var skiresort nok for en dag. En skaldet mand i 60'erne med meget slidte ski og matchende tøj tog plads overfor, kiggede i sin smartphone, og grinede højlydt hele vejen. Da han hoppede over i den lilla linje ved endestationen, hoppede jeg med. Var nysgerrig dels efter at se de store hytter oppe på bjerget, og dels om han boede i en af dem fra Real Estate bladet, der startede ved små 7-8 millioner kroner.

"You take care" sagde han til buschaufføren, da han hoppede af ved nogle skuffende små lejligheder. "Where you going ma'am?" ville føreren vide, så jeg satte mig op foran, og så blev der skvadret for alle pengene, da alle de resterende sæder var tomme. Hun havde kørt bus i området i 12 år. Holdt af at tale med folk, og var taknemmelig for at have et arbejde. "Most People here work 2-3 jobs to make a living. I'm totally overqualified for this, but I'm too old to get another job. You know, I'm passing by these gigant mansions day after day, and I can tell you, 1/3 are empty most of the time. With the situation on all the homeless people, this just ain't right...!", og det har hun jo sådan set ret i. Nu skal der smøres madpakke. Next stop Chicago!

Postkort 4   Sæde 61, Vogn 12/12

"Lever-eating" Johnson brugte 24 år af sit liv på, at føre en-mandskrig mod den indianerstamme, der dræbte hans kone og ufødte barn. Hver gang han fik ram på en, spiste han ofrets lever, der spillede en særlig rolle i forhold til efterlivets regnskab Indian-style. På den måde fik han dobbelt ramt på fjenden.

"Sue" blev uddannet læge i en tid, hvor dette var ganske uhørt for en kvinde. Derfor måtte hun arbejde som sygeplejerske i flere år, indtil hun flyttede ud i Colorados vilde natur. Først da hun havde reddet en højtstående mands hest fra døden ved intensiv pleje, blev hendes evner delvist anerkendt. Efter hendes død gik hatten rundt i den lokale kirke, så de kunne rejse en sten med teksten "Susan Anderson, M.D[10]."

---

[10] Medical Doctor (læge)

De to ovenstående står udhugget i bronze på vej til stationen i Fraser. At damen ligner Elmet Fjots ukendte søster, kan hun jo ikke gøre for, men når jeg læser historier fra "The Wild Frontier", dukker den der følelse af eventyr og hengemt storhed op. En hyldestplade i parken til "The American Cowboy" fortalte, at barslagsmål og skyderier primært var et filmfænomen, da der ikke var så mange penge i at se folk reparere kilometervis af hegn.

Ægteparret på Fraser station bliver højst sandsynligt ikke udhugget, med mindre de selv betaler. Deres afslappede miner skyldtes et ophold ved nogle varme kilder dage forinden. Iveren efter opvarmet vand havde tidligere ført dem til Island, "We Loooove Iceland", og på samme tur havde de besøgt Stockholm, "We loooove Stockholm", St. Petersburg, Oslo og Gotland "We loooove Gotland".

"Look, a car wash, we HAVE to tell our daughter that. We could hardly get into her car. Maaan... I really felt like trashing her place!". Efter et par dage hos datteren, der underviste udviklingshæmmede i at stå på ski, skulle de hjem til Denver og spare sammen til en ny rejse. "We did visit Denmark once, though... on our way to Spain. They had these cute wooden shoes and windmills, right?!"

I Denver ventede en kø så lang på at komme med toget. Af en eller anden grund, fik Mary fra San Francisco og jeg ikke yderligere selskab, så vi havde en hel dobbeltdækkervogn helt for os selv, hvilket sikrede en rolig nats søvn. Stewarden holder til bag mit sæde, så da han kom tilbage efter en runde, spurgte jeg til mærkelige episoder, han havde oplevet.

"Really? Do you really wanna know?! Alright then. Der var den her dame, der stod på toget sammen med en dreng. Da jeg spurgte, hvor de skulle hen, svarede hun, at de kun rejste sammen, fordi han var mindreårig. Senere da jeg passerede dem, sad de ret tæt. Tænkte, at det nok var mor og søn. På et tidspunkt begynder de at kysse, og da jeg bliver hentet af andre passagerer, are they having the sex, right there on the seats. Toget blev stoppet, politiet kom, og det viste sig, at damen var 37 og drengen 14. Well... They didn't make it to the final destination...!"

Da han havde tømt en kildevand, fortsatte han. "Midt om natten, ude i ørkenen trak en mand i nødbremsen. Toget stoppede, han hoppede af, og løb som en gal. En kollega løb efter ham, og det lykkedes, at indhente ham. Manden var høj på stoffer, og fuldstændig vanvittig. Vi var flere, der måtte hjælpe til med at få ham tilbage til toget, og ved den første større by, blev han afhentet af politiet. Ud over en bøde for at have trukket i bremsen, blev han tiltalt for "attempted murder" på hver eneste passager i hele toget".

Desværre blev det tid til vagtskifte, og efter 17 timer i stilhed sad jeg pludselig midt i en afrikansk storfamilie på tur. Ingen mænd var i selskabet, men den ældste kvinde trak sin sorte strikhue ned i panden, og begravede sig op ad vinduet under sin jakke. Den yngste gav sig til at græde, så snart toget satte i bevægelse, to talte højlydt i telefon, og efter kun 3 henstillinger spillede den ældste dreng IPad på en lydstyrke, så jeg også kunne holde ud at være der.

Stationen efter igen kom en spansktalende storfamilie også til, og så var der fuldt hus. Damen ved siden af har så meget parfume på, at mine øjne løber i vand, og jeg nyser som en hundehvalp, der har stukket snuden ned i en træt mælkebøtte. Heldigvis er der kun 4 timer til Chicago.

Postkort 5   Chicago

"You do not want to walk 6-8 blocks into the wrong zip code in Chicago!", sagde manden på stationen i Fraser. Godt tilfreds med at have fundet den rigtige bus til starten af Riverfront Trail stod de fleste af ved museumsparken, hvorpå bussen fortsatte. Efter 30-40 min. opdagede jeg, at der ingen aspargesfarvede var på gaderne, og at kvarteret havde skiftet karakter. Der var mildt sagt temmelig slidt, og som noget fra film cruisede to åbne biler over for rødt med 4 "gangstertyper" i hver, mens bussen måtte holde for grønt. Damen skråt over for rappede med på noget total offbeat, og chaufføren var begyndt at sende spørgende blikke ned mod min plads. Pulsen steg med adskillelige slag, mens jeg forsøgte ikke at gå i panik. Da vi nåede South Shore, løb jeg som en gal ned til trailens start, og begyndte så at gå de 11 mil tilbage mod byen. Først efter ca. 5 mil, var pulsen tilbage ved normalen.

Om der egentlig var grund til at småpanikke, fandt jeg heldigvis ikke ud af, men med at absolut minimums kendskab til byen og en til tider lidt for livlig fantasi, ved man aldrig. Chicago er kendt for at have det højeste antal mord i hele USA, en stor sølvfarvet bønne-agtig statue i Millenium Park, deep dish pizzaer[11] og gangstere tilbage i tiden. Efter to dage i byen kender jeg nu også til Navy Pier, Grant Park, The Magnificent Mile og Willis (a ka Sears) Tower mm. Alt sammen oplevet i høj sol og 25 grader. Uden solcreme går jeg nu i et med baggrunden på Mac D's meterhøje skilte, der pryder mange af de nærmeste gader. A pro pos mord viste lysreklamen for en lokal avis, at en mand blev skudt og dræbt nede ved trail-start i går. Uh... Temperaturen er faldet markant, og viser nu ca. 8 grader, og om 3 timer går turen videre til slutdestinationen Boston.

Indtil da vil jeg sidde her i hjørnet inde på den gyldne måge, og på 2. time se en kvinde, der viste sig at være en mand, forsøge skiftevis at

---

[11] I Danmark kaldes de deep pan

rette på sin lyserøde kjole med brune pailletter, så den sidder pænt ned over de engang blå bukser, og kigge ned i de 3 Wahlgreens poser, der ligger rundt om bordet. Hvad præcis det går ud på, ved jeg ikke, men det er glimrende tidsfordriv. Chicago Union Station er placeret under gadeniveau, og er ikke et synderlig hyggeligt sted, så trækker tiden her mest muligt.

Tidligere i dag stod jeg først i køen til Chicago Art Institute, et kunstmuseum kåret til verdens bedste for et par år siden. Samlingerne rummede alt fra japansk provo-kunst over græske skulpturer til åkander i lyse farver. Ved Hoppers bar-billede stod folk i kø, for at knipse løs. Warhol og Whistlers mor var også tilløbsstykker, men jeg glædede mig mest over de 3 Lichtensteiner. Vagter var der mange af alle steder. Primært folk, der indbyrdes talte som, og lignede nogen, der ved fyraften efter at have lagt uniform og headset, tog plads på gadehjørnerne rundt i byen, for at bede om en skilling. Blev alligevel noget imponeret, da en meget omfangsrig kvindelig vagt som skudt ud af en kanon, pludselig stod 10 cm foran mig, da jeg kun var nået til at overveje, at placere min plyssede rejsemakker oven på hovedet af en skulptur.

Første nat delte jeg værelse med to andre på The Freehand, et lidt specielt hostel i dunkel stil tæt på Ohio og The Magnificent Mile, men med de bedste senge, jeg hidtil har oplevet. Den ene pige kom fra Tyskland, men havde tillagt sig en dreven amerikansk accent. Hun talte i et væk, men efter en lang togtur lød det inde i mit hoved mest som "………Jason………JASON………J   a   s   o   n…………(suk)……………jjaassoonn……(kvidre)…… ……Jason!" Den anden var en trind dame på 44 fra Massachusetts. "I was this kid (hi hi hi) who always ran away on camps, (hi hi hi hi hi...!) and I look like someone with a great appetite...". Godt så...! Efter et kvarters småsnak gik de ned for at ryge tyskerens cigaretter, mens jeg hoppede direkte i seng. Den følgende dag fløj Jasons kæreste til San Francisco efter at have spredt alle sine medbragte sollotions og andre plejeprodukter på gulvet pga. overvægt, og fru Massachusetts skulle hjem til katten og sin hubby. "He's a real keeper, you know!".

På Riverfront Trail blev jeg overhalet 5-6 gange af en mexicansk udseende kvinde. Hun skiftevis løb, gik og stoppede for at drikke vand, så på den måde krydsede vi veje flere gange. Ved et gigantisk komplex der hedder Mc Cormick place, sad hun, og pustede ud, og smilede, da jeg kom traskende forbi. "You Again?! How your day so far?". Vi udvekslede høfligheder, og da jeg spurgte til bygningen, meldte hun pas, men ville gerne med ind og se. En mand med en kost forsikrede os om, at det stadig var i brug, og hun fortalte, at hun sjældent havde tid til at løbe så langt nordpå, som tilfældet var i dag. "My folks are 82 and 87 and are stuck at home. I Dream of buying them electric scooters, so we can enjoy this trail together... Well... Time to head home, enjoy your day ma'am" og så satte hun atter kursen mod South Shore.

Jeg fortsatte over den glasdækkede bro, og havnede midt i et gigantisk sportsarrangement i en endnu større arena. Diverse posters reklamerede for Adidas, og fortalte, at netop denne weekend blev de amerikanske ungdomsmesterskaber i pigevolleyball afholdt i Windy City of Chicago. Nu har volley aldrig lige været min favoritsport, men spændende var det, at indsnuse stemningen og kigge på de mange deltagere, der kom gående i sportstøj med en volleyball påspændt tasken i et net og trænere og Iphone-kiggende forældre ved siden.

En meget ung gut stak hovedet ud af den mexicanske Street food truck, og kort tid efter sad jeg over for den gyldne bønne med en fantastisk burrito i den ene hånd og en sodavand i den anden. Her opstod så den udfordring, at jeg manglede en tredje hånd til kameraet, da et bryllupsoptog stillede op lige foran snuden på mig, for at tage billeder ved en overdimensioneret fotoramme. Bruden var lige så bred, som hun var høj, med gigantisk rødt strutskørt og store slangekrøller. Brudepigerne forsøgte ikke at falde på de høje hæle, og brudesvendende i hvide flæseskjorter og sorte bukser, tjattede til hinanden som skoledrenge på udflugt. Hvem der var gommen, var ikke til at se, men bare han selv var klar over det, ja så går det nok.

Om 6 timer er toget i Boston. Det spanskråbende ægtepar foran er de eneste i hele vognen, man kan høre... Da vi steg ombord gik der max. en time, så snorkede de så højt, at ørepropperne ikke var til større gavn og nu... Ja lige nu skændes de bravt efter at hørt youtube på max. styrke.

Ved nedgangen til Amtracks afgangshal stod en fyr midt i tyverne i hullede sorte træningsbukser

154

og armygrøn jakke. Han bad med sløret blik om 6 dollars til hjælp til en billet, med forklaring om at hans pung var blevet stjålet. Overvejede et øjeblik, men gik videre. På film har jeg set afgangshaller til Greyhoundbusser, og ud fra det besluttet, at med mindre mit selskab tæller mindst een person til, er det ikke en mulighed. Ved gate C med godt to timer til afgang, var det som at træde lige ind i et filmset starring et bredt udvalg af alle tænkelige amerikanske underklasseklicheer plus det løse.

Fra en kæmpe tv skærm brølede nyhederne om Trumps og Kim Jong Uns seneste gensidige trusler ud over de mange stolerækker, der alle talte tre blå sæder på sådan nogle stålstativer. Gennemsnits BMI'en lå enten et godt sted over 40, eller også så folk direkte underernærede, gennemslidte, trætte og opgivende ud. En håndfuld sad med sådan en Big Gulp kop fra 7eleven, hvor der nok kan være 1,5 l væske, andre havde taget hul på snacks'ne til selve rejsen, og bare sad, og skovlede den ene håndfuld chips efter den anden ind i munden, mens den frie hånd forsøgte at trække ned i den alt for korte overdel. En mand sad alene i en endestol, og lænede sig ud over siden for at nå en pose. Det resulterede i, at hele stativet et øjeblik stod lodret op i luften, mens han lå og roede rundt på gulvet.

Som en ekstra bonus troppede et helt Amish selskab op. Det vil sige manden ved siden af, mente de også kunne være Mennonites, hvilke jeg aldrig havde hørt om, men helt up to date var de i hvert fald ikke. Kvinderne havde blålige kjoler og kyser på, og sad ranke på stolene, mens mændene stod i et hjørne, og konfererede. Deres kufferter var alle gråbrune og slidte, og som taget ud af et modeblad fra "der var engang". Et andet selskab bestod af 4 døvstumme afrikanere. Den ene haltede kraftigt, og havde uforudsigelige bevægelser, men da han stillede sig op bag en søjle, og lavede kyssemund mod de blå damer og lod underlivet rotere, tænkte de fleste nok deres, men ingen sagde noget og damerne fortrak ikke en mine. Da alle der enten rejste med børn, gjorde militærtjeneste, var over 62 eller kunne påvise en eller anden form for handicap, blev vi andre linet op. Den ældste af Amish mændene stod bag mig, og da en pige først i tyverne med baseball cap vendte sig om mod ham, og sagde "You don't do much tweeting, huh?!", var det svært ikke at grine.

156

Næste station er Albany godt 40 minutter efter planen, men pga. sporarbejde måtte vi vente på et modkørende tog. Dem foran er endelig holdt op med at skændes, og de to fyre på den anden side af gangen, sidder og spytter i deres 4. øl, inden cafeteriet lukker, og halvdelen af vognene skal mod New York. Den ældste af de to, en stor, skaldet og tuschet fyr har betalt alle øllene, mod at den yngste, i øvrigt ham der manglede 6 dollars til billetten, har hentet.

Nå... De er åbenbart begge stået af i Albany, for nu sidder der en inder med turban og en MacBook i stedet.

Postkort 6   Værelse 317, Seng 4, HI Boston

Formål: At køre i tog tværs over USA
Fra: San Francisco - Boston
Varighed (i alt): 16 dage
Varighed (tog): 71 timer
Distance: 4982 km
Tog: Amtrack California Zephyr Line og Lake Shore Limited
Besøgte byer undervejs: San Francisco,

Fraser/Colorado, Chicago/Illinois og Boston
Bagage: Meget slidt grøn Prince ketcher bag
Varmeste dag: 25 grader celcius i Chicago
Koldeste dag: -2 grader celcius i Fraser Winther
Park
Antal bagels spist i tog: 9
Ting forsvundet undervejs: 0
Favorit snack: Alt med peanutbutter
Shopping undervejs: 3 køleskabsmagneter og en
trøje
Antal km til fods: for mange
Besøg på Mc D: (censureret)
Bedste seng: Freehand Chicago
Mest håbløse badeforhæng: HI Boston
Tyndeste håndklæder: HI San Francisco
Downtown
Ringeste morgenmad: 1,5 dag gammel sandwich
Mest slidte dyr: Søløverne på Pier 39
Mest overraskende seværdighed: Boston Public
Library
Oftest fortærede grøntsag: Pommes Frites (...)
Mellemlanding: Frankfurt (05:55 lørdag)
Samlet bedømmelse: 6 af 5 mulige bagels

Post Script

Siddende i overkøjen sidste aften i Boston godt
tilfreds med turens forløb, strejfede det tankerne

blot et øjeblik, at det måske var risikabelt, at notere nul ud for "Ting forsvundet undervejs". Turen var trods alt ikke helt slut. Da alt er pakket og klart til sidste etape, hopper jeg op i køjen, og ryster puden. Der lyder et klonk mod metalhovedgærdet, og jeg konstaterer, at det er temmelig usmart, at gemme Ipad og lignende inde i betrækket, slukker sengelampen, og falder hurtigt i søvn. Vækkeuret bliver slukket, inden det har afgivet sit bidrag da det bliver morgen, og i bælg ragende mørke lykkes det at finde mine strategisk velplacerede ting. Er pænt tilfreds med, hvor let det går.

Det nærliggende Chinatown sover stadig. Kun enkelte mænd står i pyjamaslignende bukser og engang hvide undertrøjer, og ryger dagens første smøg. Boston Logan lufthavn er kendt for at ligge tæt på centrum, men endnu mere kendt eller rettere berygtet for, hvor lang tid det kan tage, at komme de relativt få kilometer. Men jeg har god tid. Virkelig god tid. Da jeg traditionen tro sætter tænderne i en whopper med udsigt til alle flyene på den rigtige side af immigration, er der over 4 timer til boarding. Billeder bliver set igennem, Facebook postkort genlæst, men da jeg vil tjekke tiden på min mobil, er den ikke at finde.

Gennemroder alt, da ekkoet af noget der rammer gulvet, dukker op i hukommelsen. Aftenen inden var det altså slet ikke lyden af Ipad, der ramte hovedgærde, men telefon der mødte gulv.

Med mindre end to timer til boarding, forsøger jeg, at skype via Ipad til hostel, men modtageren forstår ikke et pløk af, hvad jeg siger, da mit spanske ikke rækker længere end "paella" og "El toro". Løber hen til en security mand. Om han tror, jeg kan nå ind til byen og tilbage igen på to timer? Det vil han ikke sige entydigt ja til, men hvis der ikke er for meget trafik, er det trods alt en mulighed. Han peger mod udgangen, og råber "Good luck". Da jeg når hen til stoppestedet, ser jeg lige bagenden af MBTA Silverline passere rundt om hjørnet, og da den næste dukker op, står vi som sild i en tønde.

Chinatown er i høj grad vågnet, og der er mennesker overalt. Løber zigzag, og støder næsten ikke ind i nogen. Ved skranken forsøger jeg stakåndet at forklare, at min telefon må ligge under min seng. Vagten ringer op til rengøring, men ingen tager telefonen. Han ryster beklagende på hovedet, men da jeg er ved at blive pænt hysterisk, følger han mig op på 3. sal, så jeg selv kan tjekke under sengen. Men... der er tomt. Faktisk ligger der ikke et eneste fnug. Han ryster igen på hovedet, inden jeg styrter ud ad døren, og drøner rundt på hele etagen, til jeg finder en rengøringsdame, der udelukkende taler spansk. Hun kigger tålmodigt på min tegnsprogsforklaring, men slår ud med armene. Alligevel ringer hun til en kollega, siger en masse, men det eneste ord jeg forstår, er telefon. Da hun har trykket læg på, lyser hendes ansigt op. Få sekunder senere siger elevatoren "pliiing", og jeg bliver genforenet med min telefon. Hun får et kæmpekram.

Nu starter så zigzag turen tilbage gennem Chinatown, der er kø i en af tunnellerne ud mod lufthavnen, og køen ved security er vokset betragtelig i længde, siden jeg stod der timer forinden. Med mindre end 5 minutter til lukning af gaten, når jeg lige at se security manden fra før vinke, da jeg sætter ny hastighedsrekord i gate-spurtning. Planen med at tage af sted i ekstremt god tid, var at undgå hjemtursstart i gennemsvedt tøj. Den plan kom ikke til at holde helt. Men det gør planer jo sjældent.

Rejseramme Fra Tværs Over USA Med Tog

Kørekort

og 28 andre fortællinger

Til Pilo Pingvin
og alle de andre dyr

Forord
af min rejsemakker Lille Pind

*"Pftr hrrrppppgght jfkjjj hfgt fflt!"**

*(Ska vi ik' snart hjem?)

November 2018

Vejle Bibliotek

Solen skinnede på den dejligt efterårsklare måde, luften var frisk og mildt bidende, og dagen forinden landede en kasse med 64 Postkort[12] hjemme i lejligheden. Humøret lå og rodede rundt et sted mellem lalleglad, stolt og über frisch, så med et ekstra eksemplar i tasken blev vejen lagt forbi det altid hyggelige lokale bibliotek efter en bogbestillingsuddelingstur på skolen. To ikke helt unge bibliotekarer stod og konfererede, men da specielt den ene så meget imødekommende ud, fulgte jeg efter mine fødder, der stoppede foran den flinkt udseende dame, der nu var alene bag skranken.

"Hej, jeg hedder Nete. Jeg har lige skrevet en bog, som jeg gerne vil forære til biblioteket, hvis I altså lover ikke at smide den i skraldespanden, lige så snart jeg går ud ad døren", sagde jeg kækt. "Har du skrevet en BOG?" udbrød hun, og så lettere overrasket ud. "Ja, jeg har den lige her i tasken. Har altid drømt om at gå ind på et bibliotek, og så stod min bog lige der på hylden".

---

[12] Postkort er navnet på min første bog

165

Jeg tog bogen op, og placerede den i hendes hånd. "Øh... Ja... Men... Det er altså ikke sådan, vi normalt modtager nye bøger. Faktisk tror jeg slet ikke, vi må gøre sådan! Men... Vent lidt, så går jeg oven på og spørger". (10 minutter senere kom hun storsmilende ned ad trappen).

"Nu skal du bare høre! Selvom vi slet ikke har læst din bog, vil vi gerne låne den ud for dig. Der går dog et par uger, da den lige skal plastes og registreres rigtigt. Er det ok?"

Ude i den friske luft igen kom en latter og lykkefølelse buldrende helt nede fra maven, der resulterede i et overdrevent ekstatisk grin, og folk der passerede, må enten have tænkt, at jeg havde scoret hovedgevinsten i Lotto, eller bare var fuldstændig gak! Men... summa summarum... Skulle jeg blive torpederet af en hjort nede i skoven på vej hjem gennem kolonihaverne, kan læsetrængende, der ved et uheld leder efter stor rejselitteratur, måske ved en fejl støde på min bog i den danske biblioteksdatabase, komme til at trykke "Bestil" og så ende med et Netisk Postkort.

Oktober 2018
Facebook, Cyberspace

Af en eller anden sær grund har jeg haft hans navn og profession frisk i erindringen siden den dag på Strömkajen i Stockholm for snart mange år siden, hvor jeg først lidt frækt havde spurgt, hvad han kiggede på, og så sidenhen samtale-skvadrede uafbrudt i de 4 timer skærgårdskrydset varede. En aften tænkte jeg, det kunne være sjovt at finde ham på nettet og fortælle, at han var havnet i min Postkortbog, og desuden spørge om han faktisk var nået til Korea for at besøge sin søn, der var immigreret for at tjene gode penge som engelsklærer på østkysten. Det tog ikke mange klik at finde frem til hans Facebookprofil. Desværre blev jeg mødt af en elektronisk kondolenceside, der oplyste, at han var gået bort fem måneder tidligere.

Den der følelse af at blive dybt berørt skyllede ind over mig, og selvom jeg jo kun havde mødt ham den ene gang, følte jeg, at han havde været en nær bekendt. Fra folks hilsner kunne jeg se, at han havde sat sit aftryk på mange menneskers liv, og ville blive husket for noget godt. Det var en fin trøst. Æret være hans minde.

Januar 2019

Onkologisk Afdeling Stue 2

Kræftafdelinger, uanset hvor i landet de ligger placeret, er sjældent muntre steder. Genkendelsens glæde er heller ikke et begreb, der gør sig gældende i dette tilfælde, hvor min far liggende på stue to ved ønske om lidt motion, kan svinge metalstativet med saltvandsforsyning og tilhørende urinpose ud på gangen, og stavre ned forbi nummer fem, hvor hans kone (min mor) tilbragte en hel måned, inden turen gik til et hospice, der reklamerede med både harpe og spa. Sidstnævnte var endda tilgængelig ved hjælp af en knirkefri kran.

Efter at have siddet ved min fars side sammenlagt godt 22 timer fordelt over tre dage, stikker en af de søde sygeplejersker hovedet ind, og vil vide, om det er mine drenge, der sidder ude på gangen, da hun gerne vil tilbyde dem noget at drikke, men ikke må, før en forælder har sagt "ok". Da jeg, så vidt jeg ved, ikke er mor til andet end en 60 cm høj plyspingvin ved navn Pilo, bliver jeg alligevel lidt nysgerrig, og smutter med ud. I en sofa nede ved indgangsdøren sidder to yndige asiatiske drenge på nok 4 og 6 år begravet i hver sin Ipad. Sygeplejersken kigger spørgende på mig, jeg sætter mit granskende ansigt på, og konstaterer så, at "De to? Nej desværre, det er ikke mine børn".

Januar 2019
Trafikcenteret i Vejle

Først hed det "JulefarvetBillet[13]", så "MørkBillet[14]" og nu... "Pendulfart". De to førstnævnte selskaber sammen med det altopslugende tyske Flixbus, havde bragt mig frem og tilbage mellem Vejle og København intet mindre end 43 retur-ture de sidste to år. Nyeste skud på stammen var så Pendulfart, der åbenbart havde købt MørkBillets brugerflade. I hvert fald kunne man stadig betale for side-by-side-pladser og nyde gratis sort kaffe. Ankommet i rigtig god tid ser jeg to Flixbusser holde nede ved Borgholm. Den ene kører kort tid efter, og den anden mangler vist kun, at chaufføren får skoddet smøgen. En sms tikker ind på min telefon og fortæller, at køretøjet der skulle fragte mig over Storebælt, holder med flade dæk et sted midt i Jylland. "Så tag endelig toget eller

---

[13] ...sådan cirka...
[14] ...eller noget der omkring...

anden transport på vores regning". Flix-fyren retter nu på jakken, og begiver sig hen mod døren. "Undskyld, men skal du til København?" råber jeg, og stormer hen mod ham. "Ja, men jeg kører 55!'". Et hurtigt kig på telefonen siger 53, og alle der har forsøgt at købe billet i sidste øjeblik ved, at afgangen forsvinder, lige så snart afgangstidspunktet er overskredet, og så er der ingen kære mor. Man må vente på næste afgang!

Med fingre der ryster, og næsten ikke formår at ramme telefonens touch-taster, oplyser jeg chaufføren om, hvor langt jeg er i processen ved at simultan-fortælle hvert trin. "Navn tastet, korttype valgt, kortnummer skrevet, gå til betaling" osv. Med noget nær tre sekunder tilbage kigger jeg triumferende på chaufføren, der beder om at se billetten. "Så gerne… Den er lige her… Voila………. (Jeg kigger lige selv på skærmen, og udbryder så forfærdet): HVORFOR STÅR DER VELKOMMEN I BUSSEN MOD HORSENS???". I kampens hede havde jeg fået byttet om på afgangs- og ankomst sted, så i princippet burde jeg nu stå inde i Ingerslevsgade med retning mod Vejle for at få gavn af billetten, der ikke kunne ombookes, da tidsfristen jo netop var udløbet.

Man kan sige meget om Flix-chaufførerne, men regler er de gode til at overholde, hvorfor jeg kunne se gebyret for min dyre købt-i-sidste-øjeblik-billet forsvinde op i luften. Må have set ualmindelig trist ud, for manden forbarmer sig, brummer på godt jysk et "Hop ind! Du HAR jo sådan set betalt!", lukker dørene, hvorefter vi triller op ad Fredericiavej på vej mod Vejle C nedkørslen, Odense og til sidst København.

Tak Flix!

December 2019
Opgang ved Borgholm, Vejle

Det regnede. Meget og kraftigt. Alle der skulle med fjernbusserne, stod enten henne under stationens halvtag, eller sad trygt og tørt i en af de biler, der ventede på Flix langs Borgholm. Jeg selv havde stillet mig ind i et af de åbne opgangspartier, hvorfra der var frit udsyn til eventuelt ankomne busser. Dansende den internationalt anerkendte "jeg-forsøger-at-få-regnbukserne-af-uden-at-gide-smide-skoene-først" dans, forsøgte jeg ikke at vælte over i en asiatisk pige, der stod med rygsæk, rullekuffert og muleposer, der var på mode engang i 80'erne. Hun var på højde med mig, sådan japansk "Kawai"-nuttet[15] og helt opslugt af sin telefon, der sagde pling-pling-pling i et væk.

"Hvor skal du hen?" spurgte nysgerrige Nete, og slog over i engelsk, da pigen rystende på hovedet meddelte, at hun desværre ikke talte dansk. "Aaarlbarg" svarede hun, og viste mig billetten udskrevet på papir. Hun spurgte, om det var det rigtige afgangssted, hvilket jeg bekræftede, og sagde, at bussen højst sandsynligt ville være forsinket pga. fredagens myldretidstrafik. Meget begejstret fortalte hun så om de sidste tre måneder på en dansk højskole, og om hvor svært det havde været at skulle sige farvel i dag. "Jeg græd" sagde hun med bævende stemme og et let forlegent smil.

En stor temmelig slidt dobbelt-Flix kørte ind ved Borgholm. Skiltet i ruden reklamerede for et tysk selskab, og nummerpladerne var mærket med et "D" for Tyskland. Pigen spurgte, om det var den bus hun skulle med. "Nej nej... Den skal uden tvivl til Hamburg eller Berlin. Der kører altid en bus

---

[15] Kawaii er et japansk udtryk for at være nuttet på den über-nuttede måde

sydpå på dette tidspunkt" sagde jeg skråsikkert og tilføjede, at der desuden plejede at være et destinationsskilt i forruden. Regnen stod stadig ned i stænger, og de folk der havde ventet, sad nu i tørvejr på deres respektive sæder, mens chaufføren i sin skriggrønne jakke efter ca. 10 minutter skoddede sin smøg, kastede et hurtigt blik på sin telefon, og kiggede søgende op og ned ad gaden, inden han smækkede bagageklapperne, og gik hen mod døren.

En pludselig indskydelse fik mig til at spurte i raketfart hen til bussen. For tænk nu hvis…?! Om han kørte til Ålborg?! Han nikkede, og jeg piftede det højeste jeg kunne, mens mine arme forsøgte at fange den japanske piges opmærksomhed. Sekundet senere kom hun løbende, så godt det nu kunne lade sig gøre med stor rygsæk, rullekuffert og det løse med vandstænk sprøjtende til alle sider.

"Thank you so much!" mimede hun vinkende inde fra bussen. "No problem" smilede jeg meget lettet tilbage. Hun sku bare vide… Pga. min selvsikre "hjælpsomhed" havde hun nær misset transport til aftenens store jule-velkomst-fest hos sin kommende danske værtsfamilie i Ålborg, hvor hun skulle være midtpunkt.   Flot Nete!

173

Efteråret 2017
MørkBillet Bus

At køre med bus tværs over landet er altid en oplevelse, og med afløseren for "JulefarvetBillet Bus", den såkaldte "MørkBillet Bus", bestod en del af spændingen i hvilken rustbunke skråstreg museumslignende køretøj, der skulle fragte én henholdsvis til og fra København. I tillæg kom så, om sidemanden for eksempel skulle knævre uafbrudt i telefon hele vejen, havde irriterende tics eller knapt så næseborsvenlige kropslugte. Kort fortalt var der al den spænding og varietet, man kunne forlange for prisen på en SU-venlig billet.

Som tilnærmet Ph.d. i Storebæltskrydsning i bus havde jeg udviklet nogle tricks til at få to sæder for mig selv. At hoste uhæmmet og overdrevent med vildt blik i øjnene, placere rygsækken på det frie sæde og lede febrilsk i bunden af tasken hver gang én gjorde mine til at stoppe, eller klø mig intenst og meget lidt diskret i håret ved samme lejlighed, resulterede i dejligt mange dobbeltsædeture, selvom der fra tid til anden var så fyldt, at alle pladser var optagede.

På en fredagsafgang sad jeg således ved siden af en ualmindelig trind dansk pige med løst flettet hår på udturen. Hæklepinden og det farvede garn var på plads, allerede inden vi forlod baneterrænet, og skiltet ved Bryggen var kun lige akkurat ude af syne, da hun fortalte, at hun var 26 år, nordenfjords fra og at dette var hendes kun anden tur til København nogen sinde, men den første helt helt alene! Udtrykket i hendes øjne kunne sammenlignes lidt med en, der netop havde bekendtgjort, at hun ville krydse Rio Grande i en tønde uden redningsvest.

Jeg roste hendes imponerende hæklefærdigheder, og hun fortalte videre om de bekymringer, der var forbundet med denne rejse. Om hun nu selv kunne finde "under uret" inde på Hovedbanen? Om der faktisk VAR et RIGTIGT ur? Hvad hvis hendes veninde ikke kunne finde en p-plads, og hun skulle vente alene? Hvor højt mon det store runde tårn [16] er? (Hun led af højdeskræk) og mon rutsjebanen i TIVOLI var sikker nok? Nervøsitet og spænding lyste ud af hende, og der blev hæklet på livet løs ligesom for at dulme nerverne, da der åbenlyst ikke var noget beroligende i den æblejuice, hvis sugerør hun hurtigt fik gennemgnasket.

---

[16] Udtalt i to ord som skrevet med kendeordet foran.

På venstre side af midtergangen sad en senet meget solbrændt mand i halvtredserne, der trods en temperatur udenfor på cirka 10 grader kun var iklædt spraglet T-shirt og lange badelignende shorts. Han kiggede frustreret ned i sin telefon, og spurgte så højt med amerikansk accent, hvordan man kom på bussens Wi-Fi. Pendler-Nete tilbød straks sin assistance og som rejseerfarings-kontrast til pigen ved min modsatte side, sagde jeg pænt goddag til Larry, der lige var fløjet ind fra hjemmeadressen på Hawaii i selskab med sin meget yngre slovenske ven.

"You!" råbte Larry ned bag i bussen, og den unge fyr kom op for at hilse på. Hans kommentar om det kølige vejr blev i samme åndedrag afløst direkte af en fortælling om, hvordan han to år tidligere var blevet dybt religiøs. "Are you experiencing any pain in your life?" spurgte han forventningsfuld, og tilbød på stedet at fjerne en hvilken som helst smerte, jeg måtte være i besiddelse af. Trods dette fantastiske tilbud, kunne jeg ikke komme i tanke om noget, han kunne hjælpe med, og da han tilbød at lægge sin hånd på mit hoved, blev også det afslået til synlig skuffelse. Ak... Havde jeg dog bare kunnet mønstre en lille bitte hovedpine, han kunne have fået lov til at heale væk!

Det modsatte gjorde sig så gældende på hjemvejen, hvor en lilla dobbeltdækker, der sikkert havde set fantastisk ud den dag nok for uendelig lang tid siden, hvor den trillede ud af fabrikken, meget forsinket kun skulle fragte 5 personer excl. chauffør over Storebælt i meget kraftig sidevind. Oppe på højbroen lyder et taktfast klonk-klonk-klok, og for hvert klonk slår bussen et ubehageligt slag, samtidig med at den 10 centimeter sprække der er ved bagdøren, sørger for at sende rigelige mængder iskold luft i cirkulation. Folk holder vejret, og jeg beslutter at lukke øjnene og tænke på min forestående eksamensopgave, der i situationen virkede som en ligefrem rar kontrast.

På Sprogø holder chaufføren ind til siden, finder en rulle GAFFA tape, og forsvinder ud i mørket. Ti minutter senere kommer han ind med en markant mindre beholdning klisterbånd. Én spørger og får svaret, at låsene til bagagelågerne var så rustne, at de ikke kunne holde sig selv i blæst, og derfor havde klapret højlydt hele vejen, men at de nu (citat) "vist nok var tapet forsvarligt til", og at ingen bagage umiddelbart var forsvundet.

177

Da planmæssig ankomst til Vejle for længst var overskredet, og to af de andre ikke ville kunne nå dagens sidste busser ud til oplandet, tilbød chaufføren, at vi kunne blive sat af efter ønske, bare det var nogenlunde tæt på den planlagte rute. Hvor vidt de andre nåede til henholdsvis Egtved og Skibet vides ikke, men skønt var det at blive sat af mindre end 150 meter fra egen hoveddør, selvom det så ikke blev denne dag, at gå-odometeret rundede de 1500 km op og ned ad Fredericiavej.

August 2017
GoMore, Ringsted - Vejle

Rundkørslen ved Ringsted Outlet er et til tider temmelig trafikeret sted med både motorvejsafhoppere, shopping entusiaster og sultne fastfoodies. Når der så samtidig afholdes cykelløb med momentvis afspærrede sideveje til følge, kan det have lange udsigter for bilister og andet godtfolk, der for eksempel håber på snarlig afhentning af vestgående GoMore entutiaster. At mit lift denne dag i tillæg havde valgt en lidt alternativ rute over Roskilde, gjorde at afhentningstidspunktet lå og blafrede lidt mellem de "undskyld forsinkelsen, vi er der om XX minutter"-sms'er, der interval-bippede ind på min telefon.

Men med cirka 40 minutters forsinkelse sad jeg endelig på bagsædet af en lille bil med en vaskeægte ringkøbingenser bag rattet og en snorksovende teenage-ditto på forsædet. En lettere udmattet Rundt-om-Christiansborg-svømmer delte bagsæde med mig, og der gik ikke lang tid, før vi skvadrede non-stop frem til Vejle C afkørslen, hvor hun skulle af en afkørsel senere.

I en alder af 14 havde hun talt flydende tysk, hvilket ikke er så imponerende, hvis hun rent faktisk var tysker, men da passet sagde tjekke, og hun derfor havde et andet modersmål, havde det vakt en del opsigt og beundring hjemme. Som voksen mestrede hun nu 7 sprog flydende, og i den senere tid havde interessen bredt sig til også at omfatte asiatiske varianter nærmere bestemt kinesisk. Få uger for inden havde hun siddet nede på havnen tæt ved Bølgen og nydt det gode vejr, da en asiatisk udseende kvinde var cyklet forbi flere gange. I sprognysgerrighedens navn tog hun kontakt, og de havde siddet i solen og småsnakket. Damen viste sig at være expat[17] fra Shanghai, og da kaffekopperne var tomme, havde de udvekslet kontaktinformationer.

"Kørte hun rundt på en turkisfarvet cykel?" spurgte jeg umiddelbart efter, vi havde passeret betalingsanlægget ved Storebælt. Min bagsædekammerat så lidt forundret ud og nikkede. "Havde hun en grønlig jakke, og arbejder for et stort firma nede i byen?" ville jeg også gerne vide, og dertil blev der ligeledes nikket. "Jamen, så tror jeg sørme, hun bor hun oven på mig", grinede jeg. Spørgsmålstegnet i ansigtet hos tjekken havde nu en anseelig størrelse, så forklaring fulgte.

En måneds tid inden var der sat et kinesisk navn op på en postkasse i min opgang. Flere morgener havde jeg kun lige set cykelryggen af en asiatisk dame, men havde endnu ikke haft lejlighed til at hilse på. Da vi havde konstateret, at verden ER et lille sted trods det faktum, at der i Vejle alene bor over 114.000 mennesker fordelt i ret så mange opgange, vendtes yderligere sprog- og sportsrelaterede emner, inden jeg hoppede ud af bilen hjemme, og stadig med tasken på ryggen

---

[17] Person der bor og arbejder i andet land end eget hjemland

smuttede op på 2. sal med en hilsen "fra damen på havnen, overbragt af underboen du endnu ikke har mødt".

Et halvt års tid senere på vej over i Vindinggårdcentret forlader jeg hoveddøren, præcis som gå-damen i naboopgangen passerer. Vi har distance-hilst på hinanden et utal af gange, men aldrig udvekslet mere end et hej. Da vi begge er udstyret med indkøbstaske, følges vi småsnakkende. Først spørger hun, om jeg er faldet godt til, hvilket jeg bekræfter, selvom det snart er 1,5 år siden jeg flyttede ind. Om jeg overvejer at blive i Danmark? Jooh... Det sku jeg bestemt mene. Flere lidt semi-mærkelige spørgsmål om blandt andet deltagelse i ejerforeningens fælles haveoprydningsprojekt besvares, men det er først, da hun fortæller, hvor imponeret hun er over mine sproglige fremskridt, at tiøren falder, og jeg kluk-grinende udbryder, at jeg altså ikke er kineseren fra Shanghai men Nete fra Holbæk!

Juli 2011

Holbæk - Olympia, Grækenland t/r

I marts 2011 så jeg et opslag på DBTUs hjemmeside [18], der fik mig til at sende nedenstående til den danske olympiske komite med håbet om at blive udvalgt til at repræsentere Danmark ved den 51. Young Participants Session i Olympia, Grækenland.

"Til rette vedkommende: For mig har alt vedrørende det olympiske altid haft et magisk skær, men da der næppe bliver en olympisk konkurrence i min paradedisciplin bordtennisprik/smadr[19], må jeg nok sande, at jeg aldrig kommer af sted som atlet. Derfor vil det være ganske fantastisk, hvis jeg kan få lov til at repræsentere Danmark. (Herefter fulgte et længere stykke akkompagneret af violin og kvidrende Disney-fugle), afsluttende med et "Nu har jeg i hvert fald turde at drømme højt".

I maj 2011 åbnede jeg med dirrende hånd den mail, der havde DIF som afsender. Pedellen på min arbejdsplads kom forbi i samme øjeblik,

---

[18] Dansk BordTennis Union
[19] Mine favoritslag i bordtennis

182

kontorstolen nærmest fløj som et projektil gennem lærerforberedelsen, og jeg højtråbende halvt dansende strakte armene i vejret, og brølede "YEEES MAND!!!". Der var nemlig sendt positivt tilsagn fra DIF og Den Olympiske Komite. De efterfølgende måneder bød på blandt andet briefing i Idrættens hus ved blandt andet Hr. Niels Holst-Sørensen (æresmedlem i den Olympiske Komite) samt tøjprøvning og pins- og souvenirfordeling os deltagere imellem, så der var noget at bytte med, når vi engang ramte Athen og senere Olympia.

D. 25. juni var vi SÅ klar til Athen og store eventyr uden dog at være 100% sikre på, hvad de kommende 2 uger overhovedet ville bringe, og hvad vi egentlig skulle være klar til. På briefingen havde vi fået følgende at vide: "Det bliver uden tvivl noget af det største, I kommer til at opleve *nogensinde!* NYD DET! Forsøg at tale med andre end blot nordboere. Deltag i så mange forskellige aktiviteter som muligt. Vær åbne og nysgerrige! Meld jer til andet end det I laver hjemme for at få maksimalt udbytte og nye impulser!

Ergo drog jeg af sted uden mit bat, hvilket helt klart var fejl nummer 1. For ud af de ca. 180

deltagere fra 79 forskellige lande deltog blandt andet Hong Kongs nr. 4 (k[20]), Ugandas nr. 1 (k), Costa Ricas nr. 1 (m) og Arubas måske eneste potentielle OL deltager (k) i bordtennis.

2011 var året hvor det olympiske akademi kunne fejre 50 års jubilæum for olympisk uddannelse, hvorfor temaet på årets ungesession var "Olympisme - Uddannelse gennem Sport". Det tilhørende motto lød: "Exellence, Friendship and Respect". Til det formål havde det Internationale Olympiske Akademi kvit og frit inviteret "hele verden" for at diskutere hvordan olympisme udbredes bedst.

Efter 3 dage i Athen hvor der blandt andet under overværelse af formanden for den Olympiske Komite, Jaques Rogge, var en storslået åbningsceremoni på Pnyxhøjen overfor Akropolis, hvortil vi blev transporteret i 4 store busser med politieskorte gennem hele byen, gik turen til Delfi. Der mellem ruinerne hørte vi blandt andet om kampen for at finde 50-årige jomfruer, der kunne agere som orakler, (de unge og kønne stak nemlig af med pilgrimmene). De fleste af session-deltagerne gik rundt og fotograferede hinanden,

---

[20] K = Kvinder   M=Mænd

og lavede selfies med indehavere af olympiske akkrediteringskort, uden på det tidspunkt at vide hvem de var, med det håb at de inden hjemrejse faktisk vidste hvem de poserede med. Et trick der viste sig ret nyttigt!

Det Olympiske Akademi ligger på øen Peloponnes 3,5 times kørsel fra Athen og små 2 km fra det Antikke stadion og selve Olympia by. Det ligger placeret i en dal, og består foruden de hesteskoformede værelseslænger i forskellige niveauer af en stor løbebane, tennis- basket- og volleyballbaner, auditorium, bibliotek, posthus, spisesale, mm. Alt i alt en hel lille by godt plastret til med palmer, og forsvarligt hegnet ind så folk udefra ikke kan komme ind.

Hver morgen var der aktiviteter arrangeret på skift af de deltagende nationer. Danmark bød ind med bumball, hvor alle deltagerne blev udstyret med en velcro-vest-lignende-anordning til at gribe den tilhørende velcro-bold med bagen. Allerede her opstod et af de første dilemmaer. Pierre de Coubertin, de moderne leges stifter, skulle have udtalt ordene: "Det vigtigste er ikke at vinde, men at deltage...", hvilket også falder under olympismens motto, men for mange af de yderst veltrænede, nuværende og tidligere topatleter, stod konkurrence- og vinderinstinkterne i lys lue, og de kastede derfor deres store kroppe ind i alle de påståede venskabelige dyster. For flere inklusiv undertegnede forsvandt noget af det sjove, og "legene" kom mere til at dreje sig om at undgå at blive pløjet godt ned i den olympiske knastørre muld som en anden teltpløk. Lad mig sige det sådan: De fastboende førstehjælpsfolk havde 14 meget travle dage!

Nu er det jo yderst sjældent, man bliver inviteret 2 uger sydpå med alt betalt, uden at skulle yde noget til gengæld, så akademiet forventede selvfølgelig aktiv deltagelse i forelæsninger og diskussionsgrupper. De fleste dage underholdte professorer fra den olympiske verden med deres syn på en masse forskellige emner, hvor vi deltagere efterfølgende kunne stille spørgsmål. I grupper af 14 skulle vi forberede 2 præsentationer ud fra forskellige spørgsmål.

Men det der gjorde opholdet helt unikt, var muligheden for at høre om de oplevelser, udfordringer og personlige historier de andre deltagere havde med i bagagen. Vi danskere (3 stk.), var nogle af de eneste, der ikke i forvejen var en del af det olympiske. Et stort antal repræsenterede deres respektive landes olympiske komiteer og akademier, var tidligere deltagere ved OL, nuværende topatleter, særligt udvalgte for enestående indsatser i hjemlandet og mange havde været gennem adskillige interviews og tests i konkurrence med op til 150 andre for at komme afsted som landerepræsentant. Jeg selv? Folkeskolelærer ude på bøhlandet med 12 års begyndertrænererfaring og et langsomt hvinende modem, der trods alt havde vist hele opslaget og opfordringen til at ansøge. Men nu var vi altså samlet der, lige hvor det hele startede.

At sige det blev til 14 dage med knald på, er næsten en underdrivelse. For mange stod den på fest og større mængder alkohol til langt ud på morgenen, og kombineret med det meget kompakte program der også indeholdt art- og danseworkshops, social evenings hvor hvert land bød ind med noget traditionelt, svømme-galla og strandtur, bredte der sig lynhurtigt en rolig vejrtrækningsrytme i hele bussen på vej tilbage til Athen.

Hvor flere lande til kulturudvekslingen havde vist seriøse og meget flotte indslag fra deres kulturelle skattekiste, endte det med, at de til gengæld kunne stifte bekendtskab med Barbie og Co. hoppende rundt til musik af popgruppen Aqua, hvor det vel at mærke og i ligestillingens navn var den danske mandlige deltager, der var Barbie, og i dagens anledning var udstyret med en mildt sagt noget større barm, end den hun normalt er i besiddelse af. Stilhed, chok og vantro blikke blev dog hurtigt afløst af langvarige latterbrøl.

Med så mange sportsinteresserede og spændende mennesker samlet på et sted, var det svært ikke at have store ører, når der blev fortalt. Her er head lines fra dem, jeg stadig har frisk i erindringen.

- Bordtennisspilleren, hvis lands træner havde givet et bat til sin søster, og nægtede at fortælle de andre på holdet, hvordan man spillede mod det [21], og desuden frygtede at eget bat skulle gå i stykker, da det ville være stort set umuligt at skaffe et nyt, da landet ingen udstyrsforretning har.

- Atletiktræneren, der af egen lomme måtte investere i 5 par sko, da ingen på holdet

---

[21] Nogle belægninger har knopperne udad, hvilket kan være svært at spille mod.

havde råd til at købe selv, og efterfølgende stod i dilemmaet, hvem der skulle havde skoene, da deltagerantallet oversteg antallet af indkøbte stykker fodtøj.

- Øboen, hvis land pga. en ny lov ikke kunne få lov til at oprette egen olympisk komite, og derfor var tvunget til at vælge at repræsentere et andet land.

- Fyren, der havde fået en ny Porche, en yacht og senest et hus af sin far, der mente, det var ved at være på tide, at sønnen blev gift. Han var trods alt fyldt 23.

- Judokæmperen, der med tårer i øjnene fortalte, at det heller ikke denne gang, ville lykkes hende at kvalificere sig til 2012, og at drømmen om OL deltagelse nu virkelig kun VAR en drøm.

- Hockeyspilleren, der under 2 OL måtte bo udenfor den olympiske by, fordi han var blevet vejet og fundet for let til startlisten, men undervejs blev hevet ind, og til sidst var med til at vinde bronze.

Af personlige højdepunkter skal nævnes:

189

- Ankomsten til akademiet. Folk sad helt stille, og bare stirrede ud på alt det smukke for hold nu op...! Det var ganske og aldeles ubeskriveligt!

- Åbningsceremonien i ultra hektiske Athen og kransenedlæggelsen ved Pierre de Coubertins mindesøjle, hvor det siges, at hans hjerte ligger begravet i en tinæske.

- Torch relay (fakkelstafet) hvor Nathan, den olympiske roer fra New Zealand, blot rystede på hovedet, og pegede på mig som fakkelbærer, da de store gutter ivrigt foreslog sig selv.

- Morgenløb ned gennem Olympia by i fuldstændig stilhed.

- Solopgangen over Mount Kronos efter at have forceret ikke så få buske og klipper i bælg ragende mørke.

- ... og så selvfølgelig... THE NAKED RUN!!![22]

---

[22] Se side 193

Vel hjemme i Holbæk sad jeg med oplevelser og indtryk nok til de næste mange år. Havde for eksempel aldrig troet, jeg skulle danse salsa med en pige fra Sudan, slå Ugandas kvindelige nr. 1 i bordtennis, få klø af Costa Ricas bedste mandlige spiller, tale med formanden for den israelske studenterforening, lave sjov med en 150 kg tung læge fra Syrien, træne dryland speedskating med en tidligere olympisk medaljetager, diskutere græsk kantinemad med folk fra Bangladesh og Seyshellerne, tale om Freddie Mercury med den første olympiske artist i verden og ikke mindst... nå ja... Den historie kommer om lidt.

Til fremtidige potentielle deltagere har jeg følgende råd:

1) lær på forhånd flydende mandarin-kinesisk, spansk og fransk 2) få dig et par sydamerikanske hofter 3) lær at drikke 4) til eventuelle bordtennisfolk; Husk dit bat!

... and STRIVE FOR EXELLENCE!

Rejseramme Fra Den Olympiske Session

Juli 2011
Olympia Stadion, Peloponnes

De fleste har nok hørt andre sige, at man for eksempel ikke har været RIGTIGT i Venedig, hvis ikke man har sejlet i gondol, været i Paris uden at besøge Eiffeltårnet eller oplevet San Francisco uden at have krydset den store orange bro. Allerede inden afrejse fra Danmark havde vi hørt rygter om noget lignende vedrørende ophold på det olympiske akademi, og i velkomsttalen opfordrede dekanen da også inderligt til, at det nøgenløb han vidste, foregik som en slags ritual, straks blev stoppet, da han så sent som ugen inden vores ankomst, havde måttet hente hele tre uheldige løbere på den lokale politistation, fordi de var faldet i kløerne på det patruljerende vagthold, der bevogtede den antikke løbebane. "It's a bit embarrassing guys!", som han udtrykte det.

De to første der alligevel kunne prale af at have taget turen over hegnet ind til det UNESCOficerede olympiske anlæg midt om natten og løbe den obligatoriske 100 meter distance uden en trævl på kroppen, var to canadiere, der høje over et eller andet ishockeyresultat havde drukket sig så meget mod til, at de havde sænket hegnet med ikke så få centimeter, da de væltede ind på området uden at blive opdaget. Status er en sær ting, men de nød uden tvivl ekstra agtelse de næste dage på grund af det stunt. Som dagene gik kunne flere og flere bryste sig af også at have taget turen, og jeg der ellers er allergisk over for sådan noget gruppeidioti, og er helt igennem kontrol-agtig, lå en af de sidste nætter med en urolig fornemmelse i maven. Skal, skal ikke?! You only live once! Er du snart færdig med at være kedelig? Osv. osv.

Næst sidste aften spurgte jeg et par af mine nye asiatiske venner, om de ville med over hegnet. Det ville de ABSOLUT ikke, men efter lidt overtalelse ville de gerne stå vagt. Lidt over midnat begav vi os ned ad den kulsorte vej, og allerede der var min puls steget markant. Mange tanker løb igennem hovedet. Blandt andet overvejede jeg, om det virkelig var værd at risikere at blive bidt i bagen af en arrig vagthund OG måske ende med at se en græsk politistation indefra. Adrenalinsuset vandt, og ved det sted hegnet var mest medtaget af fordrukne nøgenløbsaspiranters hærgen, lykkedes det med hesteskoshjælp fra de tre andre at komme over. Vi havde aftalt, at de skulle blive stående, og så lyse med en lygte når jeg fløjtede, så jeg lettere kunne finde tilbage.

Vel ovre på den anden side lyttede jeg, det bedste jeg havde lært. Da der var HELT stille, tændte jeg min pandelampe, og pilede ned til startlinjen, der nok lå et par hundrede meter væk. Lampen blev slukket, og så flåede jeg ellers tøj og sko af, inden spurten blev sat ind med mine ejendele udstrakt fra kroppen. Da jeg fløjter sagte, tændes en lygte oppe i den anden ende af anlægget, og der lyder råb. Mit hjerte hamrer med 300 kilometer i timen, mens jeg kun lige får T-shirten smidt over hovedet og røven tilbage i bukserne på rekordtid, inden jeg spæner mod lyset oppe ved hegnet.

Da jeg når frem, er det andet lys kommet væsentlig tættere på, der råbes, og min hjertefrekvens øges yderligere, da hegnet virker til at være vokset. I første forsøg løber jeg simpelthen direkte ind i trådnettet. Råbende og lettere panisk, spørger jeg om de har flyttet sig, men det viser sig, at hegnet simpelthen står på en græskant, der er højest fra vejsiden. Jeg løber få meter tilbage, og med alt hvad jeg kan mønstre af kraft, når jeg så højt op, at jeg kan svinge benet over hegnet, lave en lidet yndig væltemanøvre og dumpe ned på vejen. "RUN!"

195

brøler pigen fra Filippinerne, og det er lige præcis hvad vi gør.

Hjemme på værelset behøver min roomie ikke at spørge, hvor jeg har været, for storsvedende og overlykkelig vælter jeg bare om i min seng med voldsomt rystende ben. Får dog ikke lov til at blive liggende, for hun insisterer på at tage et billede, der dog i første omgang ikke bliver til noget, fordi adrenalinen får hænderne til at ryste så meget, at jeg taber kameraet, der går i stykker. Heldigvis lykkedes det alligevel at få et billede af den glade nøgenløber i hus.

Juli 2002
Byskiltet ved Hvide Sande

Der er dejligt ved Vesterhavet. Rigtig dejligt! Specielt når vinden rusker vildt, og sætter gang i de skumtoppede bølger, eller når klitterne glimter klart og blændende i solen. Derfor føltes det ekstra heldigt at have mødt en sød fyr fra Hvide Sande, der endda var så flink, at køre hele vejen ind til Esbjerg, for at hente mig på stationen første gang jeg skulle besøge ham.

Shania Twain strømmede ud af højttalerne, mens han peger, og fortæller lokale anekdoter, om de steder vi passerer. "Det her sted hedder Nymindegab, og der ligger Abelines Hus". Jeg har set det hele før, men nikker interesseret som man gør, første gang nye steder iagttages.

Få hundrede meter fra byskiltet giver han hilsetegn til en, der kommer gående i rabatten modsat kørselsretningen. "Det er en af mine bedste kammerater", når han lige at sige, inden der tikker en besked ind på hans telefon med undreteksten "Hvor har du købt hende?"

Tja... Velkommen til Vestjylland...!

Juli 2013
Brøndums Hotel, Skagen

En kollega skrev engang en hilsen til mig, hvori der stod: "Kære Nete, det eneste du er bange for, er naturen". Det var jo egentlig en pæn ting at skrive, hvis det altså var ment som en kompliment, og hvis man tilføjer en 7000-8000 ting, er det da nok også sandt. Da små kryb i diverse afskygninger hører under den kategori, er det nok ikke den store overraskelse, at overnatning i telt i den danske højsommer ikke lige står øverst på ønskesedlen. Ikke desto mindre havde jeg taget imod en invitation om "Sommerferie i Jylland" i ikke bare et lille telt men et mikroskopisk et af slagsen.

På Råbjerg Mile Camping var teltpløkkerne således afløst af hjulene på den halvstore vogn, vi kørte rundt i, da de var eneste måde, hvorpå teltet stadig ville være at finde på tildelte plads efter en tur i Skagen. Med andre ord: Det blæste ualmindelig meget!

På en solrig sommerdag er der mange mennesker i Danmarks nordligst beliggende by, og det at finde en parkeringsplads inden for bygrænsen, kan sagtens gøre det ud for dagens første pulsgivende aktivitet. Skagen Kunstmuseum summede af liv, og koncentrationen af midaldrende mænd med enten hør- eller flettet sommerhat i lyse jakkesæt inklusiv deres matchende til lejligheden afstøvede koner var angiveligt højere end noget andet sted i landet. Halvdelen af oplevelsen var at stille sig helt tæt på selvudnævnte kunstkendere og lytte til deres guldkorn. "Hvilke farver! Otto", "Se det lys! Anne-Marie", "Betty...! Sig mig lige... Er det der mon en

Ancher eller en Krøyer, jeg har glemt mine læsebriller". Det mest fantastiske var dog, da en kendt datter til en kendt militærperson kommer slæbende med tre synligt meget lidt interesserede børn, der bliver linet op efter højde. De fik følgende kunstlektion leveret, mens der med stiv finger peges skiftevis på to portrætter; "HAN malede HENDE, HUN malede HAM og DE malede HINANDEN!" Godt så...!

Foran Brøndums Hotel kan man høre en summen af glade stemmer inde fra haven, hvor der serveres store stykker flødeskumsmættet lagkage, og diverse drikkevarer bliver bragt ud på bakker af travle tjenere med forklæde. Ved et lille bord midt i haven bestiller min rejsemakker og jeg henholdsvis en kop kaffe og en tonic, mens vi kigger på et selskab bestående af sommerblomstrede kjoler og store flotte hatte. Der kvidres lystigt i munden på hinanden ved nabobordet, og ingen er i tvivl om, at de HYGGER sig på bedste danske sommerdagsmaner.

Da vores bestilling endelig dukker op, er jeg smågnaven over den lange ventetid, og da der ovenikøbet ligger noget væske i mit glas, OG er sat en citronskive på kanten, vrisser jeg noget

199

med, at det da kun er i Jylland, at man serverer tonic i glas med smeltet is. Men da det langt fra er billigt sådan at sidde foran det ikoniske hotel, bliver både kaffe og tonic drukket helt op, selvom sidstnævnte smager besynderligt anderledes!

Mens vi venter på regningen, begynder det at snurre mærkeligt i kroppen, og jeg er stærkt bekymret for, om jeg for tredje gang på få måneder skal afhentes af en ambulance, som jeg blev det på skolen lige inden ferien. Den ene gang skulle jeg efter sigende have ligget på en båre, og halvt inde i ambulancen råbt noget med at "6. klasse skal lave s. 81 i Sprogkikkerten!". Det mindes jeg dog ikke selv, men er noget, jeg har fået fortalt. At min teammakker til gengæld sagde til den unge kvindelige redder, at jeg bare besvimede for at få opmærksomhed, og efterfølgende sendte en sms til min telefon med en opfordring om at få hendes telefonnummer, er en helt anden historie, men hører med til denne.

Svimmelheden er tiltagende, og da tjeneren langt om længe når frem med regningen, bliver der lagt en hundredekrone seddel på bordet, og vi siger flot, at han kan beholde resten. "Mange tak, men der mangler altså 27 kroner" lyder svaret. "For kaffe og en tonic?" udbryder jeg vantro. Da tjeneren kigger på regningen, og siger, at der altså står "Kaffe, Gin og Tonic" falder tiøren, og jeg griner. Først stille, så lidt højere og til sidst brøler jeg af mine lungers fulde kraft, så al snak i haven forstummer, og samtlige blikke er vendt mod mig, der næsten kvæles af grin. Min makker hiver hurtigt tegnebogen frem, og lægger de manglende penge på bordet, mens jeg forsøger at rejse mig.

Da jeg senere genfortæller historien til min 8. klasse hjemme, er der ikke en eneste der tror på, at man kan blive små-snaldret af en enkelt drink, men ikke desto mindre blev jeg mere båret end støttet ud til bilen, hvor jeg faldt i søvn, så snart nøglen blev sat i låsen. Det var så første og eneste gang, jeg vist har været tilnærmelsesvis beruset i mit nu snart niogtredive-årige liv. Skål!

Juni 2012
Barnham Station, Sydengland

"We hope you enjoyed travelling with us last time!" proklamerede den do-not-reply auto-genererede mail fra Southern Rail, der landede i min in boks umiddelbart efter en tur til det sydlige

England. Indholdet var lidt morsomt set i forhold til, at meget lidt kunne betegnes som at være gået efter planen. Forud gik følgende plus alt det løse, der tilfældigt kan tilstøde over en næsten 60 årig periode.

Min nu afdøde mor havde en 15 år ældre søster, min all time super seje favorit moster, der mod alle odds is still going strong og nu nærmer sig de 89 somre. Som nok 12-13 årig sad hun i en skoleklasse et sted i Esbjerg, dengang lugten af fisk på havnen stadig var lig med lugten af penge, og lyttede til at deres lærerinde udfoldede ideen om, at hver elev skulle have en penneveninde fra deres nye venskabsklasse i England.

Breve skrevet i hånden med sirlig sammenhængende skrift og tungeslikkede frimærker til blot en håndfuld ører, blev sendt frem og tilbage mellem miss Colenutt og miss Hoffland med nyt om skole, venner og fremtidsdrømme, selvom de på det tidspunkt stadig havde deres forældres efternavne, og først senere erhvervede sig deres respektive mænds familienavne. Som årene gik, blev de hver især forlovede og senere gift, og min mor endte endda med at blive ung pige i huset hos den engelske dames mor, hvorfra hun returnerede med noget rundere kinder end ved ankomsten.

Børn kom til mens de to penneveninder stadig udvekslede nyheder på den gode gamle posttaske-bårne facon. Da jeg selv fik engelsk i 6. klasse, sagde min mor til stor irritation, (jeg HADEDE nemlig engelsk!), at jeg også skulle skrive breve til England, som hun selv havde gjort det, og i årene der fulgte, dumpede der med nok 2 måneders mellemrum et brev ind på Worchester Road i Chichester, udelukkende med varianter over følgende og med alle de stave- og grammatiske fejl man kan forestille sig. Her gengivet i læsevenlig version uden farvelagte, dobbeltbogstaver og alverdens klistermærker.

"Dear... Than you very much for the letter. How are you? I am fine. I play table tennis. It is fun. I like table tennis. I go to school. I like school too. It is good. I learn many things. I am tired now. Have a nice day. Many greetings from Nete. Ps. My mom and dad say hello. Pps. My cat Filip says hello too. Ppps. No more Ps's..."

Meget venlige breve, der blandt andet roste mine stort set ikke-eksisterende fremskridt, kom retur, hvilket i sig selv siger uendelig meget godt om det ægtepar, der sad som modtagere i den anden ende. Som 19-årig besøgte jeg dem første gang på egen hånd, og da konen efter 10 år i streg havde givet Parkinson ualmindelig hård kamp til stregen, fortsatte jeg med at skrive med hendes mand. I 2012 brev brevudvekslingen digital, men alle de håndskrevne breve forsvandt desværre under en flytning, ligesom alle min mosters breve druknede under en stormflod.

Anyway... I 2012 skulle et storbybesøg til London kombineres med Sunday roast i Chichester Cathedral, (i øvrigt den bygning der blev spist af Monty Pythons flyvende cirkus), så der var forhåndskøbt billetter til Southern, det togselskab der fragter folk sydpå til badebyer som Brighton og Hastings ved den engelske sydkyst med de berømte moler, brede hvide strande og umættelige kæmpemåger.

I nyhederne havde jeg godt set, at det havde regnet usædvanligt meget og de mange aflysninger og varslede forsinkelser på afgangsskærmen på Victoria Station, havde også givet et eftertrykkelig varsel, da jeg med 2 timers forsinkelse endelig kunne se landskabet bevæge sig forbi som grønne streger for vinduerne. Som minutterne gik, blev stregerne og mængden tiltagende akvarel-farvede, da hele marker og andre blandede arealer lå under vand.

Da min nu aldrende penneven ikke havde en mobiltelefon, og ikke havde svaret, da jeg ringede op på fastnettelefonen, var jeg lidt bekymret for, om han stod og blomstrede forgæves på min endestation. Da det lysegrå tog med grøn-gule påskenuancer endelig nåede til Barnham få stationer før Chichester, lød det i højttalerne, at "Due to flooding..." kørte det ikke videre. Et af hovedformålene ved turen var jo sådan set at hilse på min penneven, men en forudbetalt billet til musicalen "We Will Rock You" lå også, og ventede på at blive samlet op inde i London inden aftenens forestilling i Dominion teatret på Tottenham Court Road. Da telefonen stadig forblev ubesvaret, fandt jeg en kontrollør, der måtte lægge øre til min udfordring.

Måske jeg overdramatiserede en (stor) smule, men det endte med, at højttalerne på Chichester station sendte en direkte personlig henvendelse til en Mr. Colenutt om, at den danske besøgende desværre var ufrivillig tvunget til at vende om, og at han skulle tage hjem og afvente nærmere. "We do not normally provide this kind of service, Miss", sagde kontrolløren, men da jeg takkede

205

ham overstrømmende, og klappede ham på armen med et beundrende blik i øjnene, så han vældig stolt og tilfreds ud. Sidenhen er "Barnham" blevet et fælles korrespondencebegreb, der dækker over en ikke særlig vellykket mission eller våd vejrmæssig måleenhed.

På vej mod Gatwick lufthavn dagen derpå sad jeg på stationen, og spiste en sandwich, mens den obligatoriske blå æske "Milk, Dark & White" chocolate bisquits fra M&S blev inspiceret. Min Nokia 3310 lå oven på rygsækken, mens øjnene intervalkiggede på afgangstavlen, hvis informationer stadig bar præg af de store vandmasser, der flød rundt sydpå. Da der pludselig blev annonceret en service til lufthavnen, brød folk op fra deres venteforehavende, og løb næsten om kap mod de lidt afsidesliggende spor på Victoria Station.

Min egen sandwich blev fluks stoppet ned i tasken, og med benene på nakken gik det hen mod det ventende tog. Et klokkeslæt-tjek resulterede i hænder, der rodede febrilsk rundt i begge lommer, dog uden noget andet resultat end to mønter og en enkel engang gul øreprop. Med andre ord; der var intet spor af mobiltelefonen.

Da rygsækken ikke var super komfortabel at løbe med, (forestil dig en 80L back pack med en 1,57 cm høj ejer...) overvejede jeg lige et sekund, inden den blev "left unattended" op ad en væg, og jeg spurtede hen til sandwichfortæringsstedet, hvorfra jeg havde rejst mig for ganske nylig. I trav fortsatte jeg rundt et par minutter til andre passerede lokationer, men løb så tilbage til tasken, der var svær at få øje på, da politiet i samme øjeblik kom kørende med Rulle-Maries engelske søster, og var ved at spærre området af.

"It's my bag" råbte jeg højt, og masede frem. En stor og brysk udseende betjent kom hen, og stillede spørgsmål i en meget lidt venlig tone. Undskyldende det bedste jeg havde lært, med betjentens løftede finger HELT oppe i ansigtet og diverse advarsler leveret direkte i ørerne, tog jeg tasken, og fik lige akkurat mast mig ind mellem togdøre på vej til at lukke.

Midt på perronen i Gatwick konstaterer jeg næsten grædefærdig i den menneskeflok, der leverer et voldsomt fremadstormende tryk, at min højtelskede kasket fra Olympia sidst blev set i toget, og henne ved udslusningsmaskinerne må jeg stoppe op for at lede efter billetten, der skal stikkes i maskinen, så lågerne kan åbnes ud til lufthavnsområdet. Men uanset hvor mange lommer der ledes i, er der ikke skyggen af gyldig rejsehjemmel. Da jeg hiver en kæmpe lufthavnsbetjent i ærmet, og forklarer situationen, siger han kort, at uden billet kommer jeg ikke ud. Hans hænder placeres demonstrativt i siden, og sætter ligesom to streger under budskabet.

Med øjnene hvilende tungt i min retning, leder jeg febrilsk videre, vel vidende at der ingen billet er, da den vist endte sine dage som origami-trane i togets askebæger. En virkelig dårlig vane, der også har resulteret i større tabte pantbeløb, når de tynde bonner næsten folder sig selv inden kasselinjen i diverse supermarkeder nås. Nå… Men i stedet dukker min mobil op fra posen med sure sokker, og et hurtigt kig på klokken fortæller, at jeg har travlt. Meget travlt!

I mellemtiden er en familie, med ikke så få medlemmer med en noget ældre herre siddende i kørestol, dukket op. Da en i selskabet fylder sådan cirka en kubikmeter, sniger jeg mig hen ved personens side, og da vagten kigger væk et splitsekund, løber jeg alt hvad remmer og rygsæk kan holde ud gennem porten, og forventer hvert sekund at blive grebet ovenfra af en stor hånd, der bare siger "GOTCHA!"

På forunderlig vis udeblev "overgrebet", og med en brændende overanstrengelses-fornemmelse i halsen efter overlevelsesspurten blev de sidste pund omsat til Crunchies chokoladebarer og et enkelt stykke overdimensioneret grøn trekantet Quality Street.

Et halvt år passerede, men så lykkedes det endelig at nå hele vejen til Chichester, hilse på og få spist den der Sunday roast i katedralens cafeteria. I år er det 27 år siden, jeg blev tvunget til at skrive det første brev, og om små 3 uger flyver jeg vestpå igen som repræsentant for "The Danish Connection", når min penneven fylder 90, og fejres på Chichester Park Hotel. Invitationen kom i sidste uge endda med tilbud om "expenses covered". Så hvis ellers Barnham og omegn ikke sætter nye rekorder for nedbør, vil jeg smutte over kanalen og synge med på "Happy Birthday" og "Auld Lang Syne"[23].

---

[23] På dansk "Sku' gammelt venskab rent forgå"

Oktober 2001

World Peace Concert, Seoul

Selv om man bor under nye fremmede himmelstrøg, kommer der som regel et tidspunkt, hvor alt det spændende ligesom mister lidt af nyhedsværdien, og man har brug for at tale med folk, der har bare nogenlunde samme referenceramme som en selv, mens man diskuterer alt det eksotiske, der pludselig transformeres til hverdag, og i stedet kan virke direkte irriterende. Min tyske udvekslingsveninde spurgte en mandag aften under vores ugentlige møde ved Myong dong, gågadekvarteret i Seoul, hvor vi plejede at vende ugens begivenheder, om jeg ville med til koncert.

Hvem der spillede, vidste hun ikke, men det var noget med world peace og i anledning af et større politisk topmøde. Billetterne havde hun fået fra den genforenings-organisation hun tilbragte tid hos, mens jeg hyggede rundt hos en af Seoul YMCAs afdelinger som aktivitetsmedhjælper. Da jeg ikke havde andet på programmet, og faktisk kun havde oplevet en enkelt livekoncert før, var der selvfølgelig ingen tvivl, vi skulle til koncert, selvom ingen af os havde nogen som helst ide om det, der ventede.

Undergrundsstationerne i den koreanske hovedstad er for det meste lette at finde rundt på, selvom nogle af dem der er knudepunkt for flere linjer, kan give anledning til næsten kilometer lange gåture under jorden. Sports Complex station på den grønne Circle line var ikke transfer station, men havde alligevel 8 udgange. Allerede på vej op fra en af dem, var der usandsynligt mange mennesker selv efter asiatisk målestok. Vi havde talt om, hvor mange der mon skulle deltage, og hvor præcis det skulle afholdes. Oppe på gadeniveau blev vi mødt af primært unge koreanere med orange hårbånd og matchende T-shirts, der alle bevægede sig hen mod det enorme stadion, der blev bygget i anledning af OL i 1988. Vi kiggede på hinanden, og diskuterede muligheden for, om der samtidig med koncerten skulle afholdes en eller anden sportskamp.

Ved en gadebod på det store Sports Complex område besluttede vi at stille den mest påtrængende sult med forskellige koreanske fastfood lækkerier hos en lille semi-tandløs ældre kvinde i lilla puffet overdel, brunternede pludderbukser og udtrådte ballerinasko. Det er køligt, så jeg skutter mig i min alt for store og lidet fikse YMCA genbrugsbutikindkøbte cowboyjakke featuring min blåpelsede-Maskot-

211

arbejdsvest, der forsøger at lune lidt inden under det slidte lidt kiksede cowboy-look. En koreansk pige sidder ved siden af på en orange taburet, og lytter til vores samtale. Hun siger pludselig med tydelig amerikansk accent, at det altså er World Peace koncerten, der skal foregå på stadion, og de mange orangeklædte er fans af tidens største K-POP [24] idoler, nemlig en gruppe hvis navn udtales noget i nærheden af "pølse" på engelsk.

Hun spørger, hvor vi skal sidde, og hvad vi har givet for billetterne. Manu min veninde fortæller, at hun har fået dem foræret, og faktisk ikke ved, hvad vi skal høre. "You're fucking kidding me!" udbryder pigen, da hun gransker vores billetter, og næsten hviner "You've got VIP passes!" Hun selv har betalt tæt ved 700 kr. for én mærket "Premium", og har synligt svært ved at fatte vores held. For at udvise påskønnelse af hendes glæde på vores vegne, siger jeg meget entusiastisk, at hun VIRKELIG taler et flot amerikansk, og nok er den vi har mødt under hele opholdet, der taler mest flydende udenlandsk. Hendes mine røber i splitsekunder inden svaret falder, at jeg netop har leveret den sætning, jeg

---

[24] K-POP er kort for Koreansk pop. En ufattelig stor industri, hvor unge talenter knokler umenneskeligt hårdt for at opnå stjernestatus

selv hader at lægge øre til, inden hun tørt returnerer komplimenten med ordene "Thank's, that's good to know! I'm American!"

Om jeg så havde fået broderet et selvlysende stempel i panden med ordet "IDIOT", kunne det ikke have føltes mere pinligt. Hvor mange gange jeg selv har fået lignende at vide, er umuligt at holde styr på, men holdt nok op med at tælle som 12-årig, og det er først, da vi sidder inde foran den gigantiske scene på vores helt fantastiske pladser, at jeg kan koncentrere mig om selve showet uden at føle mig tå-krummende dum.

De orangeklædte flipper helt totalt sidelæns, da deres store idol træder frem, og der bliver råbt, piftet og viftet med pandebånd og andet orange i en sådan grad, at man lige så godt kunne befinde sig midt i Amsterdams Vondelpark under en afgørende landskamp. Da de første toner fra "Wind of Change" lyder ud over det olympiske anlæg under en meget mørk oktober-himmel, når jeg lige at hviske til Manu, at "den synger Scorpions da også", da omtalte gruppe træder ud på scenen, og bliver blæst op på enorme storskærme. Der går et sus hen over stadion.

Oplevelsen var storslået! Tæt på ubeskrivelig, men skulle nogen synge om håb og udsigt til genforening suppleret med liveoptræden af Art "Bridge over troubled water" Garfunkel, mens tusindvis af små levende lys i fredsfarvede papbægre vajer frem og tilbage i hænderne på en generation af sydkoreanere, der aldrig har mødt naboerne i nord, ja så kan det vel næsten kun være Scorpions selv!

Februar 2019
Bryggen-Krydset, Vejle

På årets sidste officielle vinterdag var vejret efter et par dage kommet i tanke om, at det faktisk ikke var forår endnu, hvorfor hue og vanter blev fundet frem efter endnu en tur med Flix mellem København og Vejle, fordi temperaturen for en enkelt aften meget passende tangerede lettere kølig. Klokken nærmer sig 22, og de mennesker jeg passerer, lugter af popcorn og biografmørke af den variant, hvor alt kan ske. Ved lyskrydset mellem Bryggen og Fredericiavej kommer tre danske teenagedrenge hen, og venter på signal. De har alle fikst mærketøj på og voks i håret, og den ene står op overskrævs på en cykel, der helt klart ikke passer ham i størrelsen. De er i godt humør, kigger nysgerrigt og følgende dialog udspiller sig:

Teenager 1 siger i min retning: Konichiwa

Mig: Forkert sprog!

T1: Er du da ik kineser?

T2 til T1: Fuck du er pinlig!

Mig: Konichiwa er da ikke kinesisk!

T3: Nååårh… Du er GRØNLÆNDER, er du ik?

Mig: Hvor har du dog gået i skole?

T1: Hvordan sir man så hej på kinesisk?

Mig: Ni hao! Men jeg er ikke fra Kina.

T2: Er du fra Korea? SYDkorea?

Mig: Ja. Godt gættet!

T2: Hvad synes du om Kim Jong Un?

Mig: Han har en lækker frisure!

Tavshed…

Mig: God aften drenge!

Den enes telefon ringer, og de bliver tilbage, da det skifter til grønt. Ude i krydset hører jeg T2 sige, "Fuck han var nice, ham der!"

December 2001

Jisan Forest Ski Resort, Korea

I 2001 var de fleste menneskers kendskab til Sydkorea nok begrænset til viden om, at landet var vært for sommer OL i 1988, at der var krig i 1949 eller cirka deromkring samt brands som bilmærket Hyundai og elektroniske Samsung. At der desuden er fire årstider endda med større ekstremer end herhjemme, havde jeg godt læst om i den udvekslingsguide, der skulle klæde mig på til et 9 måneder langt ophold i mit fødeland. Alligevel blev jeg lidt overrasket, da der stort set uden varsel pludselig en dag lå et 20 cm hvidt lag sne overalt i hovedstaden, hvis sky-line er mindst lige så imponerende som den i f.eks. New York. Det vidste jeg dog ikke på det tidspunkt, da Karlslunde Landevej hjemme i Danmark nok var noget af det mest eksotiske, jeg havde oplevet indtil da.

YMCAs Seocho afdeling ligger tæt på det område, der mange år senere blev kendt for sin Gangnam-style. Et af de kvarterer i Seoul hvor husstandsindkomsten ligger en del over landsgennemsnittet. Mange af YMCA centrets brugere er derfor hjemmegående koner til mænd med yderst velbetalte job, og et pænt antal af

216

deres børn deltager i alt fra ballet til papirfoldning over svømning og blokfløjte i eftermiddagstimerne, når de ikke terper på områdets endeløse række af lektieakademier.

Tilbud om ture til forskellige spændende steder var også en del af centrets program, hvor jeg som i en anden slikbutik måtte vælge efter forgodtbefindende mod at hjælpe lidt på må og få. Som en uventet "gave", fik jeg besked om at skulle deltage i en 2 dages børneskiskole, hvor forældre også var velkomne. Da mit forhold til sne bedst kan betegnes som værende distanceagtigt, hvilket vil sige, at jeg foretrækker at kigge ud på den gennem en rude, helt modsat min bror der blot ved tanken om at kunne rulle sig i alt det hvide, får julelys i øjnene, var min begejstring til at overse.

Jisan Ski Resort lå en times buskørsel syd for Seoul, og stemningen blandt de deltagende børn, flere af dem allerede iført deres sne-googles inden de gik ind i bussen, næsten dirrede af forventning, da skiresorter på det tidspunkt stadig er et relativt nyt fænomen. De få deltagende mødre var alle iført det nyeste nye outfit, og lignede omvandrende reklamesøjler, men her gik snakken lidt mere afdæmpet, for jo nærmere vi kom bakkerne, jo flere så ud til at indse, hvad de faktisk havde meldt sig til, nemlig to fulde dage på ski og ikke et vintermodeshow, hvor det gjaldt om at svanse rundt og se lækker ud.

Linet op på række i to grupper iført ski og letgenkendelig YMCA-vest blev begynderholdet, der inkluderede undertegnede, en efter en tildelt et skulderskub der resulterede i, at vi væltede på stribe. Da de andre var kommet på benene igen, lå jeg stadig og rodede rundt, men da alle andre ved egen hjælp havde rejst sig for tredje gang, kom Lee den venlige instruktør, og trak mig op. På bedste vaklende vis kørte vi hen til nogle små bump, og der var nu fri leg for at vende sig til skiene. Når man er overdrevent bange for at komme til skade, er sådan et skianlæg ikke lige det fedeste sted, men jeg sank en tre-firehundrede gange, og kom da både op og ned af i hvert fald et enkelt bump, inden der blev kaldt til samling, og vi i hold af tre blev placeret i en skilift, der fragtede os op op op...

Stående på toppen af en bakke efter at have forladt liften uden at få den i nakken, spejder jeg efter en trappe, da jeg under ingen omstændigheder skal på SKI ned for foden af den piste, man oven i købet slet ikke kan se hvor ender. En efter en kører børnene fra YMCA afsted, og da jeg konstaterer, at den eneste måde at komme ned på er ved egen hjælp, starter jeg meget forsigtigt i højre side, og svinger lige så stille i en blød vinkel mod venstre. Af en eller anden årsag nægter krop og ben at stille sig på en sådan måde, at svingning til højre er en mulighed. Da jeg står helt ude ved venstre side, bliver jeg derfor nødt til at tøffe vandret over bakken til højre side, for atter at køre mod venstre og ende 10 meter længere nede end før.

Da "målområdet" stadig ikke er til at få øje på, kan jeg godt regne ud, at det har ualmindelig lange udsigter, til jeg står med fladt underlag under fødderne, og jeg skiftevis bander over ikke at have sagt fra, og småfniser på samme tid over, hvor tåbelig situationen egentlig er.

Efter nok 5 ture på tværs befinder jeg mig cirka midt ude på bakkens bredde, da én kommer hamrende ind i mig bagfra. Alt bliver så sort, at selv de kvidrende tegneseriefugle ikke er synlige i mørket for mine øjne, og jeg lander et par meter væk fra mine ski, der står nok så nydeligt, der hvor sammenstødet fandt sted. Imens kæmper jeg for at få luft, da det alt sammen blev presset

219

ud, da jeg landede pladask på maven. Tårerne kan ikke holdes tilbage, og folk stimler sammen, mens de stiller alle mulige spørgsmål, men det eneste jeg kan koncentrere mig om, er at mærke smerter i ryg, mave, ben og arme. Hvor længe der går, før samarit-scooteren ankommer, ved jeg ikke, men op i bananen kommer jeg, og ned går det på bedste ubehagelige slalomvis.

Ved to synligt bekymrede lægers hjælp, kommer jeg over på en seng i førstehjælpsteltet. De stiller en masse spørgsmål på koreansk, som jeg forsøger at besvare efter bedste evne, men da sætninger som "det smager godt!", "hvor ligger city hall?" og "hvad koster den?" ikke er meget bevendt i lige præcis den situation, må jeg have svaret i øst, som de har spurgt i vest. Af en eller anden grund falder det mig ikke ind, at sige de magiske ord "I don't speak Korean", så i takt med at spørgsmålene intensiveres, ser de tiltagende bekymrede ud. Sygeplejersker bliver tilkaldt, der bliver lyst i mine øjne, banket på mine knæ og hevet i ben og arme, men da de endelig beslutter sig for, at det må være mit hoved der er svært beskadiget, taler den ene ophidset i telefon, og de eneste ord jeg forstår er "Balli balli", der betyder "HURTIGT!"

Da fem samaritter står og kigger ned på mig, kommer Mr. Night-shopping fra YMCA, der egentlig hedder Mr. Kwon, brasende ind i teltet. Han ser helt ulykkelig ud på mine vegne, men bliver straks overdynget med spørgsmål og konklusioner. Da han har forklaret, at jeg er på udveksling, og ikke forstår koreansk, lyder der et meget lettet "Oooooooohhh!" fra den samlede flok. Iført stramtsiddende korset der skal beskytte tre trykkede ribben, slutter mit ski-eventyr i bussen på vej hjem fra Jisan Ski resort med nogle meget smertefulde latteranfald, da Mr. Kwon fortæller, at alle troede jeg havde slået hovedet ganske alvorligt, da jeg ikke var i stand til at besvare selv basale spørgsmål. Det helt store beredskab stod derfor klar på et nærliggende hospital.

Nytårsaften 2000/2001 foregik liggende på ryggen i et mørkt rum i fuldstændig stilhed, omklamret af et ubehageligt korset og med hjemveen gnavende i maven. Men da jeg atter var på benene iført ultra ømme ribben, gik der højst 20 minutter, før en dame fløj som et projektil ind på YMCA kontoret, og på ny klemte al luft ud af mig. Hvem der havde flest tårer i øjnene ved det kram, dog af to nok så forskellige årsager husker jeg ikke, men den middag hun bød på som undskyldning for at have torpederet mig ……………..Waow! Eneste minus var, at hun i moderlig omsorg nær havde taget livet af mig for anden gang på kort tid, med alt det lækre hun forsøgte at proppe i mig. Skulle jeg have ladet livet under et af de to møder, ville det nok have lydt lidt sejere og mere action-agtigt, at være blevet torpederet på en koreansk skiløjpe end at stige til himmels på grund af en overdosis dessert-buffet.

September 2008
Korea National University

De fleste forældre husker nok deres barns første skoledag som en både stor og lidt vemodig dag. I fotoalbummet hjemme hos min far findes en håndfuld billeder, hvor en smilende pagehårs-Nete iført fin lyseblå kjole og rød JEVA skoletaske med store firkantede spænder både hilser pænt på hr. skoleinspektøren ved at give hånd, rækker fingeren i vejret på den helt rigtige måde, og kigger spændt på alle de andre børn i den pædagogiske rundkreds midt i skolens aula.

Denne septemberdag skinner solen, som den oftest gør i Korea på den tid af året, og luften er dejlig frisk. Min biologiske mor, der er tæt ved et hoved lavere end mig, knuger min hånd hårdt, og vil næsten ikke give slip, da vi står ved indgangsporten til universitetet på min første dag som studerende ud i det koreanske sprog foran bygningerne opført efter traditionel engelsk stil. Mange år tidligere, uden viden om hvor i verden jeg var havnet, havde hun vinket ude fra gaden til mine tre ældre søstre på *deres* respektive første skoledag, men mindstebarnet, mig, måtte hun vente yderlige 28 år på, at kunne give et knus, og med bekymret mine minde mig om, at huske at spise i pausen.

Efter hun har stået helt oppe på tå, og jeg en sjældent gang har følt mig som en kæmpe, får jeg et lille forsigtigt kram og et kys på kinden, inden hun med tårer i øjnene siger, at hun er stolt af mig, hvorefter jeg går mod hovedbygningen, og hun forsvinder ned i undergrunden. Ingen foto findes fra den dag, men hvad gør det, når det indre billede står knivskarpt.

Juli 2013
Södermalm - Kirke Hyllinge

Ved en sommerferiefrokost sad jeg ved siden af en super hyggelig kollega, og småsnakkede om vores respektive planer for førstkommende ferie. Han fortæller om sin hjemmebyggede båd, der blandt andet er skrevet om i et australsk sejlerblad, og om at næste tur nok skal gå til den stockholmske skærgård. Da jeg efter to tidligere mislykkede forsøg har sat al energi ind på at cykle til den svenske hovedstad, udveksler vi numre, "hvis nu jeg skulle nå hele vejen derop, og der tilfældigt ville være tid til en kop te på dækket".

Min nøje planlagte tur med alle 10+3 forud-bookede overnatninger går over Helsingborg, Vittsjö, Lammhult, Jönköping, Ödeshög, Mantorp, Norrköping, Stavsjö, Bjönlunda og endelig Södermalm i Stockholm, hvor der sidstnævnte sted var afsat rigelig tid til at finde en cykelhandler, der ville være behjælpelig med at skille cyklen ad og smide den i nogle kasser i passende størrelse, så de kunne komme med toget hjem til Danmark. Modsat DSB ville SJ (Statens Järnvägar) nemlig ikke medtage cykler i hel stand, og forskellige fragtfirmaer skulle have en mindre formue for at lægge lastbil til. Turen op gennem den sydligste del af Sverige forløb stort set problemfri. Kun et enkelt temmelig løst baghjul teede sig på toppen af det højeste punkt syd for Jönköping, men det blev sat fast igen af en noget mistroisk men flink Svensson, der efter at have sikret sig at han nok godt kunne løbe fra mig, gerne ville hjælpe.

På en ualmindelig pragtfuld solskinsdag triller jeg endelig ind over bygrænsen, og er så tæt på jublende stolt og lykkelig, man næsten kan være. De tre forskellige adspurgte om det sidste stykke vej til Södermalm opgiver alle forkerte anvisninger, men at lokale ikke kender nærområdet, er næsten en regel. Derfor følger jeg mavefornemmelsen, der lykkedes at guide over de rigtige broer, og da cykelruteskiltet til Hornstull dukker op ved vejsiden, er det ingen sag at finde Zinkensdam Vandrarhem, hvor jeg tidligere har boet. De lave gule barakker i udkanten af et stort grønt område ligger badet i sol, og ikke et øje er tørt. Det skyldes dog solens stråler, der afprøver refl ekserne i mine briller.

Efter at have levet af havregryn og rugbrød i ti dage er der ikke meget betænkningstid, da jeg om aftenen passerer en kinesisk buffetrestaurant. Senere under dynen på det fællesværelse der kun rummer mig, googler jeg cykelforretninger, og noterer tre steder, da jeg kommer i tanke om, at min kollega muligvis befinder sig i nærheden. Sender derfor en besked afsted med en frejdig tekst, der straks bliver besvaret. "Vi kører hjem i morgen. Skal vi tage din cykel med?" OM???!!! JA DA!!! Hvis jeg ikke kunne sove i forvejen, blev det helt umuligt, ved tanken om det held der lå i forlængelse af en hel fantastisk tur. Min kollega insisterer på, at de lige kører forbi og henter cyklen, og jeg derfor ikke behøver finde ud til noget vand eller en rasteplads.

Vandrerhjemmet ligger for enden af en lang smal vej, der slutter i en mini rundkørsel. Præcis kl. 12 den efterfølgende dag sidder 4 x hr. og fru Svensson samt nogle spansktalende backpackere, og nyder en smørgås ude i vandrerhjemmets forhave, da en stor firehjulstrækker på danske plader med en hjemmelavet trimaran [25] på ladet kommer kørende, og knapt kan komme rundt pga. størrelsen.

Synet er bestemt ikke hverdagskost, så den ene Svensson sidder med åben mund og en gaffel i

---

[25] Som en katamaran bare med 3 "fødder"

hånden, der har glemt, hvor den er på vej hen, mens jeg er ved at trimle om af grin. Tænk, at de har kørt tværs gennem byen med den store båd på slæb for min skyld! Min kollega hopper ud af bilen, hilser kort, tager cyklen i et svuptag, surrer den fast oppe på dækket og siger så, at jeg bare kan hente den, når jeg kommer hjem igen. Der vinkes, da de atter kører videre.

Så mens jeg pludselig har to hele dage til at lege turist i stedet for cykel-adskiller-detektiv, drøner min gamle blå racer-Jensen ned ad E4'eren på ladet af en hjemmebygget trimaran for at lande midlertidigt i Kirke Hyllinge. Har din cykel måske prøvet det? ;)

Rejseramme Fra Kbh. Til Stockholm På Cykel

Juli 2017

DFDS Seaways København - Oslo

Da jeg mødte familien Nielsens søn første gang, var han bare et år. Placeret på gulvet møvede han sig frem, kiggede et øjeblik, og bed mig så eftertrykkeligt i storetåen. Det var kærlighed ved første bid.

Efter 10 år med mange hyggelige besøg i det lille gule hus hvor aktiviteter som jule-turbo-ludo, smovsning af alverdens lækre hjemmebag, hønsehentning, kattekæl og et ihærdigt overbevisningsforsøg fra deres side om at Chapper fra julekalenderen Julestjerner lige ville være noget for mig, blev jeg inviteret med på årets sommerferie, der skulle gå til Norge og Sverige. På det tidspunkt boede jeg i København Nordvest, så vi havde aftalt at mødes inde ved DFDS færgeterminal ved Nordhavn, hvor de for en kort stund ville sænke farten, så jeg kunne hoppe ind i bilen, inden vi trillede ombord på Oslobåden. Da en af hovedbegivenhederne inkluderede fiskegrej i større mængder, og vi desuden ville være sikre på ikke at gå ned på udstyr generelt, var bilen så tæt pakket, at vi nær aldrig var kommet ud igen, efter jeg havde mast mig ind.

Kahytten ombord var som kahytter er flest, nemlig en rungende slidt plysdækket plasticversion af et trangt mini hotelværelse med 4 senge, hvoraf de to øverste er sammenklappelige, og skal spændes fast til væggen under ikke-sove-tider, hvis man ellers tør sidde i de nedre køjer med overhængende risiko for, at de øvre vælter ned i skallen på en ved første skvulp op gennem Øresund. Da vi alle fire er store madører, glædede vi os usigelig meget til at gå ombord i både aften- og morgenbuffeten. Skalrejerne var en udkogt skuffelse, men mætte af de mange øvrige retter blev vi, flere i en sådan grad at man bare ville ønske, at kroppen var udstyret med en automatisk kontrol-knap, der ville selv-udløse i anstændig tid, inden der var fare for gensyn med det indtagne. Helt så galt gik det dog ikke, men at der blev taget fra, kunne vi vist ikke på hverken den ene eller anden måde løbe fra.

Bøvs...!

En relativ rolig aften og nat på vandet havde på magisk vis givet fornyet appetit dagen derpå, og vi indfandt os ved et strategisk godt placeret bord med udsigt over indsejlingen til den norske hovedstad. Under indtagelse af juice og scrambled æg fortæller jeg om de asiatere, jeg spottede under en tur med Finlandsfærgen året før, der helt uhæmmet havde fyldt deres termokander og tasker med et større lager af forplejning, da far Nielsen i en bisætning siger, at han vil tage to smørpakker med, så vi har smørelse til frokosten, der ligger godt gemt på nederste dæk i en køletaske. En gang imellem udvikler ting sig ganske uforudsigeligt, så da mor Nielsen forarget udbryder, at DET gør man altså BARE ikke, blev det startskuddet til en temmelig fjollet morgen.

"Se hvad jeg har gemt i lommen", hvisker mini Nielsen, og viser mig to pakker smør, da vi står og overvejer, om der kan klemmes en cocktailpølse mere ned. Jeg fniser, at jeg også har taget to, og ved bordet bliver tyvekosterne, som det jo reelt er, lagt over i mor Nielsens taske uden hendes vidende, da frugt er ved at finde vej til hendes tallerken oppe ved buffeten, efter hun måtte bede en lille japansk mand om forladelse, da hun ved et uheld nær havde fældet ham.

I takt med at Oslo kommer nærmere, undrer hun sig i stigende grad over alle de gange, vi bare kommer tilbage med en vindrue eller lignende på tallerkenen, uvidende om det voksende indhold i hendes taske, hvor Lurpakkerne nu også har fået selskab af Nutella i portionsstørrelse. Da vi endelig skal til at rejse os, er vi tæt på at knække sammen af grin, da hun først kigger undrende ned i tasken, der udover at have taget voldsomt på i vægt også har fået en sjov forstoppet form, og så med et fuldstændig skrækslagent blik i øjnene udbryder "Hvad har I dog gjort?!"

Da det jo ligesom var lidt svært at lægge tingene tilbage uden at blive afsløret, måtte far Nielsen tage tasken, da den rette ejermand proklamerede, at hun under ingen omstændigheder ville bære den, og marcherede derefter lettere rød i ansigtet ud gennem restauranten flere skridt foran os andre. Bag efter fulgte mini Nielsen med en kiwi synligt placeret i hånden, mens han smilede til vagten ved døren. Derefter fulgte jeg med et beklagende og overbærende "børn-altså! blik" på både kiwi og dørmand ligesom for at vise, at jeg jo godt vidste, man ikke tog mad med ud fra restauranten, og bagest kom far Nielsen småfløjtende med mor Nielsens meget volumiøse dametaske hængende halvskævt over skulderen og med en klat syltetøj på T-shirten.

Da døren blev lukket til kahytten, udbrød et mindre kollektivt grineflip, mens mor Nielsen forsøgte at trænge igennem med en tiltrængt opsang. Da der endelig var hul igennem, fik hun også far Nielsen med på banen med formaninger om korrekt opførsel, hvilket dog faldt pladask til gulvet, da han midt i en "læresætning" tømte sin ferietunede bæltetaske, og supplerede bunken fra smørsmuglertasken med ikke så få pakker Lurpak og Nutella og et stort smørret grin.

Vinter 2018/2019
Kørekort

Dagen inden den første teorilektion på køreskolen skulle der lige tankes op med bøger fra det lokale bibliotek. På hylden med ny læsning står en bog med titlen "Spejl, skulder, blink" og efter at have læst bagpå, bliver den scannet og lagt ned i tasken. Forud for første lektion på køreskolen havde jeg deltaget i et obligatorisk 8 timers færdselsrelateret førstehjælpskursus, hvor jeg som en af 12 deltagere havde lært, at unge mænd i alderen 18-24 er farlige, spirituskørsel endnu farligere og at hjertemassage kræver voldsomt meget energi og til tider trykkede ribben, hvorfor der blev serveret både pizza og is undervejs. Siddende i solen udenfor i en pause, mens flere af de andre diskuterer præcis HVOR fulde de havde været aftenen inden, ridser min genoplivningsmakker med en kniv i træbordet, mens de to fyre overfor end ikke overvejer at samle de pizzabakker op, der letter fra bordet, ramler ind i dem, og lander på jorden lige foran deres fødder.

Da tre af deltagerne er ordblinde i svær grad, læser jeg vores opgaver højt, mens de overvejer, hvor hårdt man mon kan losse til dukkerne (citat) "...før de flækker". Havde kursuslederen ikke været både underholdende og no-bullshit-agtig, havde jeg nok forladt stedet uden mit certifikat i hånden, men gudskelov fik hun holdt sammen på alle, og sukkede først højlydt, da vi i fællesskab efter endt undervisning samlede de kuglepenne op, der var kastet gennem lokalet.

Så langt så godt. Da de fleste af mine venner og bekendte tog kørekort, straks de fyldte 18 og jeg i alle årene stædigt og helt afklaret levede efter overbevisningen om ikke at anskaffe et sådant, opstod et dilemma, da min toårige pause fra lærerjobbet som selvudnævnt studerende på SU lakkede mod enden, og de fleste jobannoncer vedrørende fremtidige ønske-turismejob krævede kørekort, for skulle jeg nu stikke to måneder til Korea og få skrevet mit speciale/holde ferie, eller skulle der bides i det sure æble, og arbejdes på at få det lyserøde plastickort hevet i land?

Fornuften sejrede, og 8 tirsdage i rap blev brugt på at lære om forskellen på "at være til ulempe og unødig ulempe", hvad der blot krævede "opmærksomhed modsat fuld opmærksomhed", om børnene på de nok mindst 15 år gamle slides skulle regnes for utilregnelige, eller var gamle nok til at man kunne forvente, de ville blive på fortovet i tilfælde af, at man skulle passere dem i zoner med forskellige lokale fartgrænser.

Teoriundervisningen blev leveret af en mand, der fuldt ud levede op til alle mine fordomme om kørelærere. Det siger muligvis mere om mig end om ham, men hold nu op…! Stort set hver af de første 3-4 gange havde jeg lyst til at forlade stedet, mens jeg overvejede at råbe ad ham sideløbende med skrivning af klagemails til hovedkontoret. Kvalmt selvsmagende, flirtende med de forreste piger og total uforskammet over for de unge mænd der af en eller anden grund havde brug for at få udleveret diverse papirer, mens han stod og docerede oppe ved de slides, vi lige havde brugt 1,5 time på at se på computeren.

Ved mere end et tilfælde måtte de arme unge mennesker næsten løbe ud, for ikke at bryde sammen foran os andre efter at være blevet pillet grundigt ned verbalt. Det var SÅ klamt, og der burde helt klart være klaget, og på samme tid sagde jeg til mig selv, "Hold nu bare mund! Det har jo ikke noget med dig at gøre! Bare se at komme i mål!" mens ubehaget og den dårlige samvittighed over ikke at gribe ind bare voksede.

Under turen til den såkaldte kravlegård blev vi, de tre deltagere, placeret i hver vores lille Hyundai og tildelt en bane hver ude på anlægget. Imens kunne teorilæreren, der i dagens anledning var kørelærer, så stå oppe i kontroltårnet og interval-råbe ad os i radioen, uden vi havde mulighed for at stille spørgsmål eller på anden måde kommunikere tilbage. Beskeder der for eksempel startede med "Så slip da koblingen!" eller "Hvad har du gang i?" uden nogen navns nævnelse, var lidt svære at forholde sig til, da vi alle tre hørte de samme beskeder, og derfor ikke umiddelbart kunne vide, om pågældende besked var adresseret til en selv eller nabobilen.

I informationsmaterialet blev reklameret med, at de benyttede et af Danmarks bedste køreanlæg. Hvis det er tilfældet, har jeg svært ved at forestille mig præcis, hvor slidte de andre er, i hvert fald var de rustpæle vi skulle køre efter mere liggende end stående, de tisgule farver skallet af, og stregerne på banen stort set udviskede, selvom de blev præsenteret som repræsenterende en mur, "OG MAN KØRER JO IKKE OVER EN MUR, VEL?!" Regnen stod ned i stænger, mens vi efter bedste evne forsøgte at løse de opgaver, der blev stillet. "Kør frem, bak, kør slalom, lav forlæns parkering, lav parallel parkering, lav trepunktsvending, accelerer til 40 km/t og LAD SÅ FOR HELVEDE VÆRE MED AT KØRE OVER DE STÆNGER! DU SKAL STOPPE 10 CM FØR! ....10 cm Nete, ved du ikke, hvor meget det er? ....10 cm! ....10! JEG SAGDE TI CENTIMETER!!!!!!!!!!!!!!!!!!"

På det tidspunkt lod jeg regn være regn, steg ud af Hyundai'en, og brølede så af mine lungers fulde kraft, at jeg sgu da godt vidste, hvor meget 10 cm er, men ikke kunne se en skid ud af hverken sidespejl, bakspejl eller nogen af de ting vi skulle køre efter. Da jeg næsten var færdig med at være hysterisk, havde han endelig fået slæbt sin store krop ned på banen, for at hjælpe med at justere det hele ordentligt. "Nå nå... God tone igen du!" sagde han på klingende ø'sk, inden han begav sig tilbage mod tørvejr og kaffe, og i kropssprog konkurrerede med teksten inde i mit hoved, der bare skreg "IDIOT!!!"

Mere heldig var jeg med kørelæreren, der introducerede nye gloser som for eksempel koblingsgris og nulre-zone. At mine ben skulle være tæt på strakt i den kæmpe store VW Touran, var ikke super hensigtsmæssigt, men tanken om at ende med ham fra teori, gjorde udslaget, og mine fødder kæmpede, det bedste de havde lært, for at træde på alle pedalerne på de rigtige tidspunkter, selvom benene rystede voldsomt af overanstrengelse, hver gang vi holdt for rødt. "Er der nogen speciel grund til, at vi skal køre ind i den der helle?" kunne han pædagogisk spørge, tids nok til at jeg ikke torpederede blomsterkummen midt på vejen. "Hvor stærkt må man køre her, Nete?", "Hvad er det nu, det skilt betyder?" og "Jeg ved godt, at 2. gear er Danmarks hyggeligste men…" og andre kommentarer var alle fint indpakkede instrukser, der passede mig noget bedre end at have en med stærkt usympatiske træk og munddiarre i øret. Derfor så jeg frem til køretimerne, selvom hyggesnak på 4 ½ forskellige sprog nok tog lidt for meget fokus, fra det det egentlig drejede sig om nemlig at komme i hus med kørekortet.

Bogen "Spejl, skulder, blik" blev læst sideløbende med undervisningen, og var helt igennem pragtfuld lige bortset fra, at titlen burde indeholde et ekstra spejl. Kunne simpelthen ikke forstå, hvorfor kørelæren gang på gang gentog, at jeg sprang spejlet over, når jeg gjorde mit ypperste, og ovenikøbet havde titlen kørende på repeat inde i hovedet. Først under indledende tur med min nye kørelærer, der skulle tage over pga. personale-omrokering, gik det op for mig, hvad der var galt, da han efter nok syvende gang på ganske kort tid, kiggede på mig, sukkede uendelig dybt og sagde så m e g e t langsomt og næsten bedende "Det hedder SPEJL, SPEJL, SKULDER BLINK!"

Efter den obligatoriske tur på glatbanen hvor underviseren var tæt på et nervesammenbrud, fordi ingen af os 5 deltagere åbenbart var særligt kvikke, og derfor konsekvent kørte mellem de forkerte kegler, valgte forkert indkørsel, eller udførte andre manøvre i forkert rækkefølge, foreslog jeg, at næste gang der skulle males vejledningspæle, ville det nok være en god ide med flere forskellige farver end 8 nuancer af udvisket tisgul. Tænkte, at det uden tvivl ville være gavnligt for både køreelever, deres ører og ikke mindst underviserens blodtryk, hvilket der også blev gjort opmærksom på under evaluering en måneds tid efter.

Men først oprandt den store teoriprøvedag! På teoriundervisning.dk var der blevet terpet godt og grundigt, faktisk så meget, at skulle det ende med flere end de tilladte 5 fejl, ville jeg ikke ane, hvordan det SÅ skulle gribes an. I politiets foyer stod en gruppe elever med deres ældre kørelærer i midten, mens han entusiastisk preppede dem en sidste gang. "Husk nu, at kommer der en motorcykel på et af billederne, skal I ALTID vente med at køre frem", var hans sidste formanende ord.

I det mikroskopiske prøvelokale sad vi ualmindelig tæt, kun adskilt af to afskærmningsplader der fordelte os i 3 rækker af 4. Foran mig sad en meget høj gut, og jeg kunne kun se 1/3 af lærredet. Politimanden fortalte, at det ikke tidligere havde været noget problem, og mente at jeg nok skulle klare det trods begrænset udsyn. "Ellers vil du være den første!" Meget muligt, men da det næppe ville være noget at være stolt af, lovede jeg at beklage mig eftertrykkeligt, hvis det kostede en ommer. Nu kan jeg til tider godt være typen der brokker mig bare for en sikkerheds skyld, og da det viste sig, at hr. betjenten havde ret, kunne jeg tre kvarter senere danse ud fra stationen med kun 2 fejl. Yes!

Fordelene opvejede heldigvis ulemperne ved at skulle skifte både kørelærer og bil kun to køregange inden selve køreprøven. Den lille fikse Peugeot 208 passede perfekt til mine korte ben, men da læreren efter første gang opsummerede alt det, jeg ikke kunne, hvilket åbenbart var temmelig meget, spurgte jeg, om han overhovedet troede, jeg ville bestå den kommende fredag. Pauser kan bruges på mange måder, og i den der fulgte, blev tiden brugt til at formulere svaret "………….så skal du have en rigtig god dag!"

Sidste officielle gang gik jeg hverken i stå, var ikke tilnærmelsesvis tæt på at køre hjorte ned i dyrehaven eller i færd med at udføre andre knapt så hensigtsmæssige manøvrer. Derfor blev mavefornemmelsen fulgt, og jeg sagde pænt nej tak til det generøse tilbud om en sidste lektion inden selve køreprøven, for tænk nu hvis det gik skidt, og den spinkle rest af oparbejdet selvtillid ville ryge fløjten.

Om morgenen mødtes jeg med kørelæreren, der skulle gennemgå de tekniske spørgsmål,

241

motorsagkyndig kunne finde på at spørge om. "Det der er olien, kølervæskebeholdningen kan ses der, der er fire støddæmpere og forlygterne skal falde 1 cm pr. meter, hvilket kan måles på følgende måde...!" Som en anden papegøje havde jeg ordret terpet indholdet på de udleverede ark, så alle informationer kunne leveres i søvne.

Min kinesiske veninde havde været oppe en måned tidligere hos en venlig ældre herre, der til hendes store overraskelse havde ladet hende bestå trods en masse fejl. Fingrene var derfor krydsede i håb om, at samme mand skulle bedømme mig. Men ak... En meget bestemt udseende dame krydsede vejen med et clip board i favnen, så mig an, og foreslog så, at vi straks gik i gang, i det hun efter at have tjekket, at jeg nu også var mig, rakte en stak fedtede grønne laminerede kort frem. "Træk et" sagde hun, og så fik jeg ellers tre tekniske spørgsmål, der heldigvis blev besvaret, uden at nogen klap gik ned, og mørklagde hjernen. "Er det ok, at jeg taler til mig selv undervejs", spurgte jeg, da vi var good to go. "Det er ikke for at lyde uforskammet, men du kan tale, lige så tosset du vil. Jeg er pisse ligeglad", lød svaret.

Min kørelærers sidste ord inden han smuttede ind i venterummet på politistationen, var en bøn om, at jeg huskede at blinke ud, inden vi forlod kantstenen foran politistationen. "Jamen så er jeg klar, og må hellere huske blinklyset, så min arme kørelærer ikke får kaffen galt i halsen. Der blinkes...! Flot husket Nete, så må vi se, om du kan undgå at køre sagesløse folk ned". Hver gang den motorsagkyndige gav ordre om diverse sving, lød det straks fra min side noget i stil med, "svinger til højre, men husker først spejl, spejl, skulder, blink. Ind og lukke kantstenen af. Sååå flot! Ingen cyklister i sigte, det tegner godt, hvor er du bare dygtig! Heldigt der ikke går hjorte rundt i centrum, for det er ufedt at påkøre råvildt... har jeg hørt!"

Efter cirka ti minutter blev jeg med brysk stemme beordret ind til siden, mens hjernen kørte på højtryk for at finde fejl, der kunne være begået. Heldigvis ville hun bare have, at jeg kørte sædet tilbage, da hun mente, jeg var på vej ud ad forruden. Straks faldt pulsen til et sundere niveau.

Efter at have speaket hver en handling i samfulde 30 minutter nåede vi tilbage til politistationen. "Tja... Der fik du lige talt dig til et kørekort.

243

Tillykke!" sagde damen, mens formaninger om ikke at gøre hendes beslutning til skamme blev leveret, mens jeg bare sad og overhovedet ikke kunne fatte, at jeg faktisk havde bestået køreprøven og det i første hug! Døren blev flået op, og over vejen gik det straks i løb for at overbringe den gode nyhed. "Hvor er bilnøglerne, Nete?", var min kørelærers anden sætning efter et overrasket "Tillykke!" og tredje sætning fik jeg ikke hørt til ende, for min første handling som ny bilist havde været at efterlade vognen åben med nøglerne i låsen, hvilket jo ifølge loven bestemt ikke var tilladt.

Ups...!

Juli 2005
Berlin, Fredersdorf

I haven hos min udvekslingsvenindes svigerforældre i en forstad til Berlin, var der dækket op til frokost med alt det bedste, de lokale producenter kunne diske op med. Solen skinnede, og de to ældste mænd gik rundt med hver deres runde struttende mave iført for små slippers og boksershorts, mens de inspicerede blomster og andet, der voksede på grunden kommunikerende på tysk iblandet russiske gloser. Gæsterne, to pensionerede gymnasielærere fra Rusland, var på deres 2-årige genbesøg, så meget skulle fortælles om og vendes, inden vi kunne sætte os til bords og nyde alt det lækre. Efter en tour de force eller måske mere passende, ein Rundfarht i diverse pølse- og postej-lækkerier garneret med kräuter fra egen have, er mætheden ved at indfinde sig, da den russiske dame udbryder "Wir haben das Kaviar vergessen![26]"

Min venindes svigermor stryger fluks ind i køkkenet, der er gemt bag de varmeekskluderende skodder for vinduerne, og kommer tilbage med sådan en rund metaldåse, der måler cirka 20 cm i diameter, og ofte er hjem for en ladning tørre og kedelige Danish Butter Cookies inklusiv et billede på låget af livgarden eller den lille havfrue. I dette tilfælde faktisk begge dele. Manden i huset kigger på den danske gæst, det vil sige mig, og fortæller, at jeg nu vil se noget helt helt specielt. Skal til at fortælle, at de der kager modsat f.eks. kattemad, faktisk indeholder det de lover, og oprindeligt er fra Danmark, da låget bliver lettet, og jeg kigger ned

---

[26] "Vi har glemt kaviaren"

på en sort storperlende masse. "This is Russian gold", siger Jiri den russiske mand, mens han kigger rundt og spørger, hvem der skal smage. "Det skal spises i dag!" fortsætter han. De andre slår sig på maverne, eller indikerer på anden måde, at de simpelthen er for mætte, men da jeg er super nysgerrig, og desuden havde sprunget et par omgange af leberwurst og co. over, tager jeg lidt fra den store dåse, og spreder det ud på et lille stykke brød.

I takt med at de store saltvandssmagende perler springer i min mund, begynder et kor af kærlige overjordiske væsener at spille harpe, mens jeg henført nyder oplevelsen, der danser ballet på mine smagsløg. Da den sidste perle er perlet af, kigger jeg på dåsen, og forsøger at brænde den åben med blikket. Jiri gentager, at indholdet skal spises samme dag, da turen gemt i hans bagage uden kølemulighed i luftrummet mellem Moskva og Berlin Tegel bestemt ikke var optimal.

Da ingen ved bordet ud over mig markerer interesse med hånden, rejser han sig, og vender tilbage fra køkkenet med en spiseske. "This is Kamchatka Kaviar, the finest in the world. It is worth more than 200 euro. You can have it all. But please enjoy! It will be a once in a lifetime experience!" Med disse ord hængende i ørerne gik jeg ellers i gang med at smovse kaviar i en mængde og kvalitet, der selv summeret over resten af livet, umuligt kommer til at overgå kagedåsens indhold. Det var i sandhed en helt unik og sublim oplevelse og muligvis kun en smule traumatisk, hvis man altså var den fisk, der havde fået hapset sine æg!

Januar 2001
Kwanak-Gu Distriktsmesterskaber, Seoul

Min værtsfar og værtsbror var vilde med elektronik, og havde brugt et par timer på at vise mig rundt i et område tæt ved Yongsan Station, hvor stort set alle forretninger enten solgte eller reparerede elektriske apparater af enhver art og kvalitet. Flere af forretningerne var egentlig bare rum af cirka 1 x 2-3 meters længde, hvor ejeren så sad på gangen foran med kurve og kasser stablet i højden fyldt med diverse kabler, skærme, tastaturer, dimser og dutter, mens hårdtarbejdende gulvvifter sørgede for at cirkulere lidt luft rundt i de ellers stillestående gange. I dag ser det noget anderledes ud, da mange af de små steder er afløst af store fancy elektronikvarehuse med tilhørende airconditionanlæg, cafeer og andre hæng-udsteder. Men efter at have fundet den helt rigtige dims til en af husets to computere, skulle vi hjem, så der kunne holdes weekend oven på en arbejdsuge, hvis længde de fleste i Danmark kun kan drømme mareridtsagtigt om.

Undervejs ringer min værtsfars telefon, og der bliver diskuteret ivrigt fra forsædet i den slidte Sonata. Da en mulig version af mit navn bliver nævnt (Niti, Nietche, Nichel, Niiiit), og han med øjnene i bakspejlet spørger "You want pingpong now?", siger han ok til personen i den anden ende, inden jeg når at svare. "My friend play pingpong. You play together ok?" Da vi et kvarter senere kører op foran en slidt tre etagers ejendom tæt ved Seoul National University, står en lille mand inde ved kantstenen, og næsten flår døren op, tager fat i min hånd, og hiver mig ud ad bilen. Han smiler over hele femøren, udveksler et par ord med min værtsfar, og trækker så afsted med mig halsende bagefter. Den lille klokke på døren indtil det der viser sig at være en bordtennisklub bimlebamler, og spillet på alle bordene stopper. Manden smiler stadig, som om jeg var førstepræmien i et bedre varelotteri, og finder et bat med shake-hand fatning[27] til mig. De to der står ved nærmeste bord, bukker let for hinanden, og overlader så pladen til os.

Mindst en dag hver fredag til søndag de næste mange måneder forløber på samme måde. Mr. Han, som manden hedder, kender kun min værtsfar overfladisk fra kirken, men på bordtennisdage ringer telefonen hjemme hos os næsten på klokkeslæt, og min værtsmor overbringer beskeden "Busstop, 10 minutes!" hvorefter jeg med bat og sko i tasken piler ned ad trappen og over vejen, hvor Mr. Han efter at have ventet maksimalt halvandet minut på en bus mister tålmodigheden, og prajer en taxa, der så kører os de cirka 15 minutter til klubben.

De fleste batsvingere på min alder dyrker sport på universitetet i forbindelse med deres studie, hvis de ellers har tid, så medlemmerne i klubben er en del ældre for ikke at sige meget ældre. Derfor gik der ikke lang tid, før jeg havde ikke så få ekstra forældrepar, der alle næsten konkurrerede om at spille med og invitere "udvekslingsstudenten fra Holland" på middag.

---

[27] Bat til europæisk spillestil modsat penfat, hvor man ofte kun bruger den ene side

249

Hvorfor præcis de i alle årene der fulgte, insisterede på at jeg var fra Holland, vides ikke, men pyt, "Denmark, Nederland, same same but different!" Vi har trods alt også både vindmøller, træsko og tulipaner, og naboen hjemme på kollegiet røg bestemt ikke Grøn Look.

Niveau og spillestil gjorde, at jeg sjældent fik lange pauser på bænken, for alle ville gerne prøve kræfter med hende?/ham? den nye, der skilte sig ikke så lidt ud ved noget så crazy (...) som to forskelligfarvede snørebånd, knyttet næve og tjuråb på ekstra gode bolde. En ret markant kontrast til de lokale mere afdæmpede og korrekte +40'ere. Fra at være den hjemme ingen rigtig gad spille med pga. lidt atypisk spillestil, føltes det fantastisk pludselig at være midtpunkt, og da der blev hængt en plakat op med mulighed for at deltage i "Syd for Han floden Distriks mesterskaber", tog det ikke Mr. Han lang tid, at overbevise mig om både at skulle spille single og double i den næstbedste række.

På kampdagen drog en delegation på nok 15 deltagere afsted mod mesterskabshallen med ikke så få flamingokasser fordelt i taxaernes bagagerum. Indenfor blev der spillet på livet løs, og da prik/defensiv så ud til at være et ukendt begreb, fløj boldene over nettet i voldsomt tempo. Allerede under opvarmning kom en fra stævneledelsen og bekendtgjorde, at jeg blev rykket op i den bedste række, da de havde fået en klage fra en spiller, der havde argumenteret godt nok til, at der blev gjort plads i den såkaldte il-bu, 1. klasse. Efter en knapt så velspillet indledende kamp i puljen, der dog endte med en sejr, blev anden kamp afbrudt ved første sidebytte, og samtlige spiller blev bedt om at tage plads på gulvet, fordi præsidenten for det lokale bordtennisforbund skulle holde tale.

Korea er et samfund, hvor alder og rang vejer tungere end det meste, så alle sad helt musestille, under det der viste sig at være en slags åbningsceremoni-skråstreg-årsberetning. Smart at holde den når alle borde var i gang, for så var man da sikker på spillernes fulde opmærksomhed, og så skidt pyt med at gulvet var januar-isnende koldt, og der lød en faretruende knagen og knækken fra radbrækkede lemmer, da vi efter kun 25 minutter, atter kunne rejse os og (forsøge at) spille videre, som om intet var hændt.

Under sidste puljekamp sad klubbens øvrige medlemmer oppe på lægterne foran vores store

251

banner, og gik ombord i indholdet af flamingokasserne. Mindre bjerge af koreanske sushistænger aka kimbab, dampkogte riskager i alle regnbuens farver, nuddelretter, kødretter, kage, diverse snacks, flere forskellige slags frugt og gudhjælpemig også en 10-liters beholder med suppe, medvirkede til at ingen gik ned på energimangel, mens de overværede, hvordan jeg fik store stryg af en kvinde midt i tyverne, jeg ikke havde set før, selvom vi umiddelbart havde identiske klubtrøjer på. Videre som to'er gav en plads i kvarten, og efter en udramatisk semifinale skulle jeg nu møde min overmand fra puljen i finalen.

Når koreanere gør noget, gør de det grundigt, så da klubkammeraterne havde støvsuget indholdet af alle kasserne og fået tygget af munden, var de klar til at kaste deres fulde opmærksomhed på finalen. En gang imellem sker noget uforklarligt, og mit niveau under den følgende kamp tangerede den kategori. Fra at have spillet låst, usikkert og mest af alt mindet om en ultra kikset desperado i et skydetelt, sad alle kendte slag hvor de skulle, og da der pludselig også kunne åbnes sikkert med baghånden, flippes og følges op med et giftigt forhåndsslag, havde min modstander,

der faktisk stadig spillede godt og sikkert alligevel ikke en chance i helvede.

Nede ved bordet var det som at befinde sig i en boble, der sørgede for, at jeg tørskoet kunne sidesteppe rundt på vandet til en jublende lydkulisse, der var en større og langt mere interessant begivenhed værdig, og da kampen blev afgjort på mit signatur-forhåndssmadderslag, følte jeg mig som en verdensstjerne, da stort set alle i hele hallen heppede på mig. Min modstander havde tårer i øjnene, da vi sagde tak for kampen, men først efter at have modtaget præmier nok til en hel omgang banko til helt fantastiske klapsalver, gik det op for mig, at vi faktisk *var* fra samme klub, da hun på vej ned fra præmieoverrækkelse på scenen helt grædefærdig sagde, "My club friends and team cheer only for you! Why?" Så midt i glæden over en af de fedeste oplevelser i mit liv, gnavede en virkelig ubehagelig følelse i maven.

Da det blev doubletid, kom hun hen og sagde undskyld. Ikke at hun havde noget at undskylde overhovedet, snarere tværtom, men det lettede alligevel lidt på den dårlige samvittighed. Det var trods alt hendes klub, og jeg var bare et 9 måneders cirkus på gennemrejse.

Min doublemakker ved eftermiddagens turneringsstart var en meget slank dame først i halvtredserne med et godt benarbejde og en effektiv baghånd. Midt i en længere duel gør jeg klar til et smash, men tilbagetrækket af armen forløber lidt mærkeligt, og jeg rammer ved siden af bolden. Vi vinder rækken, men hun fejrer det med at gå direkte hen og lægge sig på en af bænkene, hvor hun tager sig til hovedet. Da jeg spørger, hvad der er galt, smiler hun bare, og siger "NOTHING!"

Inden dagen slutter helt, følger Mr. Han mig op på 1. salen hjemme, hvor værtsfar venter med te og frugt, der nydes, mens vi kigger på al det, jeg har vundet. Hidtil var min mærkeligste præmie i en seniorrække et bonsaitræ, 2 par sokker i str. 48 og en CD med Tangokat ved et stævne i Holstebro, hvor træet blev foræret væk til en hjemløs på Odense Banegård, men høsten denne dag var nu også speciel. For ud over en 30 cm høj pokal med ører lukket inde i en gennemsigtigt plasticmontre havde jeg også vundet tre ensfarvede håndklæder, en æske med 5 guldfarvede kagegafler, tre par lyserøde sokletter, to lommetørklæder med turneringsmonogram, 4 ualmindeligt grimme tekopper og et lille brunt skakternet tebord til at stå på gulvet.

"WHYYY Mr. Han like you so much?" spurgte min værtsfar, da vi atter var alene. Et spørgsmål der blev gentaget ved hvert eneste besøg de følgende mange år. For når jeg knapt havde fået pakket ud på ankomstdagen, ringede han på døren, og medbragte ved mere end en enkelt lejlighed en hel skinnende lagkage, der kun blev overgået i stråleglans af hans medfølgende velkomstsmil. Svaret kender jeg ikke, men når man tager i betragtning, at ældre koreanere stort set kun omgås jævnaldrende og socialt ligestillede, og han desuden havde tre døtre, en søn og en sød kone hjemme, var min fars spørgsmål ikke helt malplaceret. Et er dog sikkert; nogen gange er sport fælles sprog nok til at skabe langvarige venskaber, selvom man kun verbalt deler maksimalt 100 ord.

En lille måneds tid senere bimlebamler bordtennisklubbens dørklokke, og min doublemakker kommer ind. Inden jeg når at sige hej, peger jeg helt forfærdet på hendes pande, hvor en bule på størrelse med et halvt æg sidder placeret lige i midten. Folk stimler sammen, og kigger på forhøjningen, peger på mig og opfører

255

noget, der minder om miniteater, uden jeg dog fatter pointen. Først da ham jeg kalder Mr. Wonderful, der omtaler sig selv som "verdens næst-dejligste mand", kommer højlydt ind ad døren, får jeg forklaret på et sprog, jeg faktisk forstår, at bulen er mit værk og stammer fra distriktsmesterskaberne. "You hit her in the head. With your racket. HARD!" Jeg var stensikker på, at han tog fejl. Mindst lige så meget som da han under den middag, han insisterede på at give for 14. gang, og jeg endelig var løbet tør for afvisningsgrunde, tørt konstaterede, at jeg ville ende med at gifte mig med ham. For at citere en tidligere holdkammerat; "YEAH RIGHT!".

Det lidt morsomme var dog, at han både havde og fik ret. I begge dele...!

Oktober 2016
Jeju Island, Korea

Min kollega havde været vild med K-POP i flere år, og de seneste mange måneder havde interessen også spredt sig til K-dramas og TV-shows som f.eks. det ultra populære Running Man, hvor udlændinge skulle prøve kræfter med primært (u)mulige og underholdende udfordringer sammen med kendte koreanere rundt på den koreanske halvø. Et program jeg kun kendte til eksistensen af, fordi deres logo var på over halvdelen af de T-shirts, jeg havde købt under sidste rejse, men altså var højaktuel underholdning for min rejsemakker. Således vidste hun mindst 30000% mere om emnet end mig, og havde endda lært sig selv det koreanske alfabet Hangul. Hjemme i sofaen havde hun gentaget stort set alt, der blev sagt på skærmen som en anden papegøje, hvilket vi efter nogle temmelig mærkelige blikke, ret hurtigt blev enige om, ikke førte noget godt med sig "live" i Seoul, hvor vi tilbragte efterårsferien + 6. ferieuge.

Inden turen gik hjem til Danmark, skulle vi opleve Koreas svar på Hawaii, den sydligst beliggende ø med Halla-san, en tidligere vulkan der nu udgør hovedattraktionen på øen. Med et proppet discountfly fra den gamle Gimpo Airport, der døgnet rundt næsten udelukkende sender fly i en nonstop strøm til netop Jeju Island, forlader vi lufthavnsbygningen sammen med mange folk på bryllupsrejse, selskaber bestående af bjerggear-klædte grupper i pensionsalderen og forretningsrejsende i fancy jakkesæt med dresserede hardcase rullekufferter.

Google maps har foreslået en lokalbus til vores hostel, så vi står i silende regn under et alt for kort halvtag, og venter på vores lift. Da bussen ankommer, er vi mange der skal med, men den seddel min veninde holder frem mod chaufføren, bliver vrisset væk med et "Gå ind og veksl!" "Jeg betaler for to" siger jeg, og famler vildt efter nogle småpenge, der har forputtet sig i min lomme. Folk bagved mister tålmodigheden, og maser sig ind, og det er svært at holde balancen med henholdsvis 17 kg på ryggen og 8 kilo foran. Da sedlerne endelig er placeret i betalingsbøtten, knalder chaufføren speederen i bund, og ved eneste ledige sæde ved midtergangen, vælter jeg baglæns ind, så min grønne Prince ketcherbag lander oven på manden ved vinduet med mig øverst. For at afværge et velfortjent møgfald mens han forsøger at rette sig ud og tørre regnvand væk fra hoved og tøj, siger jeg straks "So so sorry!!!" og hans ansigtsudtryk skifter øjeblikkeligt fra planer om overlagt mord til overraskelse. "You foreign?" vil han gerne vide, og ja, det er vist sådan det er.

Hans engelske rækker ikke langt, men ved hjælp af en oversættelses app og body-konglish[28], ved

---

[28] Blanding af koreansk, engelsk og kropssprog

jeg, at han er på forretningsrejse, og bor i Seoul. Offentlig transport plejer han at undgå, men da køen ved taxaholdepladsen var uendelig lang, og der ingen taxaer var i sigte, besluttede han sig for at kaste sig ud i et sjældent buseventyr, som han sidst havde gjort det 20 år tidligere. Begejstringen over at tale med en waeguk (fremmed) lyser ud af ham, og selvom klokken har passeret 21, insisterer han på, at vi udveksler kontaktoplysninger, fordi han gerne vil byde på middag. Når folk virker for entusiastiske, kan jeg godt blive lidt mistænksom, men selvom jeg overvejer at bytte om på cifrene i mit telefonnummer, får han alligevel den rigtige version.

Helt uden problemer lykkedes det min makker og jeg at stå af det forkerte sted, da det var umuligt at høre informationen i højttaleren, der bare skrat-skratterattede, men ham jeg havde mast eftertrykkeligt med tasken, skulle åbenbart af ved samme stop, og tjekker vejen til vores overnatningssted på telefonen, da vi står i regnen, og ser lettere rundforvirrede ud. Ved hoveddøren til "Yellow Hostel" vinker han farvel, og råber "See you later." Efter at have forklaret hvordan den forbindelse blev skabt, og konkluderet hvordan den ender netop der, synes min makker alligevel, at vi skal takke ja, da han ringer et kvarter senere. Det-er-langt-over-min-sengetid-forklaringen havde ikke den store effekt, og jeg tabte på point, da hun trak vær-nu-ikke-så-kedelig-kortet.

Klokken 23 sidder vi så på en bar med en himmel henrykt ulastelig klædt koreansk mand i slut fyrrene, der insisterer på valgfri drinks ad libitum til den medfølgende steakmiddag. Ikke dårligt taget i betragtning af, at han lige så godt kunne have skældt mig hæder og ære fra, da han ufrivilligt blev næsten-knock outet af et styk drivvåd dansk turist med fuld oppakning.

Som en 50-50 bonus smilede han stolt efter gentlemanagtigt (i hvert fald på de kanter?), ivrigt og uopfordret at tage steaksne fra de tre tallerkner og skære dem samt al garnituren i tilnærmelsesvis mundrette bidder, inden vi selv fik tag i bestikket. Efter et blik på appen slår han ud med armene, og siger "Fork and knife. Very difficult!", hvor efter han spidder et stykke kød på gaflen, og holder det frem mod os. What's not to like?!

Rejseramme Fra Jeju Island (Tokyo og Korea)

Oktober 2001

63 Building, Seoul

Det er ikke hver dag man får mulighed for at gå rundt mellem en katolsk fader og søster i fuldt "Halløj i klostret - ornat", for at spise pizza i et af datidens højeste asiatiske bygninger, nemlig 63 Building ved Yeoido tæt på det koreanske parlament, der udefra godt kunne minde lidt om den tyske Bundestag i Berlin med sådan en halvkuppel placeret midt i tagkonstruktionen. Ikke desto mindre var det et af de mindeværdige højdepunkter under mit 9 måneder lange udvekslingsophold i start nullerne. For god ordens skyld skal det nævnes, at det var dem, der var "klædt ud", og mig der ved granskning af et foto fra hin dag var iklædt fire nuancer af mørkegrøn, en sandfarvet lidt for lang skjorte uden ærmer og et temmelig skævt og velnæret smil.

Ekskursionsaftalen var kommet i stand, fordi præsten under et besøg hjemme i stuen, hvor det med garanti ikke var altervin, der skvulpede i krusene, havde spurgt hvad jeg godt kunne lide at spise. Da det var under min første og eneste hvis-jeg-skal-spise-en-eneste-skål-ris-til-så-ørler-jeg-periode, lød svaret omgående; PIZZA! Da selskabet senere på aftenen forlod lejligheden, havde den lokale kirkes midtpunkt lovet mig en bytur, hvor der naturligvis skulle indtages... pizza!

Fra da af blev han kort og godt omtalt father-pizza, og efter flere påmindelser om ikke at løbe fra sit løfte havde han en lørdag inviteret mig med ud til nogle af hans kirkeprojekter med efterfølgende spisning og selskab af en ægte kirkesøster. Mens den store firehjulstrækker varmede op i garagen under kirkens kælder, glædede jeg mig til at se kirkesøsterens "new chicken", hun stolt fortalte, var flyttet ind i tjenesteboligen. Forsigtigt blev døren åbnet, så den ikke løb ud, men da jeg nåede helt ind i stuen, og stadig ikke havde set skyggen af småplysset fugl, gik jeg ud i køkkenet, hvor søsteren stod og så (hø hø) pave stolt ud, mens hun slog ud med armene. "You like?" spurgte hun, mens jeg koncentreret kiggede både oppe og nede for at få øje på fuglen. Til sidst måtte jeg melde fortabt, og sagde "I don't see". Med fremstrakte arme pegede hun rundt på de nye skabselementer og komfuret, og sagde "THIS is my new chicken!".

På plads på forsædet mellem fader og søster har vi så småt grinet færdig over ordforvirringen, og kører nu mod en adresse, hvor beboerne efter sigende har "soul in their bodies". Hvordan det fungerer på katolsk, er jeg spændt på at opleve, men de kvinder der sidder rundt på må og få i det lille lokale med vandskadede vægge, ser ikke specielt opløftede ud. Snarere tvært imod.

Fader småsnakker lidt, konstaterer at varmeapparatet er defekt, og foretager et opkald, inden vi siger pænt farvel, og returnerer til bilen. "What do you think?" spørger præsten, og ser spændt på mig, der absolut intet har fattet. "Why they have soul in their bodies?" lyder mit 10.000 kr. spørgsmål. "Sex for money"-svaret giver ikke umiddelbart mening, før tiøren falder. Der er simpelthen ikke tale om kvinder med "soul in their bodies", men ditto der har "sold their bodies".

Med den information på plads kører vi afsted for at spise runde italienske delikatesser i en poppet amerikansk version, mens ikke så få stirrer på det lidt aparte trekløver, der midt mellem alle spillemaskinerne og mærkevareforretningerne i den fancy mall, der også huser et akvarie, mest af alt ligner noget fra "Halløj i Klostret with friend".

Amen!

September 2008
Koreansk Sekt, Seoul

I en berømt tegneserie, der formidler viden om Koreas samfund, kultur og historie, gør forfatteren sig den overvejelse, at hvis alt lys over den koreanske halvø blev slukket, på nær det der lyste de neon-kors op, der vejrer øverst på landets kirker, og aliens netop ankommer pr. rumskib i samme øjeblik, så ville de nok tro, at de havde kastet anker midt på en gigantisk kirkegård. Det lyder jo umiddelbart trods lyset, pænt sort, men faktum er, at der næppe noget sted i verden findes SÅ mange kirker og trossamfund, der uanset antallet af tilhængere har brugt SÅ mange penge på at konkurrere med størrelsen på nabokirkens neon-kors.

I bogen oplyses desuden, at det er meget almindeligt, at en husholdning nemt kan bestå af en for eksempel kristen mor, buddhistisk far, katolsk datter og ateistisk søn uden at det forstyrrer roen, når aftensmaden indtages i fællesskab om søndagen. Derfor er det nok ikke helt galt at antage, at religion anses som en personlig ting, man ikke har brug for at skilte med og pådutte andre. Og så alligevel ikke.

265

På gaderne rundt i byen kan man ofte støde på prædikanter af forskellige slags ofte med store skilte monteret både for og bag akkompagneret af religiøse slagsætninger, der strømmer ud af højttalere i virkelig dårlig kvalitet stående på ombyggede rullekuffertstativer. Er man så heldig, at passere en bygning hvor indgangspartiet er dækket af farvestrålende balloner, silkebånd og andet gøgl, kan det være svært at afgøre, om man er havnet i åbningsceremonien hos en køleskabs- eller kaffebarskæde, eller faktisk passerer en religiøs hvervekampagne.

Mine værtsforældres venner havde en datter på min alder, der underviste i engelsk. Grammatikken kunne hun til fingerspidserne. Til gengæld kneb det gevaldigt med "free talk", hvorfor vi af og til tilbragte nogle eftermiddage og aftener sammen under mit udvekslingsophold for at tale om forskellige emner, der kunne forbedre hendes mundtlige færdigheder, hvilket igen kunne være gavnligt for hendes videre muligheder som engelsktutor for middle school studerende.

Efter nogle måneder begynder hun at melde afbud til alle vores aftaler, og én dag vi ellers skulle i biografen, slår hun beklagende ud med armene, og siger, at hun bliver nød til at tage ind på uni. Oppe fra vinduet ser jeg, at hun tager bussen i stik modsatte retning, og jeg fornemmer, at noget ikke er helt, som det skal. Adspurgt svarer min værtsfar, at hendes forældre har fortalt, at hun er kommet i kløerne på en koreansk sekt, der er kendt for at hjernevaske folk. Under den resterende tid af mit ophold, ser vi kun hinanden få gange, men der er hun glad, og helt som hun plejer. Dog glider hun totalt af på alle spørgsmål, der forsøger at kaste det mindste lys over hendes hemmelige liv.

Syv år senere har jeg taget 4 måneders orlov fra mit arbejde for at studere et enkelt semester koreansk sprog på Korea National University, mens jeg bor hos to af mine tre biologiske søstre i deres lejlighed få blokke fra vores biologiske forældre. Under et besøg hos mine værtsforældre spørger jeg til deres venners datter, og min værtsmor synes, jeg skal forsøge at ringe til hende, selvom vi ikke har talt sammen i de mellemliggende år.

Efter en ret kort samtale har vi aftalt, at jeg skal komme hen til hendes work place, der viser sig at være synonym for den kirke, hvor hun bor, og på det tidspunkt har boet i flere år. Gensynsglæden virker reel nok, men jeg bliver lidt ærgerlig, da hun siger, hun hellere vil spise hjemme end på den restaurant, hun fortalte meget levende om i telefonen. Men pyt. Et par gader væk fra undergrundsstationen låser hun en dør op, og vi sætter skoene midt i den sko-krig, der udspiller sig på gulvet hvor slippers, ballerinaer, højhælede og udtrådte kondisko ligger i en uskøn rodet bunke.

Gulvet er klistret og dækket af sjusket pålagt trælaminatklisterdække, og tre steder sidder henholdsvis en mand og to kvinder på gulvet, og stirrer tranceagtigt ud i luften. Den første advarselssommerfugl har allerede rørt let på sig i maven, for personerne ænser slet ikke, at vi er der, selvom jeg nær havde snublet over den ene. Et barn, der ikke på nogen måde kan betegnes som rent hverken i tøjet eller på fødder og hænder, kommer løbende, og klamrer sig til min venindes ben. Hun stryger det over håret, og overrækker sin telefon, hvorefter barnet straks går i gang med et eller andet spil. "Kids!" siger hun.

Selvom jeg er glubende sulten, arbejder hjernen på højtryk, da hun åbner den store riskoger, der viser sig at indeholde klumper af let slimet grå ris med sorte bønner. Min forklaring om hvorfor jeg hellere vil have nudler, bliver heldigvis købt, og jeg er taknemmelig over, at de skal laves i kogende vand, da chancen for at de rester, der sidder i kasserollen, bliver slået ihjel af varmen. Vi spiser i tavshed, der bliver brudt, da et par damer i fyrrene kommer hjem med to børn på cirka 7 år. De hilser, og virker meget interesserede i dagens gæst, der smiler det bedste hun har lært, selvom der kæmpes med at holde det indtagne nede i maven.

"Tea?" Jeg svarer med et nik. Min veninde rejser sig, og hvisker, vi kan gå ovenpå for at få lidt fred. En smal trappe fører op til et plateau med flere døre. Hun låser den ene op, hvilket i sig selv virker lidt mærkeligt, for hvorfor kan alle husets beboere ikke bare færdes, som de vil? Det rum vi kommer ind i, er helt tomt bortset fra et stort skab, hvorfra hun henter et te-bord, som placeres midt på gulvet. Hun peger, og jeg sætter mig ned. Da hun forlader rummet for at hente teen, klikker døren, og jeg opdager, at der faktisk ikke er noget håndtag på indersiden. Så selvom jeg ville, kunne jeg ikke komme ud. Mit hjerte begynder at banke lidt hurtigere, og bedre går det ikke, da jeg henne ved de store vinduer med trippelruder opdager, at de ikke kan åbnes. Instinktivt banker jeg afprøvende på glasset, og råber hallo, men begge lyde bliver til afdæmpede versioner af real-lydene.

Panikken er på vej og suppleres af koldsved, da der er gået mere end 45 minutter siden, min veninde gik ned efter te, og da nøglen endelig sættes i låsen, flyver jeg op. "Something wrong?" spørger hun, men mens mit svar kunne have lydt pænt desperat, smiler jeg bare og siger "no no. Nice view!". Ud over to kopper te ligger der en blok og en pen på bakken. Vi sidder over for hinanden, og stilheden føles en smule akavet. Efter en slurk te eller tre slår hun forsiden om på blokken, og tegner et isbjerg. "Nitae... Are you happy?" spørger hun, og ser meget indtrængende på mig. "SUPER HAPPY!" svarer jeg lidt for hurtigt, men det svar godtager hun ikke. "Everybody think they are happy, but...!" Her efter bruger hun isbjerget til at illustrere, at det vi almindelige dødelige anser for total lykke, kun svarer til den berømte top af isbjerget, hvor den sande dybe lykke kun kan opnås gennem... godt gættet! ...at blive ikke bare religiøs men medlem af hendes trosretning.

Da teen er drukket, kommer jeg helt tilfældigt i tanke om, at jeg har glemt en bordtennisaftale.

Ganske vist med en der ikke ved, vi har en aftale, men jeg skal bare ud og det i en fart! Da hun ved, jeg er et madøre, foreslår hun, at vi sammen skal lave et ritual til ære for vores forfædre, hvor man åbenbart ifører sig nationaldragten "hanbok", og bukker foran det alter, man har pyntet med alle ens livretter. "We cook all your favorite foods! What you say?" De to første afslag godtog hun ganske enkelt ikke, og var allerede i gang med at skrive yndlingsretter og ingredienser op på isbjergblokken. Først da jeg rejser mig, skifter hun taktik, og siger, at jeg bare kan komme tilbage efter bold. Aftalen bliver, lige bortset fra at den 100% aldrig ville blive til noget, at jeg skulle komme tilbage om lørdagen, hvor vi rigtigt skulle have "such a nice time!" der endda kunne afsluttes med choko pies[29]!

Nede i stuen er der nu 6-8 voksne. De fleste sidder alene, som de gjorde da vi kom ind, og resten small talk'er på en mærkelig zombieagtig måde. På det tidspunkt kan jeg bare ikke komme hurtigt nok ud, så efter af have konfirmeret vores aftale, småsnubler jeg ud ad døren med fødderne kun halvvejs nede i skoene. Hjertet hamrer, mens hjernen forsøger at analysere, hvad de sidste

---

[29] Min koreanske favorit snack

timer har budt på, og hjemme hos mine søstre vælter oplevelsen ud på bedste gebrokne vis, allerede inden jeg har fået overtøjet af. Da jeg fortæller om den ceremoni, jeg fik talt mig ud af, spørger de til det sted jeg har været, og deres bekymring bliver afløst af skræk. Min mellemste søster råber, mens hun hiver i min arm, at jeg aldrig må gå der hen igen, og fortæller om en film, der netop handler om den situation i præcis den sekt, hvor en pige inviterer sin veninde, lokker med lækker mad, udfører ritualet og begge findes døde dagen efter............ Om jeg reelt havde været i fare, ved jeg ikke. Men en ting er sikkert. Jeg har ikke tænkt mig at genoptage besøget, for at finde ud af det!

Her små 17 år senere bor, og arbejder hun stadig hos den religiøse sekt, der så vidt jeg ved, får alt hvad kun kunne have af indtægt fra diverse småjobs. Således er hun ualmindelig meget på skideren, hvis hun på et tidspunkt bryder med dem. Jeg har ikke set hende siden omtalte dag, men ved at hendes forældre er dybt ulykkelige over hele situationen, men intet kan stille op. Hjernevask er en uhyggelig ting. Specielt for dem, der ufrivilligt er tvunget til at se på.

Oktober 2016
Villa d'este, Rom

Min ældste veninde målt på tiden vi har kendt hinanden, er vild med Rom og spremuta d'arancia[30]. Vores venskab startede tilbage i 10. klasse, hvor hun kom fra landsbyskolen, hvor man ikke kunne købe frikadellesandwich i hverken ti- eller tolv pausen, så da hun en af de første dage efterlyste en der ville med ned og se på udvalget i kantinen, hvilket er lidt meget at kalde et hul i væggen med en småsludrende dame bagved, meldte jeg mig til at gå med, og gået har vi så hver eneste gang, vi har tilbragt tid sammen siden. Både gennem de tre år hun valgte gymnasiet og jeg HF, og videre da vi blev naboer i Verdenshjørnehus på kollegiet over for Holbæk Seminarium. Faktisk var planen, at starte læreruddannelse i Silkeborg når jeg kom hjem fra udveksling i Korea, men da hun lovede, at skaffe plads på gangen ved siden af eget værelse samt at dumpe et af de afsluttende fag så vi kunne dimittere sammen, ja så endte vi dør om dør.

På vores gang boede blandt andet en spændstig piercet fan af Jackass og Discovery Channel,

---

[30] Friskpresset appelsinjuice på italiensk

273

hvorfor omtalte person en dag skulle afprøve en appelsinkanon lavet af blandt andet et stykke nedløbsrør tilsat hårlak. Målet blev det højlandskvæg, der græssede over på den anden side af vejen, og om det skyldtes graden af forskrækkelse, eller at det faktisk gjorde ondt på dyret med det lange pandehår, ved jeg ikke, men muh-lyden der forlod den, var en god blanding af overraskelse og (gætter jeg på) ko-smerte. Senere på året gemte han sig for politiet oppe i juletræet nede i gågaden, da han og nogle kammerater havde afprøvet forskellige Jackass tricks, der blandt andet inkluderede indkøbsvogne, trælægter og en stejl trappe. Der lå grannåle på gangen flere uger efter.

En anden af mange på gennemfart i Verdenshjørnehus var en semi-høj, pænt omfangsrig og usoigneret fyr, der lige var flyttet fra mors kødgryder. Lykkeligt nok bestod inventaret i fælleskøkkenet af indtil flere ditto, og mange aftener når man gik ud i køkkenet for at kokkerere, kunne man finde ham siddende midt i fællessofaen med en 5 liters gryde på skødet, mens han var i gang med at fortære et helt kilo hvid discount spaghetti tilsat store mængder ketchup til et afsnit af tv-serien Friends.

Opvask var bestemt ikke hans stærke side, men med sporene af rester i gryden, var det let at spotte hvem synderen var, når vasken var fyldt med rød-hvid-pasta-tomat-snaskede gryder. På et tidspunkt fik han en legekammerat, der lige var kommet ind med fire-færgen fra en større dansk ø, men efter kun få måneder hvor han formåede at irritere alle, lykkedes det ham også at gøre en pige gravid. Sladderen ville næsten ingen ende tage, men de der oddsede på at forholdet til barnets mor ville ende i en katastrofe, indkasserede ikke andet end en lang næse. Fra nul komma fem skiftede han fra helt utålelig drengerøv til FAR!

Nå... Det var lige en omvej, men alle veje fører jo som bekendt til Rom, og der landede vi med Alitalia på en flot og klar efterårsdag. Efter at have travet to dage i træk og jeg havde tabt mit hjerte eftertrykkeligt til en 12.000 kroners fake-får-tv-skammel i en lækker men pænt snobbet designforretning, besluttede vi at tage ud og se Villa d'este i byen Tivoli en times tid med tog uden for Rom. Det vil sige, hvis det regner, som det gjorde den dag, skal man kalkulere med lidt forsinkelser. Lidt, i den her beretning, beløb sig til 3,5 time, og da vi steg ud på stationen, trådte vi ned i en mindre flod dyb nok til, at vores sko blev dækkede af vand. Himlen var kulsort, og fra at have regnet tæt, væltede det våde element ned i mængder, jeg ikke har oplevet før. Selvom stationsbygningen lå mindre end 10 meter væk fra perronen, kunne den kun skimtes svagt gennem tove af regnstråler, da vi endelig besluttede os for at søge ly andre steder end på den halvt overdækkede platform.

Inde på stationscafeen meddeler min veninde, samtidig med at vilde tordenbrag og skræmmende lyn får jorden til at ryste og lyse himlen op i et voldsomt inferno, at hun altså ikke skal mere ud, men gerne venter på, at jeg har set formålet med turen; nemlig den UNESCO certificerede Villa d'este, der på billeder så ud til at være et helt fantastisk og ubeskriveligt smukt sted. Præcis hvor vidunderligt der er i pishamrende regn, beslutter jeg mig for at undersøge, men med udsigten til at sidde mindst halvanden time retur til Rom i gennemblødt tøj, skal der tænkes lidt alternative tørre tanker. Resultatet bliver, at T-shirt og bukser efterlades i en taske under et bord, mens min veninde drikker varm chokolade, og holder øje med tiden, mens jeg i zigzag mellem regndråber, lyn og torden, kun iført trusser, rød regnfrakke/afklippede "regnshorts" og plasticslippers i småløb følger de brune turistskilte, så godt det nu kan lade sig gøre de 1,2 km. ud til Villa'en.

Foran indgangsdøren hvor der på en normal dag nok er sort med mennesker, står kun et skilt, der kæmper med at holde balancen i den flod af vand, der hele tiden passerer. "All fountains are closed due to heavy rain" står skrevet med fede typer. "Fedt nok", tænker jeg, "Det lyder jo lige så ophidsende som et tørlagt Lalandia", men når nu jeg havde crawlet mig hele vejen frem, skulle de der haver og palæet dæl'me også inspiceres! De fire ansatte bag skranken sikrer sig lige, at jeg faktisk forstår, at der er lukket for det største vandede trækplaster, inden den ene lidt hovedrystende sælger mig en billet uden rabat, hvilket jeg giver udtryk for på hjemmestrikket-grill-kinesisk, er meget for dårligt. Gad godt have hørt, hvad der blev sagt, efter jeg havde passeret tælleapparatet.

Med vådt regntøj klistret ind til kroppen småløber jeg gennem de smukke rum i det store palæ. Eneste andre passerede gæster er et kyssende par, der ikke ser ud til at bekymre sig synderligt om vejret, men den slags kom-hinanden-ved kan jo som bekendt nydes både ude og inde, uanset hvor nøjagtige meteorologerne har været i deres forudsigelser. Vandstanden på balkonen der skulle forceres for at nå trapperne, der førte ned til haverne, var ankel dyb, men når alt står i himmel og hav, og har gjort det længe, spiller det faktisk ikke den store rolle i længden. Der er jo trods alt grænser for, hvor våd man kan blive.

Min mini HTC skulle stå for billeddokumentationen, men vand på en touch skærm gør livet en anelse besværligt, hvorfor det kun lykkedes at få 3 billeder med skævt motiv i hus. Efter et kulturelt besøg, kun overgået i oplevelseshastighed dengang Mona Lisa som et af fire kunstværker skulle fotograferes på Louvre under voldsomt tidspres fra en ikke ventende returbus, gik det på bare fødder tilbage til stationscafeen, hvor min veninde netop havde færdiggjort sin 3. kakao med biscotti.

Toget tilbage mod Rom kom trillende ind på perronen kun 40 minutter efter planen, men da vi var de eneste i kupeen, smed jeg alt det våde kluns midt mellem to stationer for at hoppe mig tør. Havde bare ikke taget højde for, at der faktisk kunne sidde andre passagerer i tilstødende kupeer, så de tre der pludseligt passerede i jagten på et toilet, har nok fået sig et godt grin, mens jeg lettere desperat forsøgte at presse hovedet ud gennem T-shirtens ærme i bar befippelse.

...

Faktisk dumpede min veninde præcis som hun havde lovet, men desværre skulle hun op igen lige efter sommerferien og ikke først det efterfølgende år. Da hun havde hjulpet mig gevaldigt med matematikken, malede jeg som "tak for hjælpen" hendes hovedværk to dage inden den afgørende eksamen i billedkunst. Censor spurgte, hvorfor det ikke var tørret op, når hun nu havde haft 3 måneder til arbejdet. Dette var naturligvis også et undre-punkt for min veninde, der forklarede noget med dårlige materialer, men efter at have modtaget sønderlemmende kritik af mit stadigt våde mesterværk over alt fra farvevalg til komposition og teknik, lod de hende bestå mod en lovning på, at hun aldrig ville undervise i billedkunst. Bedre gik det i paradefaget natur/teknik, selvom vulkanforsøget eksploderede lidt for tæt på censor, og hun derfor måtte love ikke at gentage stuntet ude i virkeligheden. Men det har hun altså heller ikke tid til, for hun skal jo ud og lufte mig.

Før 2001
Subway Nyropsgade, København

D. 3. december 1999 huskes af mange som en stormende dag med flere omfattende ødelæggelser til følge. Jeg havde første oplærings- og arbejdsdag hos Subway, en amerikansk sandwich franchisekæde hvor turen fra Scala til Nyropsgade bag den kæmpe Imperial biograf foregik næsten med livet som indsats, da tagsten faldt ned for et godt ord, og diverse halv- og helstore træplader fløj rundt i gaderne. Inde på tanken blev vi mødt af høje snøft, leveret af en dame i chok, der havde set en mand få en 1 m² plade rikochetterende i nakken og falde livløs forover. Da flere S-tog alligevel holdt stille, var der rigelig tid til at stifte bekendtskab med de mest basale arbejdsgange, som hvor meget vand de frosne brød skulle have, og kunne strækkes, hvor fint tunen skulle smuldres, og ved hvilken let brun nuance kagerne IKKE måtte videresælges men gerne spises af de ansatte.

Beslutningen om at spare sammen til et 9 måneders udvekslingsophold i Korea var truffet, og jeg havde derfor, inspireret af en islandsk holdkammerat der oftest lå i sprit på kampdage, søgt arbejde med udsigt til at erhverve titlen

"Sandwich Artist". Hun var i hvert fald glad for at arbejde der, og den mad der blev solgt, smagte ganske udmærket, hvilket de 65 meter sandwich jeg efterfølgende regnede mig frem til at have indtaget fra start til slut, bekræftede. Afdelingen i Nyropsgade lå inde på en tankstation, med hvem vi delte personalerum. I selv samme lokale vågnede jeg på min 20 års fødselsdag under et bord på et småsnasket gulv på et 1 cm tyndt liggeunderlag, men da det ikke havde kunnet betale sig at tage hjem mellem lukke- og åbnevagten, havde jeg besluttet at gøre morgenen mindeværdig, hvilket også skete, da jeg som min første handling i tyverne, hamrede hovedet eftertrykkeligt op i bordet,

De fleste var stamkunder fra nærliggende butikker og kontorer, eller taxachauffører der slog tiden ihjel mellem turene rundt i byen. Særligt én havde jeg en god deal med, når han oftest lørdag nat ved lukketid kiggede forbi, og hjalp med at smide de tunge skraldeposer op i containeren mod at få et par halvtørre cookies, der alligevel skulle smides ud. Over de 10 måneder jeg arbejdede der, kom og gik et utal af mennesker, mens de skulle tage stilling til, om brødet skulle være lyst eller mørkt ("nej, det mørke er ikke groft, bare brunt!"), om der skulle ost i ("nej, det

281

smager faktisk ikke af ost"), om der skal salat, tomat og agurk i, pickles, grøn peber, oliven eller chili? ("Nej, jeg ved godt, det er *syltede* chilier, men de fleste aner ikke hvad jalapenos er, så jeg siger bare chili!"). Om de gerne ville have dobbelt kød eller fisk i? ("Nej, ikke alle synes det er vammelt"). Dressing? Mayo, olie eller eddike? ("Nej, olie ELLER eddike, IKKE olie-eddike")... og sådan gik den ene dag efter den anden.

Når solens stråler fandt vej ned i den smalle gade, forestillede jeg mig, at det var min egen lille biks, ligesom ham Will i Notting Hill filmen der havde sin egen travel book shop, og i virkeligheden hed Hugh Grant. På den måde gik tiden lidt hurtigere. Enkelte gange blev underholdningen dog serveret på en anden måde, som den aften hvor vagthavende på tanken med et meget smørret grin, vinkede mig hen til overvågningskameraet, og pegede på en af skærmene. Et ungt par med en formidabel balancesans, forsøgte kort sagt at knalde på en af udgangsbommene, mens de kiggede til højre og venstre. Havde de kigget op, havde de muligvis opdaget kameraet. Minutter senere står de lettere røde i hovederne, og skal betale for parkering, da fyren fra bommen henkastet spørger, om der er overvågning i kælderen. Det bliver der nikket diskret til, og fyren svarer at "Så har I da haft noget at kigge på!", hvilket bliver bekræftet af fnis fra begge skranker.

En anden aften kommer et nydeligt udseende par i trediverne hen til mig. Manden siger på en ikke særlig høflig måde, at jeg skal se at få lavet en sandwich til hans kæreste og det i en fart. Da vi når til oliven-delen, lægger jeg det antal på, som manualen foreskriver. Dette brokker han sig gevaldigt over, og jeg lægger høfligt flere på. "DET SKAL VÆRE HELT SORT AF OLIVEN!" næsten råber han. Jeg informerer om, at så bliver det 5 kroner ekstra, hvortil han nikker. Da de mange sorte ringe ligger fordelt oven på de andre grøntsager, læner han sig ind over disken, og harker en stor grøn klat ned midt i maden. Med et "Fuck dig!" i ørerne og en strittende truende finger rettet mod mig, går de grinende ud, mens jeg ikke kan gøre andet, end at smide hele moletjavsen plus de fleste af containerne med grønt ud.

Blandt kolleger var "Matas-manden" kendt for at være topmålet af "usympatiskhed". Efter en lille måned havde jeg stadig ikke mødt ham, men det kom jeg til en torsdag formiddag. En kunde henvender sig ved skranken hos tankstationens to ansatte, der som nævnt deler lokale med os, og siger, han skal tale med Nete. Umiddelbart har de ingen ansat ved det navn, men manden fortæller om en lille asiat med hestehale og sorte briller. De peger så over på mig, der jo rigtig nok hedder Nete, og lever op til beskrivelsen. Hvilken tilnærmet forbrydelse han mener, jeg har begået, kan jeg slet ikke finde hoved og hale i, og specielt ikke fordi han gentagne gange henviser til en bestilling, han har foretaget hos mig, men som jeg åbenbart har klokket i. Det til trods for, at jeg aldrig har set ham før. Da han forlader skranken, går jeg ud og tuder, hvilket egentlig er dybt tåbeligt, men håndtering af uretfærdig skæld ud er ikke en af mine stærke sider.

Et par dage senere under en stille periode fortæller jeg en af de tankansatte om oplevelsen. Der går ikke lang tid, før han klukker, for den af hans kolleger der henviste manden til mig, var nyansat, og vidste åbenbart ikke, at de netop havde sagt farvel til en koreansk adopteret kollega i ditto pygmæhøjde med sorte briller, hestehale og navnet Nete. What are the odds?!

Januar 2007
En Folkeskole i Provinsen

Torsdag mellem 7:55 og 8:40. Hvor var det dog heldigt, at seminariet tilbød et kursus med titlen "Elever med særlige vanskeligheder", og hvor var det dog heldigt, at jeg tilmeldte mig, gennemførte og oven i købet fik det noteret på mit eksamensbevis. Noteret på både dansk og udenlandsk. Men det helt store held var, at kurset dækkede alt fra dyslektiske problematikker over spiseforstyrrelser, DAMP og Tourettes til talblindhed, socio-emotionelle vanskeligheder, omsorgssvigt, udad-reagerende adfærd mm. De 25 lektioner inklusiv rigelig tid til gruppediskussioner og kagehentning i kantinen, var bestemt en rigtig god investering. Havde der været en tilvalgspakke omfattende sort humor, havde det endda måske givet mening! Men så var tiden jo gået fra det faglige...!

Halvandet år ude i det virkelige liv er gået siden hin brændende junidag med dimission, taler og faste håndtryk. Min 1. klasse er blevet til 2. klasse. De har lært bogstaverne og deres lyde, om tal og 10'er-stænger, ikke at skulle tisse under fælles gennemgang, og at blyantsspidsning primært foregår i frikvartererne. De daglige slåskampe er blevet reduceret til ugentlige begivenheder. Forældrene har efterhånden lært at aflevere børnene til tiden, og ugeplanerne bliver for det meste både læst og forstået. Af lidt over halvdelen...!

Jeg har lært at skrive PPR-indstillinger med de rigtige ord og afvente i god ro og orden på tilbagemelding, der ikke kan love andet, end at det nok tager tid. Så vi væbner os med tålmodighed, mens de daglige småbrænde bliver slukket. Som for eksempel i dag da vi skulle skrive diktat. Men først skulle vikardækningen løses. Fire fraværende blev til fem, fordi computeren havde været nede dagen forinden, tre børn skulle splittes ad, inden de splittede hinanden, fem skulle have den daglige opsang om "at blive hos sig selv", da de fik en sjette til at bryde sammen og styrte ud i regnen på strømpesokker. Én skulle trøstes, fordi faren var gået amok, en anden fordi hun skulle flytte og hesten skulle blive, og en tredje fordi moren ikke kunne overkomme at have pigen på det månedlige weekendbesøg. Imens stak en af drengene en nål i sidemanden, én hamrede en banan i ryggen på pigen overfor, fordi de andre sagde, at han ikke turde, og to skændtes bravt om at skrive dagens program på tavlen. Under *hele forestillingen sad én, og hamrede bordet op i tavlen, mens to konkurrerede i at klippe så mange stykker som muligt af et A3 ark, og så puste stykkerne ud i rummet for at få det til at sne.*

Som så mange gange før fik vi klaret skærene. Og som så mange gange før gik tiden fra undervisningen. Vi nåede ganske enkelt ikke engang at få blyanterne op af tasken.

Marts 2019
Vejle, For En Sidste Kort Bemærkning

Ovenstående er en afskrift af et dokument jeg fandt i gemmerne, mens jeg var ved at pakke mine ejendele ned i de ti + to Silvan Junior- og Senior flyttekasser min venlige nabo hjalp med at hente i går, mens regnen silede ned, det bedste den har lært. Om tre uger går turen tilbage til det udgangspunkt, jeg i en lang periode og nu på ny kommer til at betegne som hjem.

To år er gået siden jeg forlod Rytterbakken i København NV kl. 04 en mandag morgen med Pilo Pingvin i rygsækken og fem andre halvstore stykker bagage for at starte på min drømmeuddannelse, der pga. for lavt deltagerantal ikke blev til noget på Bornholm dengang i 2000, men nu trods indførelse af uddannelsesloftet alligevel kom i hus i Vejle små 18 år senere. Men nu er eksamensbeviset for en AP Degree in Tourism Management med et snit at være stolt af, det synlige bevis herpå, efter ikke så få kampe på det lokale erhvervsakademi hvor indtil flere undervisere nok var glade for, at jeg dimitterede. Skolelærere kan jo som bekendt være et kritisk folkefærd.

Smil og lykønskninger cirkulerede trods alt i skolens kantine, da vi sammen med klasser fra tre andre uddannelsesretninger skiftevis nynnede, brummede og kiggede pinligt forlegne rundt på hinanden, under det der skulle have været opløftende fællessang til "I Can See Clearly Now" men hvor ingen, ikke engang arrangørerne, kunne andet end første linje i omkvædet. Ved mit bord blev der skålet, mens vi studerende for måske første gang var helt enige uden at skulle gå på nogen form for kompromis; Dén ceremoni var simpelthen hele uddannelsesforløbet i en nøddeskal.

Mens temaet fra "A Star Is Born" kører i baggrunden til minde om dejlige sidste uger i ellers blæsende og våde Vejle, er hjernen så småt ved at tune ind, på det der snart bliver hverdag, nemlig 40,5 ugentlige timer på en dansk folkeskole. Teksten skrevet med kursiv var et sjovt gensyn med fortiden, og en reminder om hvad der venter lige rundt om hjørnet. I den forbindelse kom jeg til at mindes nedenstående:

August 2008
Det Lille Runde Bord, Specialcentret

Mig: Hvordan går det med XX? (XX = dreng fra Asien, der knapt nåede at lande i Kastrup, inden han befandt sig i en almindelig dansk 2. klasse, hvor han nu har opholdt sig cirka 3 måneder)
Klasselærer: Han forstår simpelthen alt!
Mig: Det lyder utroligt!
Klasselærer: Jeg sender ham lige ned i 3. lektion, så kan du selv teste ham.
...
Med et smil der kan smelte selv de største isbjerge, dukker lille XX op nede i støttecentret, og sætter sig med et forventningsfuldt smil ved et af de runde borde.

289

Mig: Hej!
XX: Hej!
Mig: Jeg har hørt, du er blevet super dygtig til dansk. Vil du svare på nogle spørgsmål?
Det samme smil dukker op, mens han nikker ivrigt.
Mig: Kan du godt lide dansk mad?
XX: JA!
Mig: Har du spist morgenmad?
XX: JA!
Mig: Hvad har du spist i dag?

XX kigger lidt rundt, stadigt storsmilende men øjnene flakker en smule.

Mig: Har du spist cornflakes?
XX: JA!
Mig: Pålægschokolade?
XX: JA!
Mig: æg?
XX: JA!
Mig: Dinosaurus?
XX: JA!

... Godt så! ☺

Tak fordi du læste med!

Julekort

og 31 blandede fortællinger

Til min højt elskede far

Der med en ukuelig vilje har formået, at holde fast i livet på en måde som ingen, absolut ingen, troede mulig.

Forord
af min rejsemakker Lille Pind

"Hrrrrpppp frrmmppp pprhhhgghh rrg!"*

*(Jeg vil i boblebad!)

Maj 20xx

2. Klasse På Kryds og Tværs

De første 1,5 år af sin skoletid havde han primært tilbragt skrigende eller bordbens- og radiator-bankende under et bord, eller i færd med at sige som et overophedet tog. Til afveksling havde han også for vane at rulle sig sammen midt på gulvet, og drive stort set alle inklusiv sig selv til vanvid. Frilæsningsbogen i hans grønne postmappe var lix 5[31], og de få voksne det lykkedes overhovedet at få ham til at åbne bogen oftest under tilnærmelsesvis tvang, ville umiddelbart tro, hvis de ellers lykkedes med at få relevant lyd ud af ham, at han mestrede denne sværhedsgrad. Der var bare lige det, at det nok var den eneste bog, han nogensinde havde åbnet, og derfor kunne huske den både forfra og bagfra.

Skriftligt kunne man konstatere, at han på en god dag evnede at skrive de fleste af alfabetets store bogstaver, hvoraf de fleste endda med lidt god vilje, kunne siges at vende den rigtige vej. Hvis han vel at mærke fik lov til at smugkigge op på bogstavrækken, der prydede det meste af 6 meter væg i 2 meters højde inde i klasselokalet.

---

[31] Meget let bog til begynderlæsning

De 27 plancher (d og y manglede), med hver sit bogstav og tilhørende tegning hang over 14 sorthvid A4 kopier i dårlig printet kvalitet, forestillende en ugle, der gennemgår forskellige staveregler på en så lidt grafisk spændende måde, at den selv ser ud til at kunne falde i søvn anytime.

Om det skyldtes noget i vandet, eller om drengen pludselig så en form for mening med i det mindste at *forsøge,* at gøre sig en smule umage eller bare *forsøge* at agere skoleagtigt, er svært at sige. Men fra at have en voksen siddende inden for en meget nær radius, nogen gange uden en radius overhovedet pga. fastholdelse, havde han en dag på eget initiativ skiftet mappe-bogen ud med en anden.

Få dage passerede, og han bad pludselig selv om at få en arbejdsbog i stedet for det lasede tegnehæfte, der holdt lix 5 med selskab. To uger efter insisterede han på at få en læsemakker, præcis som de andre elever i klassen, men da han bad om en kryds og tværs magen til den kammeraterne sad bøjede over, kunne læreren næsten ikke være i sig selv. Hvordan i himlens navn skulle det ikke ende?

Med få uger tilbage af skoleåret rækker han pludselig hånden op, efter at have kastet sig over opgaven med stor entusiasme. "Vil du hjælpe mig?" spørger han efter et stykke tid, nu med lettere bekymret stemme. Med hastige skridt når jeg frem til hans bord. På papiret er der tre felter. I de to sidste står der R-O, og tegningen viser en bro med svaj i. "Neeete?!... Jeg tror, jeg har lavet noget forkert!" Han kigger usikkert op på mig. "Hvorfor det? Prøv at sige lydene. rrr-ooo...rroo...ro! Hvad viser tegningen?" Han kigger atter ned på papiret, og op på mig igen, inden han med spinkel stemme siger, "Jeg er nu ret sikker på, jeg har stavet forkert, for der KAN altså ikke stå Golden Gate!"

Maj 2019
Københavns Hovedbanegård

Kristi himmelfartsferien bød for størstedelen af skolefolket på fire sammenhængende fridage. Da højdepunktet på årets racketlon [32] tour, den berømte KOR King Of Rackets, traditionen tro blev holdt i Oudenaarde i Belgien i netop denne

---

[32] 4 i 1 Ketcher mangekamp (bord, fjer, squaaash og tennisbold)

weekend, trak det gevaldigt efter at smutte ned og tanke op på dobbelt-friturestegte fritter med mayo og fyldt chokolade sideløbende med ketcher-mangekamp. Men pga. sygesituationen hjemme og en ikke eksisterende form, havde jeg besluttet bare at trække stikket et par dage, og sætte det midlertidigt i en stikkontakt midt mellem Malmø og Helsingborg.

JOJO kortet, det skånske lidt upraktiske rejsekort, meddelte aftenen inden afgang, da det lige fik en "laddning", at der ville gå op til 24 timer, inden pengene ville være tilgængelige og klar til brug. Afgangsskærmen fra Trekroner mod Kbh. H viste en slutdestination, der hed "KK". De forbløffende mange der skulle med samme tog, fik sig et godt grin og en selfie, og bedste bud på "KK", der burde være erstattet med "Østerport", var nok Københavnsk Kaos, da Distorsion stod på programmet samme aften.

I højttalerne og på diverse skilte blev advaret mod lommetyve, da det ville være en pæn trist start eller slutning på et hvilket som helst rejseeventyr, at ende med tomme lommer. I indgangspartiet ud mod Tivoli og Bernstorffsgade har SJ og Skånetrafiken opstillet tre automater. To af dem kan bruges til at købe billetter, der dækker hele Skåne, hvilket er et betragteligt stort område geografisk set. Da jeg når den ene af de røde maskiner, støder flere kunder til, og liner op.

Med snabbval (hurtigvalgsknappen) scanner min hjerne lige destinationerne, og trykker så på touch skærmen. Prisen på 324 kr. springer lige ud og stikker mig i øjnene. Den bookede vandrerhjemsseng står trods alt kun mellem Malmø og Helsingborg og ikke i en granskov 1000 km mod nord. Er sikker på, at jeg må have tastet forkert, og prøver igen, trods rømmen fra flere i køen. Samme beløb dukker imidlertid op, så der er ikke noget at gøre. Desværre kommer der så en meddelelse om, at der kun står 1,60 kroner på saldoen, hvorfor købet ikke kan gennemføres. I tankerne sendes en ikke særlig venlig hilsen til Skånetrafiken [33] og deres uduelige usmidige system. Synes jo ikke det giver særlig meget mening af udstyre folk med et fint plastikkort, når det alligevel skal have følgeskab af en papirbillet, og påfyldes penge i så god tid, at det udelukker enhver form for spontanitet.

Nå... Lydene i køen bliver ikke færre, da jeg begynder optankning, og endelig får trykket mig

---

[33] Den er god nok. Der er kun et "k" i Skånetrafiken ;)

frem til min enkeltbillet. Med den i hånden og et blik på rutekortet konstaterer jeg så, at billetten er til KARLSkrona, hvilket er lidt upraktisk, da jeg sådan set bare skal til LANDSkrona, der ligger små 220 km og 324 kr. tættere på. Men da de to destinationer ikke engang ligger på samme linje, går første del af ferieturen om bag billetkøen på ny. Lang næse til lommetyvene, da jeg har tømt lommerne selv. Endnu længere næse til mig, og for at citere en ketcher-kammerat helt præcist og ordret; "ØV!"

April 2019
McD Krydset i Holbæk

Det var blevet meget tæt på sengetid, da jeg gik turen fra Holbæk station med direkte kurs mod min dyne. En kraftigt overvægtig, asiatisk, lavstammet fyr af ubestemmelig men meget mørk herkomst, står og kigger ned i sin telefon, og det er svært at se, om han kun venter på grønt, eller på at finde en brugbar oplysning, der evt. kan hjælpe ham i hans videre færd.

"Har du brug for hjælp?" spørger jeg, nu lyset alligevel har besluttet stadig at være rødt. Hans ordstrøm røber, at det har han ikke. Jeg tænker, at han umuligt kan komme fra Korea, da han spørger, stadig med rødt skær i signalposterne, om jeg er adopteret. Midt i min svarsætning, der består af et "Ja, fra Korea", bliver det grønt, og han beretter, at han selv er fra Thailand. Ganske uopfordret tilføjer han, at pigerne her i landet er vilde med ham og i det hele taget "asiatiske fyre som os". Nu skal man jo ikke skure hårene på hunden, med mindre den har rullet sig i en mudderpøl, så i mit stille sind tænker jeg bare et "som os ????????????". De får følgeskab af ikke så få flere ?'er, da han i samme åndedrag spørger, "oplever du da ikke det samme?"

December 20xx

8. Klasse Et Sted i Provinsen

En del forældre til skolesøgende børn virker til at være af den opfattelse, at hvis de bare beder om et skolerelateret lektieprogram til at tage med på ferie, når denne falder uden for de ellers dertil fastsatte datoer i kalenderen, så gør det ikke spor, at lille Bimse smutter en uge til Lalandia med moffe og momme, eller 3 uger til Los Angeles fordi forældrene skal afspadsere, og endnu mindre at underviseren skal bruge ekstra tid på at stykke et sådant program sammen. Hvis barnet er et af dem med alt for meget lyd eller krudt i, tænker nogle lærere nok i deres stille sind, at resultatet af denne oplysning er som at tisse i bukserne. Mens den pågældende elev er væk, vil der være noget mere roligt i klassen, men når så Bimse returnerer fra wherever, kan der let gå en uge eller mere, før Bimse har vænnet sig til, at et klasselokale og et pool område stort set kun har det til fælles, at der hverken må løbes eller tisses.

Af erfaring bliver lektieforespørgsler besvaret med et "kig på ugeplanen, tag en bog med eller skriv dagbog", da det er pænt irriterende, at have brugt tid på at tænke uger frem, nedskrevet det i ugeskema-afkrydsningsform for at få det is-og-syltetøjssnasket retur med ordene, "Vi nåede det desværre ikke, men Bimse syntes, det var sjovt at køre tuk-tuk".

At mange elever fagligt, specielt i en meget urolig klasse, næppe går glip af det store, er en helt anden snak, men lidt forundret til den negativt hældende side kan man nu godt blive, når selv elever i udskolingen efter mange dages fravær end ikke aner hvilken by eller værre endnu, hvilket land de har besøgt, men kun er i stand til at fortælle om ubegrænset Ipad tid og antallet af spiste is fra ad libitum baren.

De to store piger fra min 8. klasse havde netop været 4 dage i London, og præsenterede mig for den dagbog, der gjorde det ud for deres fælles lektieerstatningsbidrag. "Vi har lavet det sammen, så det tæller lidt som gruppearbejde, gør det ikke?" sagde den ene grinende, mens den anden der stadig kun var i stand til at sige noget a la "Me Tarzan You Jane", og formåede at skrive endnu mindre, nikkede ivrigt. "Og vi har ikke engang brugt det der tIllaaansslaaate" tilføjede hun, mens den anden sendte hende "Hold din kæft!"-blikket.

Nede på min pind løber øjnene over det, der skulle gøre det ud for lidt fagligt, og som uden tvivl var blevet kradset ned ude i gaten, efter at pundene alligevel var sluppet op. Skimmer det krøllede ark, og øjnene hæfter sig ved noget i stil med "….hotel …………… fun……………….. boat…………… wax museum……… fun……… stupid dad……

301

brækfasd...... sårsædjis...... mugs remorse.........
fly...... School".

Hmmm... Øjnene spoler lige tilbage og sidder fast
ved den her sætning. "For brækfasd we had
sårsædjis and mugs remorse". Nete tænker;
"Mugs remorse? Øh...?"

En gang imellem vil det orange-roterende blink
oppe i skallen ikke finde hvile, og da de der ord
simpelthen ikke gav mening, ringede translate
klokken pludselig meget højt. Taste taste... "mugs
remorse" på engelsk... Enter... "Krus anger" på
dansk... Tænke tænke.... (her dukker så sådan en
lysende   tegneseriepære   op   over   lærerens
hoved)... fnise... grine... klukke... WAHAHAHA...!

Således gik det til, at en fejlstavning af
croissanter blev til "krus anger", og med Googles
hjælp oversat og omtransformeret til et helt nyt
begreb. "Too mugs remorse pliiis!"
Gad vide om man kan betale med Mobil-løn?

September 2008
Kvicklys P-plads

I en periode kunne man købe sådan nogle kager, der havde form som overdimensionerede p-tærter, og det øverste lag smagte da også fuldstændig som Carlettis klassiske version. Sjovt nok gik den også under navnet p-tærte-kage, så sammentræffet var nok ikke så meget et sammentræf alligevel. At den smagte godt, og sidste stykke endda smagte af mere, resulterede ofte i en tur op for at støtte bagerafdelingen med penge fra den lyserøde sparegris.

For enden af Slotsvej møder jeg en tidligere kollega, der i en årrække jævnligt udvidede min CD samling med specielle Queen og Freddie Mercury rareties, introducerede mig for Borat, og i en sidebemærkning dagen efter snakken faldt på Live Aid koncerten i 1985, havde lagt en original t-shirt i mit dueslag, da han 23 år tidligere havde overværet koncerten i London. Nu kom han så gående hånd i hånd med en grønlandsk dame.

"Det her er Nete" siger han meget begejstret, og slår ud med armene, der normalt omfavner en guitar. Damen kigger høfligt, for ligesom at se, hvordan sådan en Nete ser ud. "Det er hende, jeg har fortalt dig om. Hende, der turde gifte sig med en koreaner, og når hun tør, så tør vi vel også. Måske ikke at blive gift lige nu, men ..." (her fortsættes en lang enetale om at være modig, gribe nuet, leve livet ect ect.).

Da han er færdig, og hun ser ud til at være stærkt modtagelig for hans optimistiske budskab, fortsætter han, "...og hvordan HAR I det så?". Kunne nok godt have nydt udsigten der oppe fra piedestalen lidt længere, og måske pakket svaret lidt ind, for ikke at punktere idyl-ballonen med en stor fed syl, men svarer i stedet, som sandt er, at "Jo tak, han flyttede hjem for to uger siden. Vi skal skilles".

Oktober 1993
Karlslunde Politistation

Som nævnt i de forrige bøger, borer nogle sætninger og oplevelser sig ind i skallen ude af stand til at forlade hulrummet igen. På ekskursion med min 6. klasse, altså dengang som elev, skulle vi ud i den virkelige verden og møde hverdagens helte, længe inden begrebet "Skolen i virkeligheden" blev opfundet. Vi er nok blevet vist rundt, har måske kigget ind i en patruljevogn, og fået lov til at hilse på et par betjente, inden vi blev placeret i en rundkreds i et af mødelokalerne på den lokale politigård.

Den betjent, der træder ind ad døren, ligner en, der har tabt et væddemål, og vundet den værst tænkelige præmie, nemlig at skulle besvare spørgsmål stillet af åndspygmæer, eller det der er værre. I starten er der stille som i et tomt kapel, men efter en indtrængende opfordring fra vores lærer, drister min sidemakker sig alligevel til at spørge hr. Betjentsen, om vi ikke nok må prøve at røre ved hans pistol. Svaret, der blev efterfulgt af sådan cirka nul andre spørgsmål, lød således: "Nej. For den skal ikke udsættes for jeres urinnassede børnefingre".

Oktober 20xx
Matematik på 1. Klasse

I et anfald af akut samarbejdsiver havde jeg inviteret min nye makker med i

305

matematikundervisningen, så han (i virkeligheden er han en hun, men for at narre fjenden og undgå sagsanlæg, lader vi som om, det er en mand), kunne opleve glæden ved at lære tal og helt nye begreber som tidsmåling og afstandsberegning set i absolut børnehøjde.

I frokostpausen havde vi vendt eleverne, og en af kommentarerne fra min makker var, at 7 årige Petra (der naturligvis ikke hedder Petra), med de knapt så skinnende negle og fraværende flæsekjoler eller rent tøj i det hele taget, 100% ville ende som havneluder. Hvordan denne konklusion tog form i hovedet på min makker, er ganske uvist, men taget i betragtning af at denne, ved en hvilken som helst passende eller bare mindre relevant lejlighed kunne citere de seneste forskningsresultater, OG endda havde ført elever til eksamen allerede inden seminarietiden, ja så valgte undertegnede bare at tænke sit, da konfrontationer med visse typer, heller ikke på det tidspunkt, var en spidskompetence.

Nede i klassen er der almindelig tumult, indtil de ser dagens gæst. Her bliver der ualmindelig stille, og alle sidder straks på deres egen plads. Det er naturligvis rart, når man skal undervise, men stilhed kan inddeles i kategorier af forskellige årsager, og egentlig ville jeg nok foretrække den slags, der kan bære at blive brudt af ren og skær begejstring. Inden pausen havde vi kigget på vores bordlineal og klassens meterlineal, talt om afstande på en centimeter, 10 centimeter, længden mellem to stolper i et 7 mands fodboldmål, skolegårdens længde og afstanden ind til nærmeste by suppleret med tidsenhederne et minut, en lektion og en klokketime. Svære begreber, når størstedelen f.eks. ikke vidste hvornår de havde fødselsdag, eller syntes 10-20-30-bade-hopperemsen var udfordrende.

Som det ofte sker nede hos de små, vækker et tilfældigt ord en pludselig ukontrollabel tankerække, så da Bianca (der heller ikke hedder Bianca, eller for den sags skyld Sofia-Elisabeth eller Lotte) midt i centimetersnakken rækker hånden i vejret, for at fortælle, at hun snart skal på ferie med bil til Århus, får min makker den helt fantastiske ide, at byde ind med sine unikke matematiske kompetencer, og i fuldt alvor stille 1. klasse følgende spørgsmål:

"Hvis det tager 3,5 time at køre i bil til Århus, hvor lang tid tager det så at flyve til Marokko?"

August 20xx
Nyuddannet

Min første makker var en dame med stram knold i nakken, og en kontant replik konstant hvilende på tungen. På tavlen i klassen havde hun nedkradset en velkomsthilsen udelukkende i hvidt, der bar præg af, at det magiske skær over første skoledag for hendes vedkommende ligesom var et overstået kapitel. Derfor mønstrede jeg al mod, og spurgte, om jeg gerne måtte lave en anden, da tanken om at skrive "Velkommen" med skyggede dobbeltbogstaver og blomster og flag havde fået forventningspulsen til at holde mig vågen natten inden. Simple folk simple glæder, I know, men alligevel. Der blev nikket, og så gik jeg ellers i krig.

De første elever og deres i flere tilfælde dobbeltsæt-forældre indfandt sig løbende, og da lokalet til sidst var proppet til randen af i hvert fald forventningsfulde børn, tog min makker ordet, og bød velkommen med en masse fine ord og en længere fortælling om egne meritter over et langt 32-årigt lærerliv, og tilgang til dette og hint vedrørende alt fra blyantsspidsere til fødselsdagsfejring i klassen. Da hun efter en god halv time havde mistet de fleste, var det endelig blevet min tur, og med svedige håndflader og fugtskjolder under skjorteærmerne lød min præsentation til de få mentalt tilbageværende:

"Hej, jeg hedder Nete. Jeg har været lærer siden klokken 8:10 i dag".

April 20xx
Opsang på Plænen

En hurtig optælling viste, at ud af de 25 mulige elever der burde deltage i idrætsundervisningen, havde 8 glemt deres tøj, 4 kom daskende for sent med kanelgiffel- og chipsposer og cola i hånden, og resten lige på nær måske 3, havde under opvarmningen udvist en attitude, der var så lad, at jeg var havnet helt oppe i det røde felt. Prøvede, at beherske mig, da det trods alt var en klasse, jeg lige havde overtaget, men alligevel! Mage til sløseri, slap indstilling og dårlige kostvaner skulle man lede længe efter.

Derfor var der kaldt til samling midt på græsset med hundeluftere passerende forbi i en lind strøm, hvor de tal-fakta vedrørende blandt andet ernæring og almindelig sund fornuft og livsstil, der stadig lå helt frisk i erindringen efter et trænerkursus i bold, blev drysset ud over forsamlingen med en energi, end ikke en sødlig ildelugtende sportsdrik med en rød hanko på emballagen ville kunne fremprovokere hos en træt og ugidelig teenager. Det lykkedes, at fange de flestes opmærksomhed, og flere endte endda med at nikke eller på anden måde tilkendegive, at fra NU AF, skulle der nye boller på suppen.

"Har vi så aftalt, at fra dette øjeblik, er det HELT slut med at komme dryssende, spise usundt i skolen og rende rundt med hænderne i lommen?" spurgte idrætslæreren, og kiggede kredsen rundt, med det strengeste blik, hun kunne mønstre. Da det var lidt køligt, tog hun sig selv i at begrave hænderne i lommerne, men skyndte sig straks, at hive dem op igen. Desværre fulgte nu en sand hvirvlende konfettistorm, fremkaldt af de mange stykker Dumle karamelpapir, *nogen* helt havde glemt, var stoppet i lommerne efter et større og intensivt slikindtag hjemme på sofaen dagen inden. Moral er godt! Dobbeltmoral er dobbelt så godt... eller noget!

310

Juni 1999

Studenterkørsel

Da tiden efter to år på HF skulle fejres med en tur rundt i lokalområdet på ladet af en kun tilnærmelsesvis forsvarligt sikret lastvogn, for at besøge klassens forældre, hoppede jeg gladeligt, om man så og sige... med på vognen. På siden stod malet nogle obligatoriske mord(d)somheder i stil med "Dyt, hvis du er lækker", og suppleret med et kæmpe musikanlæg, øl i masse-kassevis og bevægelseslege a la "Dem der ikke hopper, de elsker (her kan forskellige lidet attraktive aktiviteter og personager sættes ind)", gik det rundt i Greve og omegn. Der var stor forskel på forplejningen, der bød på alt fra ægte champagne til skæreostemadder, mens de forskellige ejendommes interiør blev indgående betragtet.

I Karlslunde havde mine egne forældre stillet an med en hyggelig lille snackbuffet, hvor specielt pølsehornene stod i høj kurs. De sidste rundt regnet 20-30 stykker havnede i maven, på en vi kaldte reserveposten, da han ofte afløste den faste om lørdagen. Da vognen trillede videre under høje dyt og vinken med flag, gik han dog over i erindringen som "pølsemanden", da alle havde været skiftevis imponerede og forargede over hans pølsehornsindtag.

Min højt elskede far havde lovet at hente mig efter sidste stop, hvor de andre havde planlagt at se indtil flere solned- og solopgange, inden de skulle til køjs. Da mit indre ur krævede opladning allerede henad klokken 22, holdt han som aftalt i den lille grønne Hyundai nede foran sidste rundtursstop, et stort dyrt hus på den rigtige side af Greve Strandvej. Da jeg var første mand til at forlade festen, kom de fleste klassekammerater ud på vejen, eller hang ud fra vinduerne råbende en masse afskedshilsner. Af en eller anden grund steg min far ud, selvom jeg skyndte mig derhen, for der var ikke plads til, at evt. andre biler ville kunne passere.

Alle husker vel episoder, hvor de har kigget intenst efter et ledigt musehul, de kunne krybe i, fordi ens forældre har udvist en eller anden form for lettere pinlig opførsel. Denne ellers skønne aften, den sidste i min HF-student tilværelse, vælger min far at vinke til dem alle sammen, for derefter at træde ned i grøften og stikke hånden, ja hele armen ind i genboens hæk, der viser sig at gemme på en halvt fuld ølflaske. "Næææh...! En FISK!" jubler han til stor morskab for alle minus en, mens han tømmer flasken ved at ryste den meget lidt diskret, så øllet sprøjter lystigt til alle sider. På det tidspunkt fik jeg hvislet et eller andet ud gennem mine tæt sammenknebne tænder, mens min søde far højt og storsmilende vendt mod resten af 2.p, leverede en af sine yndlings livslæresætninger om, at "En krone sparet er en krone tjent!"

December 2002
Tivolis Julemarked

Der er flere fordele ved at ligne en gennemsnitsasiat, når man begiver sig rundt i den ikke asiatiske del af verden. Hvis man f.eks. ikke orker de insisterende unge mennesker, der for alt i verden forsøger, at fortælle om verdens fortrædeligheder med et clip board under armen specielt i indre by eller i provinsens gågader, kan man altid svare et eller andet ukurant på grill-kinesisk, eller bare se lettere forvirret ud. På sovesale kan man også passende trække asiat-kortet, hvis nogle af nabokøjekammeraterne virker lidt for kontaktivrige, for et "No understand" tilsat et beklagende skuldertræk

313

fungerer ganske udmærket, hvis man gerne vil passe sig selv. Endelig virker en del mennesker til at glemme, (eller også er de bare pisse ligeglade), at selvom hårfarven ikke er blond eller leverpostej, kan de medrejsende i bus og tog måske sagtens forstå det pågældende sprog, når der tales mindre flatterende om andre medpassagerer. Omvendt har jeg ofte moret mig med at smuglytte til europæiske samtaler i Asien.

Hjemvendt fra udveksling i Korea skulle jeg aftjene min "værnepligt" som kontaktperson for en ny udvekslingsstuderende i Danmark. Yamamotoko (der ikke er personens rigtige navn), var fra Solens land, men havde vundet en værtsfamilie på Fyn, hvor faren arbejdede som slagter. Der gik ikke mange måneder, før vægten var steget betragteligt, og bedre blev det ikke, da hun skiftede til en bagerfamilie tæt ved grænsen i det sønderjyske, mens kniplingens kunst blev studeret sideløbende med et jævnt og regelmæssigt indtag fra det berømte kagebord.

Min nye veninde havde minus 8 på begge øjne, og var så nærsynet, at hun ikke burde forlade matriklen uden briller af hensyn til sikkerheden, men da forfængeligheden sejrede, præsterede hun faktisk ved udvekslingsåret slutning, at tage

314

en hel måned på Interrail UDEN briller. En temmelig imponerende om end ultra tåbelig bedrift.

Ved juletid skulle vi naturligvis i Juletivoli, der som altid var proppet til randen med folk i alle aldre og nationaliteter. Yamamotoko holdt af at fotografere, hvilket forøgede hendes chancer betragteligt, for faktisk at se, hvad hun kun kunne skimte i sin minus-8-tåge undervejs, selvom motiverne ikke altid var helt i centrum eller... nå ja... med på billedet overhovedet.

Klicheer opstår som regel af en grund, så hvis du forestiller dig en lille asiat med tungt let skævt klippet pandehår, et stort smil og et Nikon kamera om halsen, ja, så har du nok en ide om, hvordan hun tog sig ud. Ganger du billedet med to, har du både Yamamotoko og mig med, for af en eller anden grund havde jeg fået den ide, også at hænge mit kamera om halsen i en lånt Nikon taske, just for the fun of it.

Vi havde ikke aftalt noget på forhånd, men ved den første bod der solgte brændte mandler, stikker Yamamotoko hele snuden ned i den dampende gryde. Mandelmanden holder en kurv med smagsprøver frem, og til min store

315

overraskelse tager hun ikke bare en, men en hel håndfuld mens hun bukker, og smiler det bredeste og mest kiksede asiat-smil ever. Manden ser lamslået ud, men smiler høfligt, og siger ingen ting. Et stykke væk bryder jeg sammen af grin, men får alligevel sagt, at man altså kun må tage en, og hun reagerer med et "I know, but no-one ever says anything. Just try!" For at efterprøve hendes påstand, går vi så fra bod til bod med hver vores kiksede smil og kamera om halsen, uden en eneste gang at blive mødt med andet end overbærende "stupid-Asians" udtryk fra de ansatte. Mindes ikke nogensinde at have spist SÅ meget juleknas og samtidig være SÅ smadret af grin.

Hai!

Oktober 2019
50 Års Fødselsdag

Jo, jeg kendte da fødselaren og havde set et par af de øvrige gæster et par gange. Men så var det vist også det. I Maskinværkstedet var der pyntet fint op ved 4 store borde. Ved et af dem sad rygerne, et andet nogle med fælles hobby, så var der familiebordet og min placering ved hovedbordet var vist en samling af folk, aftenens hovedperson ikke så så ofte. Buffeten bestod af lækker økologisk mad, og var man utilfreds med musikken, var der rig mulighed for at skrive sig på DJ listen, der i starten var ganske tom for navne, men i takt med at de to yngste introducerede deres larmende og hovedpinefremkaldende bidrag, meldte også den ældre generation sig på banen.

I en pause trak folk udenfor, for at trække lidt frisk havneluft. Small talk kunne høres ved træpallebordene, og jeg fik hilst på et yderst sympatisk par, der nok var cirka 10 år ældre end mig. Snakken falder hurtigt på emnet "tilfældigheder", og jeg fortæller om en oplevelse, der når alt kom til alt, muligvis slet ikke var hverken en tilfældighed eller en oplevelse.

Et par uger forinden havde jeg kørt rundt i bil på må og få med en bekendt, da et skilt pludselig pegede mod min barndomsby, og fik minderne til at vælte frem. Naturligvis skulle vi ned og se både børnehave, det uendeligt lange stykke vej min mor trak sin cykel med tunge indkøbsposer og to små trætte børn i al slags vejr, tanken hvor der blev snoldet for 2 kr. hver søndag ("En af dem, to af dem, hvor mange penge er der tilbage?") og så min lillebrors venindes far, der i 40 års fødselsdagsgave fik en ged, der hyggede sig på den lokale gård ved 4H haverne, inden hele skidtet brændte. Alt det og mere til dukkede nu frem i erindringen. Da bilen er parkeret ved engen for enden af den lange vej, dukker lydflashbacks også op, og jeg hører både midsommersang og min høje legekammerat, der råber, at han har fået bid nede ved åen.

På vej hen ad fortovet flyder fortællingen. "Der inde til venstre boede Sidsel. Hendes far var vild med håndbold. Hver søndag lå han på sofaen og brølede om kamp med tv speakeren, mens vi satte nye rekorder i at putte sukker i hjemmelavet kakao, og klokken fra Tipslørdag også var en del af lydtæppet. I det der hus boede Jeanette. Hendes forældre kunne godt lide sådan noget ost, der kommer, når man kalder, så det var det eneste, hendes veninder blev budt. Af samme grund havde hun sjældent nogen på besøg. Det, og så det faktum, at hun hele tiden pillede bussemænd, og snusede til fingrene sideløbende. Rune havde en søster, der havde sådan en M&M dispenser. Men hovedattraktionen var en Sodastream, der for et barn som mig, der stort set aldrig fik sodavand, var en ubeskrivelig skat. Derovre boede en mand. Han havde sådan nogle slædehunde. De boede i et kæmpe bur ude i haven, hvor de hylede dagen lang. Omme på en sidevej boede min brors legekammerat. Det var hendes far, der som sagt fik en ged, men de havde også sådan to lavtgående hunde. Tror de hedder Bassetts, som de der engelske vingummier, men hold nu op... det må være... 31 år siden!" I det vi rundede hjørnet og skolen samt den store kælkebakke, der nu bare lignede et lille pletskaldet græsbump, kom en mand i 60'erne spankulerende forbi... med en Bassett hund!

Normalt ville jeg straks løbe hen, og ivrigt spørge, "Jamen er det ikke dig?", men lige den dag nåede jeg, at tænke 100 tanker, der resulterede i, at jeg bare nikkede kort, da han hilste, og gik forbi. I bilen hjem ærgrede jeg mig naturligvis, men på den anden side, sandsynligheden for, at han kunne huske en af sin datters legekammerater(s storesøster) efter over tredive år, var nok forsvindende lille. Tilbage fra en tur "down memory lane" så det ud til, at mine to nye bekendte var holdt op med at lytte, for de var travlt optagede af at tale om et eller andet. Det sker sådan set ofte midt i diverse fortællinger, men damen tager fat i min arm, da jeg vil rejse mig. "Ham med hundene...?! Hedder han Jan, har en kone der hedder Tove, og bor i Noget-strup?" Jeg nikker, og må have set pænt forbløffet ud, da hun griner, og siger, "Jamen så tror jeg, det er vores genbo. Vi har lige købt deres legehus!"

Juli 2016
Luzern (ikke Lausanne...), Schweiz

Efter nær at have misset afgangen med vores heldagsudflugtsbus pga. et manglende skilt i bussens forrude, og en efterfølgende diskussion med chaufføren om hvor vidt han havde kigget på os gentagne gange den sidste halve time, uden at have sagt noget som helst, mens vi gik synligt forvirrede rundt på den store p-plads eller ej, var det lykkedes ganske grundigt, at gøre min rejsemakker pænt forlegen ved lige så mange gentagne gange, at bede guiden om at skrue ned for volumen på højttalerne i bussen, da det tangerede lydstyrken på en ukontrollabel open air koncert for kraftigt hørehæmmede.

Overdrivelse fremmer muligvis forståelsen, men det VAR højt, faktisk fuldstændig ulideligt højt. Da guiden endelig havde skruet den rigtige vej på anlægget, blev der råbt nede bagfra, at nu kunne de intet høre. Guidens syrlige svar var noget i stil med, at nu da Danmark endelig var blevet tilfreds, turde hun ikke justere mere. Så var hun da i hvert fald sikker på, at alle surmulende udbrud blev adresseret til mig, men skidt pyt, med den seneste ændring var jeg nu sikret, at kunne forlade bussen med intakte trommehinder. At min makker så kunne krybe i et musehul, kunne jeg jo ikke gøre meget ved.

I Luzern var der proppet med mennesker, og det sted vi skulle samles inden tid på egen hånd, bar da på ingen måde præg af, at være et slet skjult samarbejde med indehaveren af den guld- og smykkebutik hvor vi, en gruppe svedlugtende dårligt klædte turister, helt tilfældigt og kvit og frit måtte låne toilettet. En hurtig rundtur i byen, over floden via en ældgammel træbro, op på borgen og tilbage i bussen, ud til Bertel Thorvaldsens udhuggede og sovende løve, og SÅ var vi klar til at bestige Mount Pilatus i sådan en overdimensioneret skigondol.

På vej op med den seriøst tjekkede svævebane, lurede en meget stor og meget olmt udseende gråsort sky, som skulle passeres, før vi faktisk kunne se toppen af bjerget. Gulvet var som en stor panoramarude, hvor både top og bund viste skyfarvet, og det eneste der røbede, at vi bevægede os nogen steder overhovedet, var den lette knirkesummen fra kablerne. Med bevidstheden om, at vi hang midt i ingenting, med et voldsomt minimum 100 meter frit fald hvis uheldet skulle være ude, trak folk vejret lettet, da blå himmel endelig kom frem igen.

Lettere slidte skilte viste retning og distance til forskellige steder oppe på bjerget. Sparsom afskærmning på lodrette klippeafsatser og lejlighedsvise infotavler der advarede mod bjerggeder, gjorde det ud for ting, man holdt grundigt øje med, indtil et tysk par i ens træningsdragt stoppede midt på den smalle sti, og pegede op. "Guck mal!" Hele tre bjerggeder med store flotte krumme horn og klokke, gik og hyggede sig på den skrå bjergside, og hvem der kiggede på hvem, kunne godt være svært at bedømme. Efter nogle minutters gedekigning gik vi videre. Frem med en drikkedunk og da låget var skruet af, gjorde det godt med en tår vand.

Pludselig lyder en svag raslen, der bliver til en lidt kraftigere rumlen, og i det jeg kigger op, og ser endnu en ged stå og trone på en mikroskopisk afsats, strejfer noget min øreflip, og lander med et knald på afsatsen lige foran mine fødder, inden den forsvinder videre ned ad skrænten. Når lige at se, at det faktisk er en tennisbold-stor sten. Synker kraftigt flere gange, for havde den ramt bare et par centimeter anderledes, var der hverken blevet skrevet Post-, Køre- eller Julekort men nok bare et Kondolence et af slagsen.

Rejseramme Fra Schweiz

April 2019

Pindemadsrestaurant, Holbæk

Det tog over 10 forsøg, før det endelig lykkedes, at erobre en TooGoodToGo sushiboks i Vejle, da der kun er få bokse i udbud pr. dag. Konceptet, der er kommet til verden, for at bekæmpe og formindske madspild, er visse steder voldsomt populært blandt specielt studerende og andre folk med hang til et billigt men sent på dagen indtaget måltid, da madkassen de fleste steder først kan hentes efter kl. 21. Som tiden gik, blev det næsten en hyggelig tradition, at være klar til at trykke på bestillingsknappen de lørdage, hvor den efterfølgende mandag bød på sen mødetid, da det så gjorde mindre, at spisningen søndag foregik sent. Den forklaring lyder vist pænt sort, men kort fortalt kan mad, der for eksempel bestilles lørdag, ofte først hentes søndag omkring lukketid, og så er det jo smart, hvis man ikke skal alt for tidligt op på ugens første dag.

Efter at have flyttet teltpælene tilbage til Holbæk efter to år i Vejle, og potter og pander stadig befandt sig i endnu uoplukkede flyttekasser fordelt i hele lejligheden i et uskønt rod, tjekkede jeg TGTG-App'en for at se, hvilke restauranter i

4300 der deltog. Mindre end 300 meter fra min hoveddør er det muligt at hente sushi, så jeg beslutter, at prøve lykken der.

Damen, der tager i mod, siger "vente lidt!" med hænderne travlt optaget af servietfoldning, da boksene åbenbart ikke er pakket og klar til udlevering. Mens jeg står og tripper, kommer en lille sydøstasiatisk-udseende dame på min alder ind. Hun ser noget forvirret ud, og spørger, "Er det her?" "Hvis du skal hente mad fra TooGoodToGo, så ja!" svarer jeg. "Det er første gang", siger hun så, og tilføjer, at det var svært at finde stedet. Pædagogiske Nete begynder uopfordret at forklare selve konceptet, da hun lidt irriteret siger, at hun altså godt kender det, men bare ikke har hentet her før.

"Ja, jeg kender det udmærket fra Vejle!", siger hun ud i luften, ligesom for at bekræfte over for sig selv, at hun absolut ikke havde brug for min hjælp. "Vejle?" spørger jeg, og hun nikker, og tilføjer lidt spidst, at "Det er i Jylland!"

Så finder jeg min telefon frem, trykker på App'en, finder oversigten over mine kvitteringer, og prikker hende let på skulderen. "Prøv lige at se her!" 12 kvitteringer udelukkende fra

VejleSushihus står lige efter hinanden. Så finder hun SIN telefon frem, trykker et par gange, og holder skærmen frem. Sekundet efter griner vi højlydt om kap, for her i Holbæk en sen tirsdag aften, står to asiatisk udseende men ellers pæredanske sushi-entusiaster med fuldstændig identiske købshistorikker på telefonen til deres åbenbart fælles stamsted i Vejle.

August 20xx
Onsdagsfrugt aka Vredens Druer

Min kombinerede kollega og veninde havde flere gange måtte hjælpe med at passere skolesekretæren, der sad ualmindelig hårdt på nøglen til depotet. Godt nok var jeg med på, at overdrevent forbrug af kridt, tegne- og limstifter, tape og lignende kunne være en tung post på en skoles budget, men efter at være blevet næsten forhørt, og i enkelte tilfælde nægtet ting som kladdehæfter og en enkelt overstregningstusch, vovede jeg pelsen en sidste gang med forespørgslen, "Må jeg bede om 18 plastic lommer?"

327

Dette åbenbart uhørt og urimeligt belastende ønske blev mødt med spørgsmålet, om jeg ikke også havde fået udleveret plasticlommer SIDSTE skoleår?! Kom til at grine, men det var åbenbart ingen joke, for jeg måtte traske tomhændet derfra. Det var dér, min veninde kom ind i billedet, for ellers havde 2. klasse måtte undvære mange ellers uundværlige ting.

En dag på lærerværelset i en mellemtime var onsdagsfrugten stillet klar. For en gangs skyld så det friskt og indbydende ud, så jeg tager en pære og to vindruer. I det samme lyder sekretærens myndige og meget bebrejdende stemme bag mig. "Man må tage ET stykke frugt!" Skulle bare have smilet stort og kantet mig uden om hende, men som en anden elev i indskolingen kigger jeg ned på frugten i min hånd, og når ikke at formulere et fornuftigt svar, før hun fortsætter noget i stil med, at det er VIRKELIG dårlig stil rent kollegialt, at tage mere end ET stykke, for måske de andre så INTET får! Nu stirrer hun stift på mine hænder, og af en eller anden grund lægger jeg de to druer tilbage. Helt igennem absurd, men toppen er, da hun så SELV tager en hel klase druer og samtidig propper en banan godt ned i lommen. Nu tænker du nok, at det var sagt i sjov, men det kan jeg love dig for, ikke var tilfældet! For det blik hun sendte mig, kunne let have fået indtil flere friske skolemælk, til at ændre PH værdi på stedet!

Juni 20xx

SFO OL - Det Er IKKE Noget Vi Leger!

Tiden hvor en hvilken som helst præmie stillet på højkant kan få skolebørn i alle aldre til at kæmpe med næb og kløer, eller bare smile tilnærmelsesvis forventningsfuldt, er i de fleste tilfælde fortid. Spørgsmål som "Hvad er præmien?" og eleven efter at have hørt svaret, højlydt konkluderer, at så gider man ikke være med, underforstået at præmien ikke er deltagelse værd, kan virkelig få mit pis i kog, uanset om det gælder navneordsbøjning, sætningsanalyse eller primtalsjagt. Andre situationer hvor børn bryder grædende sammen, fordi der kun er præmie til vinderen, og derfor ikke vil være med, er også oplevet ganske mange gange, og en enkelt jul endte det med, at samtlige præmier blev pakket op og fordelt efter millimeterdemokratiets målestok, for at afværge 3. verdenskrigs udbrud allerede inden det planlagte julebankospil i en 5. klasse. Jeg tænker, at ganske mange lærere og pædagoger har haft en diskussion om, hvorvidt det overhovedet er pædagogisk korrekt, at uddele præmier, og svarene kan deles i tre overordnede lejre: "Ja", "nej" og "ja, hvis der er præmier til alle!" Vor herre til hest!

Fra barnsben hører man ofte, at "Det vigtigste er at være med". Den sætning holder da også, lige til man oplever at tabe f.eks. en sportskamp, der faktisk betyder noget for holdet, en selv, mor og far, klubben ect., for så kan man ligesom godt opleve en snigende følelse af, at udsagnet faktisk ikke helt slår til.

Som underviser i indskolingen gik det selvfølgelig ikke at preppe eleverne i 1. klasse med indstillingen "SEJR SEJR SEJR!", selv om det er yderst fristende i nærheden af kolleger, der direkte afskyr al form for konkurrence. Når cirka halvdelen af eleverne oven i købet kun bliver sat af på matriklen på selve dagen, fordi der i programmet står "præmier til alle!" under det årlige SFO[34] OL, (grin du bare, men det er skam en alvorlig sag i de kredse ;) og al snak i uger op til har handlet om fair play, kammeratskab, sjov, hygge og accept af hændelige dommerfejlkendelser i vilde discipliner som

---

[34] SFO står for SkoleFritidsOrdning. En slags fritidshjem for 0.-3. klasse.

kartoffel-på-ske-stafet, oversize-vindpose-labyrint og affaldssækkevæddeløb-classic, var der alligevel lidt spænding i den drengegruppe, jeg havde ansvaret for, da de havde vundet alle kampe på nær en i puljen i konkurrencen "fodbold".

Nu manglede bare sidste kamp, i det der ville blive finalen mod et hold, hvis ansvarlige voksen var indbegrebet af en stor emsig kvindelig pædagog med langt løsthængende affarvet og spaltet hår, flagregevandter, mormorvinkearme og smykker der på ingen måde, ville blive accepteret af safety crewet, hvis hun selv havde stillet til start i en hvilken som helst disciplin. At hun nok slet ikke var blevet tilbudt en plads på holdet, er så en anden sag, og måske en ganske let syrlig kommentar!

"Jeg synes, mine drenge fortjener førstepladsen mere end dine, så kan vi ikke bare sige, at de har vundet?!" sagde hun i fuldt alvor, da der var pointlighed i puljen. Tænkte, at SÅ dumme ord næppe kunne have forladt noget normalt tænkende menneske, men det havde de åbenbart, for da jeg rakte ud efter puljeskemaet, havde hun gudhjælpemig skrevet sit eget hold på som vinder.

Under den efterfølgende ordudveksling begyndte bølgerne at gå højt, trods det faktum at det eneste vand der var i syne, skvulpede rundt i væskestationens 50 liters plasticbeholdere med rød saft, mens begge hold børn kiggede mere og mere undrende på de to voksne, der mildt sagt ikke kunne blive enige. Hvad modparten helt præcis fik sagt, mindes jeg ikke, kun at jeg var blevet så aldeles desperat over at skulle diskutere med sådan en helt igennem (......censur......) pædagog!

Da noget næsten springer inden i, kommer nogle af pigerne løbende sammen med min kollega, der efter et meget hurtigt spørgsmål godt kan fornemme, at parterne skal skilles ad, og det kun kan gå for langsomt! Her mange år efter griner hun stadig ad episoden, hvor hun næsten måtte bære mig væk, da jeg få gange i mit liv har været så edder spændt rasende, mens jeg selv trækker vejret dybt og tæller til 8693. Mit hold endte med at vinde, da en fra den SFO'ske Olympiske Komite slog fast, at der ingen diskussion var om udfaldet.

Da jeg senere på dagen passerede pædagogen med min kollega på siden som pulverslukker, kigger pædagogdamen nedladende på mig, og siger "Tænk, at gå SÅ meget op i sport!" I tankerne tacklede jeg hende med en rendegraver, men da min kollegas blik hvilede tungt på mine 157,5 cm, nøjedes jeg med at hvisle, "Tillykke! En andenplads er skam også flot, men det vigtigste er jo at være med!"

Marts 20xx
Skolelederens Kontor

Ugen inden havde vi siddet i rundkreds, mens 3. klasse skulle lave en eller anden leg, der forenede sjov og alvor, og flettede empatitræning ind, hvor det var muligt. På et tidspunkt kammede det alligevel over, og i kådhed fik en af drengene smækket mig en på kinden med flad hånd, så det sang i hele kraniet. Jeg vidste udmærket, at det ikke var med vilje, men da han havde samme størrelse som mig, gjorde det alligevel så ondt, at kredsen måtte forlades i al hast, inden tårerne ramte gulvet. Kommentaren fra en ældre kollega lød noget i stil med, at drengen "pga. min ringe højde, nok havde svært ved at se mig som en rigtig voksen". Hmm...

Fysiske drillerier der ofte omfattede slag og spark, havde fået selskab af niveri i min klasse, der var udfordret på stort set alle tænkelige fronter. En af de hårde smågutter kommer storbandende ind efter frikvarteret, og fortæller, at en af pigerne har været efter ham. Da hans ordforråd og tålmodighed ikke rækker til at beskrive den smerte, hun åbenbart har påført ham, og han brændende ønsker at informere mig om omfanget (citat), "Så jeg fatter det!", træder han helt tæt på, tager fat med tommel og pegefinger på den tynde hud på min underarm, klemmer alt hvad han kan, vrider eftertrykkeligt rundt, og giver først slip, da jeg flår armen til mig.

Hvad der skete umiddelbart efter, mindes jeg ikke, men min kollega-veninde genfortæller, at ordstrømmen der forlod min mund, ikke var hverken pæn, spor anerkendende eller politisk korrekt.

Oppe på skolelederens kontor fortæller jeg rasende om episoden, da det bare var endnu en episode oven i en stor stak, og efter at have lyttet mine frustrationer, eder og forbandelser til ende, siger hun i et lettere overbærende tonefald "Neeete... Han går i 3. klasse. Hvor **ondt** kan det gøre?!"

September 20xx

Hist Hvor Vejen Slår en Bugt

Min kollegas Ford bragte os rundt på de små veje ude på landet, hvor eleverne boede som perler på en meget ujævn snor, mens bakker der gik både op og ned, som bakker nu har det med at gøre, omgivet af træer og blomster samt et bredt udvalg af både skovens- og gårdens dyr, dannede rammer om denne idylliske lettere spontane tur.

Inden sommerferien satte ind med is, saltvand og lange nætter, havde vi været på besøg i udvalgte hjem, og var nået vidt omkring. Pludselig konstaterer jeg, at familien, lad os kalde dem noget så anonymt og lidet påfaldende som Skjoldborg-Madsen-Fjerritslev-Winther-Jap-Juhl, boede lige i nærheden af vores aktuelle position. "Det er da også rigtigt", siger min kollega og tilføjer, at huset ligger dér, og forældrene søreme er ude i forhaven.

Allerede da vinduerne rulles ned, og farten sænkes ud for den meget lidt i vatter klippede hæk, tænker jeg, at det er mærkeligt, for det ser grangiveligt ud som om, de befinder sig på samme stol. Tænker så, at farten nok bare har forskudt synsindtrykkene lidt.

Min kollega hilser på parret, der må have set os, der hvor hækken var på sit laveste, men pludselig ser de noget forlegne ud. Jeg small talk'er det bedste jeg kan, selvom de der normalt ikke mangler ord af særligt den kraftfulde slags, svarer ganske korte for hovederne, der næsten er skjult bag hækken, indtil der bliver hvisket et "Vi kører NU!" fra førersiden. Min vinkende hånd er ved at kollidere med det automatiske vindue, da min kollega ophidset spørger, om jeg da slet ingen ting så? "Så hvad?" spurgte jeg, der åbenbart pga. ringe højde må gå glip af alt det sjove, for årsagen til det der åbenbart var en to-i-en konstellation på stolen, skyldtes en form for "knalderi i det fri".

Lad mig sige det således; Skole-hjem-samarbejdet blev ikke mindre anstrengende herefter...!

Maj 20xx
Sportspladsen

Lad os kalde hovedpersonen for Malthe. Det hedder han naturligvis ikke, men for en sikkerheds skyld har jeg givet ham et andet navn. Mit umiddelbare bud er, at det på ingen måde var sjovt at være Malthe. Hverken hjemme, i SFO og helt sikkert ikke i skolen. Forældrene var meget ældre end de fleste andre forældre, og virkede til at have et andet kodeks for stort set alt i livet, end forældre der i gennemsnit havde den alder, forældre på 6. klassetrin ofte har.

Der er forskelle, bevares og gudskelov for det, men lige i Malthes tilfælde havde det resulteret i et sprog fyldt med unaturligt gamle udtryk for en dreng, der ofte var iklædt tøj, der ganske vist var rent men iøjnefaldende på den kiksede måde. At han i en tidlig alder ofte lugtede af gammel sved, gjorde ham bestemt ikke mere eftertragtet blandt kammeraterne.

Fagligt lå han i den svage ende, og da han et par gange om ugen blev taget ud til noget specialundervisning, var der endnu en ting, de jævnaldrende kunne kommentere negativt på.

337

Det resulterede i rigtig mange fraværsdage, hvilket på ingen måde gjorde det lettere, at blive bare en lille accepteret del af klassens sociale liv.

Det siges, at alle er gode til noget, hvilket jeg lidt trist flere gange har måttet erkende, vist ikke er helt sandt, men var der alligevel et tidspunkt på ugen, hvor Malthe ligefrem var eftertragtet, var det i idræt, når aktiviteterne inkluderede noget med bold eller løb.

En tegneserietegner ville nok fremstille hans "sociale lys" i tre tegnede ruder. Den første rude hvor hallen svagt ville kunne skimtes, mens Malthe trissede afsted med sin gymnastiktaske, ville være mørkegrå med en gnist af lys i det ene hjørne, den anden ville dagslys-stråle med en smilende og high five'ende Malthe, og den tredje rude ville vise en dreng på vej tilbage i klassen, i det tøj han også havde haft på til idræt, fordi nogen havde grinet, og han derfor nægtede at skifte, ville atter være grå og tangerende sort, fordi der var en hel uge til næste idrætstime.

Klassen generelt kunne også betragtes som udfordret, da det faglige niveau for langt de fleste var svært at måle, men foreningsdanmarks top tre idrætsgrene nød godt af børnene i fritiden, når de udfoldede sig i deres respektive klubber. 6. årgang hører normalt ikke under betegnelsen udskolingen, men i blandede sammenhænge blev begrebet "udskolingen light" nævnt, når aktiviteter egentlig ikke var beregnet til den pågældende årgang, men forskellige begrundelser om omstændigheder alligevel gav mulighed for at deltage.

Da en af de ældre klasser måtte melde fra et par dage før deltagelse i en idrætsdag med og mod kommunens andre skoler, fik en eller anden den ret så vanvittige ide, at spørge om min klasse ville med i stedet. Godt halvdelen af eleverne var kun lidt højere end mig, og hvis du har set størrelsen på en gennemsnits 9. klasses elev for nylig, vil du vide, at der er pænt stor forskel! Men... En hurtig beslutning blev truffet, og vi stod klar til udendørs høvdingebold i dugvådt græs den følgende fredag morgen mod en 8. klasse. Det vil sige alle på nær Malthe. "Hans far tror sikkert, der er almindelig skoledag", sagde en af pigerne og fnisede, mens snart halvdelen af holdet på rekordtid var blevet skudt.

"Er det der ikke Malthe?" råber en af drengene, og peger mod to, der kommer hen mod os. Den ene ryger, og den anden har tårer i øjnene, da de når frem. "Min far ville ikke tro på, at vi skulle herned", får Malthe sagt, mens alle kigger på, at han får skiftet sko og tøj i det ikke-eksisterende skifterum midt på plænen, men af en eller anden grund generer det ham ikke, og ingen griner.

Adidas-striberne sidder næsten, hvor de skal, og i øvrigt hvor man kan forvente, når T-shirten er et nummer for lille, da han går ind på banen, der er afgrænset af små orange-gule halvt nedtrådte toppe. Faren ser flov ud, og går hurtigt væk igen, men ikke længere, end han kan se sin søn først tangere antallet af de "døde" hos modstanderholdet og senere, efter at have modstået angreb fra tre 8. klasses elever, skudt dem og på magisk vis næsten ene dreng, nedkæmpet deres høvding.

Den person der lå nederst i bunken af hujende ben og arme efter kampen, var Malthe. Det var bestemt ikke første gang, men da årsagen for en gang skyld var en anden, viste hans brede grin, at han ikke havde noget imod det. Tvært imod.

Dommerbordet havde besluttet, at belønne vores mod til overhovedet at deltage med en slags handicap point, så vi kunne konkurrere på næsten lige fod med de fysisk overlegne ældre årgange. Jeg tror ikke, det er sket før, simpelthen fordi 6. klasse normalt ikke deltager, og jeg tror heller ikke, det kommer til at ske igen. Men den dag stod sol, måne og klassens idrætsstjerner hvor de skulle, så da dagen var omme, var vi blevet udråbt som udskolingsstævnets samlede vinder. Udtrykket i ansigterne hos eleverne og senere da vi kom hjem, glemmer jeg aldrig. Om vi så havde vundet DM i skolefodbold, havde det ikke føltes større, og det selvom der hverken var pokal, kun juice til halvdelen og to fik bøffet deres sko, og måtte tage hjem på strømpesokker. Nej... Den dag glemmer jeg aldrig! ...og det gør Malthe nok heller ikke, for han gik hjem med diplomet for "stævnets bedste fighter" knuget i hånden!

Juni 20xx

Ordklassen

Da der endelig var blevet ro efter det store frikvarter, gik vi i gang med dagens tekst. "I sidste uge lærte vi nogle fine ord. Et af dem var antonymer!" Her efter fulgte en udførlig repetition af de forskellige ord, inden vi kastede os over dagens hovedemne. "Er der andre end Silas, der kan komme med nogle eksempler på de der antonymer?" Fingrene tilhørende en masse elever i min 2. klasse flyver i vejret.

"Let og svær!"

"Flot Fie!"

"Gammel og ung"

"Rigtigt Anton!"

"Hvornår ska vi tale om HOMO-nymer?"

"Ikke nu Bianca!"

"Rig og fattig?"

"Sådan Veronica!"

Eksemplerne strømmer ind, men Kaya ser lidt tvivlende ud, indtil også hendes finger ryger i vejret. "Ja Kaya?!"
"Altså først forstod jeg det ikke, men nu forstår jeg det godt. Det du sagde med de der modesætninger".

"Ja?!" svarer jeg opmuntrende, og kigger forventningsfuldt ned på hende, indtil hun efter en kort kunstpause hvor blikket glider rundt på resten af klassen, glad byder ind med...
"Bold og kage!"

November 20xx
Gymnastik

Når man skal lave en redskabsbane til "jorden er giftig", mens eleverne venter utålmodigt, kræver det sin dame, at holde tungen lige i munden, så den ikke slår knuder af at sige, "kom ned fra de tove, ikke klatre i ribberne, lad fyldet i madrashullet være" og så videre i den dur. Da vi kun mangler et par af balancebommene, der skal forbinde den halte hest med plinten, spørger jeg Rasmus, om han vil hjælpe.

"Du skal bare tage fat i din ende", lyder min instruktion, inden jeg vender ryggen til ham, for at kunne gå forlæns ud ad redskabsskuret med bom og Rasmus bag mig. "Så går vi", siger jeg, og træder et skridt frem, men den forventede fornemmelse af fremaddrift udebliver. Da jeg kigger bagud, står Rasmus med begge hænder på sin buksebag, og ser noget betuttet ud. "Øh… hvad laver du?" spørger jeg. En tåre er snart på vej ned ad hans kind, mens han siger "Jeg vil jo gerne hjælpe, men du sagde, at jeg sku ta fat i enden!"

Marts 20xx

Spisepause

Som klasselærer er der mange ting, der skal holdes styr på, og i forbindelse med skole-hjem samarbejdet dukker varianter af begrebet "den svære samtale" af og til op. I de første måneder efter jul havde min makker og jeg med stigende bekymring set på, at en pige i vores 1. klasse gradvist svulmede mere og mere op, så de buttede arme og ben lignede noget, der var placeret på en lilleputudgave af Michelinmanden.

Hendes mor havde samme facon bare i mange gange større format, så det var ikke noget, der kom fra fremmede, selvom det ikke gjorde det mere charmerende. Da årets anden skole-hjem samtale var nært forestående, blev vi enige om, at noget skulle siges. Nænsomt men bestemt da der ellers ville være fare for, at hun måske led samme skæbne som en overoppustet badebold.

Med dem begge siddende på de små stole i klassen, var det blevet tid til at tage hul på snakken. Da resultaterne af diverse tests, det sociale og andet obligatorisk er formidlet, siger moren pludselig, at hun jo godt ved, at de er meget for tykke, og har besluttet, at gøre noget ved det. "Alletiders" udbryder vi lettet i kor, og en god snak om hensigtsmæssige kostvaner udfylder resten af tiden. Mit sidste spørgsmål går på, om de får hjælp til det store projekt, og moren fortæller, at en af hendes veninder ved alt om den slags, og at hun har lovet at hjælpe. Der bliver givet hånd og ønsket held og lykke.

Den efterfølgende uge ved frokosttid ser vi, hvordan pigen næsten flår indholdet af madpakken ud, hvorefter hun med et sagligt smil guffer to risifruttier (de der ris a la mande-desserter) i sig.

Da det bliver fredag, og indholdet er identisk med ugens første fire dage, sætter jeg mig ned på hug og spørger, hvordan det går med slankekuren, da det er den formulering, hun selv bruger. "RIGTIG GODT", siger hun stolt, og kører endnu en ske med syntetisk smagende dessertmælkeris og frugtpure ind i munden. "Min mors veninde hjælper os! Det er derfor, jeg spiser det her, for hun har nemlig lært os, at ris og frugt er sundt!"

August 20xx

Vadehavet

I betragtning af, at selv det at få limstifter til et eller andet projekt hjemme på skolen kunne være en økonomisk udfordring, var jeg noget benovet over det lejrskolearrangement, mine kolleger på 8. årgang havde fået stablet på benene. Dage forinden var vi ankommet uden forsinkelser med lejrskoleekspressen til Gråsten, og de sidste godt og vel halvanden kilometer ud til vores spa-hytter ved fjorden, blev tilbagelagt til fods med hele årgangen, det vil sige, godt og vel 60 teenagere gående i en storbrokkende slange, slæbende på alt fra tasker og hinanden til halv- og helstore højttalere.

Fleggaard blev ikke besøgt, men det gjorde til gengæld alle de andre næsten lige så vigtige seværdigheder i Sønderborg og omegn. Dybbøl Mølle blev oplevet live, og da historieformidleren på "1864 museet" fortalte om, hvor levende høet i soldaternes sengelejer havde været på grund af tusinder og atter tusinder af lus, var der ikke en, der ikke begyndte at klø sig efterfølgende.

Ved morgenmaden var lærerne blevet enige om, at give de unge mennesker en opsang, om at komme til tiden. Derfor tangerede det kun lettere pinligt, da alle elever sad i bussen til aftalt tid, og kun ventede på den sidste kvindelige lærer, der ikke bare kom 10 minutter for sent, men slentrende og talende i privattelefon som om hun havde al tid i verden.

En af fordelene ved at være lærer er, at man i tursammenhæng ikke behøver at mase sig frem, for at sidde forrest. Med bagdelen solidt plantet ved vinduet modsat chaufføren, og med min pensionsmodne kollega ved siden, kørte vi vestpå ud mod Vadehavscentret og de kombinerede sand- og vandmasser, der omgav Rømø. Nationalpark Vadehavets udstilling skråstreg hands on museum formåede at fange opmærksomheden hos helt præcis to elever, hvoraf den ene selv så lettere overrasket ud, da hun opdagede, hvordan hun blev opslugt af den ene planche efter den anden, og slet ikke havde haft tid nok, da vi endelig kørte videre.

Den helt store egnethedstest i forhold til det at gå på pension, kunne snildt lyde på, at artsbestemme de første 5 fjerede fætre, der måtte zig-zag-krydse over hovedet på pensionsaspiranten. At min makker ville bestå testen blot ved at lytte til fjerenes bevægelse i vinden på en hvilken som helst fugl over dansk luftterritorium, var jeg ikke spor i tvivl om inden afgang, og da han gentagne gange i ekstatisk fryd med højre pegefinger strakt for enden af sin botanisk interesserede arm, næsten væltede ind over mig, mens vi kørte, for at udpege det ene flaksende vidunder efter det andet, tror jeg faktisk, han var tæt på lykkelig.

Men er der nogen form for sandhed her i livet, er det, at intet godt varer ved. Midt ude i marsken endnu inden den grøntoppede stor-skakternede vadehavnsstorks (eller noget tæt der veds) skygge havde passeret vores turkøretøj, ringer min sidemands telefon. Der bliver helt stille i bussen, så det eneste man kan høre, da min 60-årige makker kigger på displayet, er da han højt, og med næsten desperat stemme udbryder, "Åh nej, det er MOR!"

...

Eleverne mente selvfølgelig, at det kostede is, sådan at modtage opkald i undervisningstiden. Jeg selv havde mest brug for et iltapparat, da jeg sjældent har grinet så meget og så længe.

Rejseramme Fra Vadehavet

Marts 2019
DLF/a et Sted i Jylland

Damen, der skulle informere mig om mine rettigheder og pligter som jobsøgende, startede med at rable sin informationsremse af, allerede inden jeg havde sat mig i stolen. Hun så træt ud, tangerende lettere irritabel, og ordstrømmen der forlod hendes mund, lød som en haglsalve, der havde kørt på repeat hele dagen. Hun stoppede først, da jeg spurgte, om det ikke var irriterende, at skulle sige det samme hundrede gange dag ud og dag ind til folk, der ikke havde noget job. Først kiggede hun småsurt, og så så hun faktisk lidt flov ud. "Jeg siger altså ikke det samme til jer ALLE sammen!" sagde hun, og indrømmede så, at " jo... det kan godt være ret træls i længden".

Robotagtigt blev alle mine rettigheder og pligter nævnt i vilkårlig rækkefølge, efterfulgt af et "Har du nogle spørgsmål?" Det havde jeg sådan set, og de gik på, om det virkelig kunne være rigtigt, at der skulle søges lærerjob, når mine fine nye eksamenspapirer sagde noget om evner inden for turismeplanlægning, og jeg derfor dybest set slet ikke var interesseret i et skolejob. "Er det ikke at spilde alles tid?" spurgte jeg, hvilket hun straks gav mig ret i, og derefter opfordrede til at søge steder, jeg allerede havde haft ansættelse, men lige informere dem inden om, at jeg faktisk ikke var interesseret. "Øh...! Det giver da slet ingen mening" sukkede jeg, og gik ud ad døren med en orange notesbog med skriften "Vi åbner døren til verden" eller noget i den stil, samt et sidste tip om "at være kreativ!"

A-kasse manden i telefonen gav samme råd som dlf/a kreds-damen ved det "personlige fremmøde møde", efter jeg havde stillet det samme spørgsmål på nok måder til, at han til sidst sagde, "(SUK...!!!) Nej, det giver INGEN mening, men du SKAL søge lærerjob, fordi det siger LOVEN og NEJ, man kan ikke give nogen former for dispensation!" Mens han sikkert forsøgte at ramme afslut-samtale-knappen på telefonen, fik jeg lige råbt et "VENT!"

"Ja...?" svarede han med tyndslidt professionel venlighed, og besvarede min forespørgsel således: "Ja, vi tjekker, om du har uploadet de ansøgninger, du skal. Nej, vi læser IKKE, hvad der står i dem! Ja, det er jeg sikker på. JA!... HELT sikker!"

"Godt så!" sagde Nete i den anden ende, og tænkte, at nu måtte hun så hellere gå i gang med at være "kreativ", og få sendt de lovpligtige to ugentlige ansøgninger afsted. Da man ikke må skrive noget direkte, der indikerer, at man faktisk ikke er interesseret i det pågældende job, som f.eks. "Jeg er gravid, eller arbejder hårdt på at blive det, og derfor glæder mig til max. længde barselsorlov og en masse barnets sygedage" eller "jeg hader børn, men tror på personlig udvikling, derfor tænker jeg, at indskolingen hos jer er STEDET!", forsøgte jeg, at skrive de mest neutrale og intetsigende ansøgninger.

Tænker, de ansøgte skoler var hårdt trængte, for jeg BLEV faktisk kaldt til intet mindre end tre samtaler, som jeg ikke måtte takke nej tak til. Oplevelsen af at sidde og gøre sig umage med at virke interesseret, og samtidig fremstå så lidt attraktiv og samarbejdsvillig som mulig, var svær, men jeg kunne uden at blinke efterfølgende sige til de tre skoler, at jeg desværre var blevet tilbudt job andet steds, hvilket også var den skinbarlige sandhed, da der var trippelt bid.

Da jeg endelig HAVDE sagt ja tak til et job, skulle jeg fortsat søge i samfulde 6 uger frem til start, selvom det igen ville være spild af både min og et eventuelt match steds tid, hvilket tog prisen for total idioti. Derfor blev det en sport, at uploade ansøgninger i stil med:

Kære Tivoli. Jeg har engang arbejdet på Bakken, og har en intuitiv Ph.d. i Tombola. Da jeg søger nye udfordringer, tænker jeg, at jeres andedam vil være perfekt. Jeg kan endda svømme og elsker farven gul. Venlig hilsen Nete, der er RAP på fingrene.

Kære Skole. I har et job. Jeg søger et job. Tænker, at det kun kan være en såkaldt win-win-situation. At jeg oven i købet spiller lejrbålsguitar og blokfløjte, er vel bare en gevinst i forhold til musiklærerstillingen, selvom jeg ikke har musik på linje OG synger en smule falsk, men det vigtigste er vel at ville! Venlig hilsen Nete

Ind på portalen.
Upload CV, KLIK!
Upload ansøgning, KLIK!
Op på posthuset!
(Bande over porto)
Til sidst skulle der bare sættes et hak i ansøgningsmåde. Scrolle forbi "sendt pr. e-mail" og et KLIK med musen i "sendt med posten". Hvis jobcentret så alligevel skulle finde på at lave

stikprøver ved opringning til de forskellige arbejdssteder trods lovning om det modsatte, og det pågældende sted aldrig havde hørt om en Nete, ville ingen vel betvivle påstanden om, at ansøgningen måtte være gået tabt i posten.

Oktober 2006
Vestjysk Bingo-Banko Hal

Er der en befolkningsgruppe man IKKE skal drive gæk med på deres hjemmebane, er det de inkarnerede hard core banko-entusiaster, der er fordelt over det ganske danske land. Hvis der skal deles op i dem og os, hvilket som regel gør det lettere, når man skal henholdsvis identificere sig med eller signalere om en form for afstand, er der i dette tilfælde tale om folk, der enten lever og ånder for at indånde lugten i områdets bankohaller eller ligefrem *stam*-banko-hallen, og så os andre der måske spiller banko til en halvkikset helvåd julefrokost i ulige år eller via arbejdet i en institution af en slags, hvor adskillige nummer-brikker i lighed med de foregående år, stadig mangler.

Min moster har, så længe jeg mindes, hvert år til jul pr. telefon fortalt min mor om årets gevinster til sæsonens sidste banko, og hvad hun ikke har vundet af både halve og hele fugle, vakuumpakkede kropsdele af gris, flasker med procenter, regnbuens udvalg af Ritter Sport og andet godt fra Fleggaard og omegn er ikke værd, at skrive hjem om. Lidt "tø hø" har jeg da tænkt gennem årene, når hun har fortalt om sine bankoaftener, for højrøvet kan man jo altid være. Specielt når man konsekvent har takket nej til alle invitationer om deltagelse hidtil. Men så blev det efterårsferie og tid til endnu et besøg i moster-land. Efter lidt småsnak rundt om den varme banko-grød udbryder hun glad, "Jamen vil du da MED?!" Jeg nikker, tøvende, og hun siger noget med klokken 18, så der også er tid til at indtage en god gang flæskesteg med det hele derhenne, inden det går løs. Der skal vel varmes op på behørig vis!

Eftermiddagen går med at spille 500 og løse krydsord, og allerede der tænker jeg, at hvis det var muligt, at få dispensation til at blive pensionist, ville der næppe være nogen mere egnet kandidat end mig, da alt på nær alder ellers sidder lige i skabet. Da det er ved at være tid, finder min moster udstyret frem. Det vil sige to duppe-tudser i hver sin fancy farve, to sodavand uden pantmærke (vi er vel i Jylland), og så en frysepose med blandede bolcher og karameller.

Et kig på uret røber, at vi nok burde sætte tempoet lidt op, men moster siger, der er rigeligt med tid. Jeg tænker, at så må vi nok springe stegen over, hvis ellers klokkeslættet der blev nævnt tidligere, holder stik.

På p-pladsen er alle handicappladserne optagede. Faktisk er der ikke en ledig plads i nærheden af indgangen overhovedet, og jeg når at registrere et totalt fravær af andre folk i det hele taget. På nær de motoriserede, der drøner forbi på ringvejen ved siden af, er der faktisk død stille. "Er du sikker på, de ikke allerede ER startet? ", når jeg at spørge flere gange, inden vi træder ind ad svingdøren.

Et meget bestemt "er-det-mig-eller-dig-der-plejer-at-spille-banko-blik", gør, at jeg bare følger trop ind i den halvmørke gang, hvor lugten af flæskesteg og tyk brun sovs blandet med rødkål og surt slår os i møde som en kaloriepakket velkomstmur. "Det er lige her henne", kvidrer min moster, da vi træder ind i endnu et halvmørkt rum, der er stuvende fuldt af folk, der primært ligner det, de jo er, nemlig banko-segmentet. Opråberen kigger på min moster, og beklager syrligt, at de liiiige er ved at gå i gang.

Her bliver min moster ramt af noget, der bedst kan kaldes sludre-syndromet, mens jeg på samme tidspunkt ønsker at blive tryllet ud og væk. Dybe og meget irriterende suk lyder over alt, et "kan vi snart komme i gang?" runger bagfra, og imens kalder min moster mig hen til bordet med pladeudvalget, og spørger himmelhøjt og meget pædagogisk, hvor mange plader jeg tror, jeg kan klare, mens hun forklarer om alle de andre spil, der kører undervejs. Opråberen ser synligt irriteret ud, men min moster har nok aldrig været mere cool i sit liv, på nær måske lige da hun måtte løbe tværs over et minefelt i Esbjerg med min mor i barnevogn under 2. verdenskrigs slutning, for at komme hjem inden mørklægningstid. Men det er, som man siger, historie.

Hvad der til gengæld var 100% live og yderst nærværende, var den meget røde farve på mine ører og kinder, da jeg efter mosters lange forklaring ud i rummet om niecens banko debut, og med et kuponhæfte med bankoplader i hånden, endelig kom på plads. Det vil sige, først efter min moster havde diskuteret med genboen, om hvor vidt jeg måtte sidde på, lad os kalde det Yrsas faste plads, kunne spillet starte. De øjne der blev sendt i min retning, var så forurettede, og fulde af noget der mindede om had, at jeg flere gange kiggede mig nervøst over skulderen. Denne følelse af usikkerhed steg eksplosivt i takt med at numrene blev speedsnakket ud i rummet, og meget lidt hjalp det, at de også blev skrevet på skærme rundt omkring, for mine briller var ikke helt den styrke, de burde være.

Flere gange blev jeg i tvivl, om jeg nu havde fået alle numrene krydset af, og da det blev pause, skyndte jeg mig ud på toilettet, for at trække vejret frit. Hvordan det var lykkedes flere af de noget ældre damer, at komme derud før mig, aner jeg virkelig ikke, men sjældent har jeg følt mig så dårligt tilpas. "Det var dig der kom for sent, ik?!", sagde den ene skarpt, mens hun skulede og smurte alt for meget fed hvid Nivea håndcreme på sine krogede fingre, og den anden tilføjede, at "Vi har altså ikke faste pladser for sjov", som en hentydning til den dame, der godt nok ikke var til stede, hvis plads jeg åbenbart havde været så uforskammet fræk at sætte mig på. Lettere skræmt og med hænderne under det rindende vand hører jeg en af de to damer sige et eller andet om "de der Københavnersnuder...!", inden jeg haster tilbage til moster, der gumler på en Werthers Echte, og byder mig et, der ligner at have tilbragt mindst 2 måneder på bunden af håndtasken. Mums!

Da anden banko-halvleg går i gang, bliver jeg langsomt men sikkert ramt af en tiltagende angst, der egentlig er pænt irrationel, men tænk hvis jeg nu kom til at råbe "Banko", og det så viste sig, at det slet ikke var tilfældet. Er ikke et øjeblik i tvivl om, at jeg ville blive udstillet til spot og spe oppe ved præmiebordet og det lige på stedet! Min svedlugt er ikke alene, og går derfor ubemærket i et med de mænd og damer, der styrer pauseindkøbte pølser med ketchup i den ene hånd og nummererings dut-tussen i den anden.

I flere omgange er jeg kun et eller to numre fra fuld plade, og hver gang er jeg oprigtigt hamrende nervøs for, at skulle råbe banko. Alle spillere har det opråbte nummer hver gang. Det gælder bare om at finde det, og har man som min moster 3 sæt plader, ja, så skal der duppes 3 numre ved hvert udråb. Nu skal det lige nævnes, at selvom min moster er 50 år ældre end mig, og jeg ellers opfatter mig selv som periodevis skarp, har jeg så store udfordringer med tempoet, at min moster flere gange når at finde egne numre OG duppe mit!

Da vi er ved aftenens sidste runde, står der tre bøtter hjemmebagte småkager og to ultra grimme hjemmelavede fødselsdagskort med pergament ornament og guldglimmer ved vores plads. Ting, der er købt af de andre deltagere, der tjener lidt på siden, når gevinsterne udebliver. Det vil sige, mit åndedrag og puls var pga. meget dårlige kombinationer på rækkerne langt fra gevinst, hvorfor jeg kunne trække vejret frit, men moster gjorde hvad moster gjorde bedst, vandt hovedgevinsten, og sagde storsmilende på vej ud, da vi passerede flere af dem med munde som hønserøve, "Der kan du bare se, det hjalp ikke de andre spor at komme så tidligt!"

Juni 2019
Hospice

Efter at have boet i intervaller på både onkologisk og palliativ afdeling i næsten 4 måneder, blev min far tilbudt at komme på hospice. Efter i lang tid ikke at have ønsket andet end kakaomælk, salte lakrids fisk og besøg, var det derfor glædeligt, at han meget bestemt ytrede, at DET ville han gerne. Der er umiddelbart to typer af ophold. Et "end-of-life-stay" eller et palliativt, hvor det gælder om at smertedække patienten. Stedet i sig selv er lyst og indbydende med naturskøn beliggenhed, og var det ikke fordi, beboerne faktisk var enten døende eller meget syge, kunne omgivelserne generelt godt betegnes som rare. Som ugerne gik, blev det helt normalt at se rustvogne holde ude foran hovedindgangen, og enkelte beboere og deres pårørende faldt jeg i snak med i pauserne mellem yatzy og min fars behandlingsbehov.

En rimeligt veltrimmet mand i slut halvtredserne/først i tresserne går jævnligt forbi med sin lille sorte og meget velholdte hund. Da vores færdigrets-opvarmningsrytme ofte er tæt på synkron, siger han en dag, at han skal ind og se tennis (i fjernsynet). Jeg spørger, om han selv spiller, hvilket han nikker bekræftende til. Mit hvor-spiller-du-spørgsmål, blev besvaret med et "Holbæk" og tilføjet noget med kaptajn eller ansvarlig for et 60+ hold.

361

Jeg fortæller, at jeg selv er fra samme by, og nævner i flæng, folk han måske kender.

"Joh" siger han.

"Dem kender jeg godt. Vi spiller på samme hold! Hvor kender *du* dem fra?"

"Jeg har selv spillet på hold med dem i pingpongbold i over 10 år".

Nævner også en damespiller, der var med i det ansættelsesudvalg, hvor jeg senest var til samtale, og til det svarer han, at det er hans mix makker. Således går vi, og griner lidt af det de næste dage, mens det konstateres, at hans hund får noget bedre kost end os, der efterhånden er pænt trætte af Coop Mads ellers udmærkede sandwich og færdigretter.

Besøgende kommer og går, nye beboere flytter ind, andre bliver båret ud, og enkelte får det af uforklarlige årsager så meget bedre, at de forlader stedet med fornyet kraft. En pårørende fortæller om intet mindre end et mirakel, der faktisk er mirakel nummer to i deres familie, og havde jeg ikke oplevet hendes lillebrors vilde rekordforvandling ved selvsyn, ville jeg tro, det var snyd og humbug, men nej, et menneske der er lovet få dage at leve i, snyder alle og ikke mindst døden, en lammelse fortager sig, da han bliver voksendøbt på sit dødsleje, og alle står måbende tilbage. På nær de involverede. De peger mod himlen, og siger uden at blinke, at deres bønner blev hørt, og at de også beder for min far. Med navns nævnelse.

I 10 dage nikker jeg flere gange om dagen til naboens mand og bror, der bare venter på, at henholdsvis søsteren og ægtefællen skal give slip. På ellevte dagen får familien fred. Både de levende og hende der skulle herfra. Det føles sært, at der så bare flytter en ny en ind, lige så snart der er rengjort og sprittet af.

En morgen sidder der en ny dame med siden til nede i spisesalen. En af sygeplejerskerne kalder hende vist Kirsten. Ved lyden af damens stemme og rappe svar, kigger jeg en ekstra gang.

"Er du Kirsten?" spørger jeg. Damen vender sig halvt, kigger over brillekanten og svarer prompte. "Er du Sandy?"
Jeg svarer nej. Hun kigger væk, og jeg gentager mit spørgsmål.
"Vent!" siger hun meget bestemt, og holder en hånd frem, som for at stoppe mine ord. Jeg bakker, og efter nogle sekunder siger hun, "Nej, jeg ved godt, hvem du er, men kan ikke huske, hvad du hedder. Ja… Jeg er Kirsten".

Spørgsmål fyger gennem luften fra begge sider, og endnu engang kan det bare konstateres. Verden ER lille. Så lille, at en enkelt replik fra en, der trods alt ikke var helt så fremmed som først antaget, viste sig at tilhøre en tidligere yndlingslærer fra folkeskolen, der ved vores sidste fælles møde, uddelte et kram til dimissionsfesten... 23 år tidligere! Nu bor hun ved siden af min far.

Om 10 dage fylder hun 75. Men med hendes egne ord bliver der næppe nogen fest, da man, ligeledes med egne ord, jo helst skal være i live til sådan noget.

December 2016
Julekort

I en årrække forsøgte jeg at afsætte alverdens hjemmelavede papir- og kort-dimserier til kolleger, venner og familie, inden jeg druknede i de kulørte kreationer derhjemme. Særligt ved juletid blev der på lærerværelset stillet an med en lille bod, hvor man kunne købe alle de kort og gavemærker, man ikke vidste, man havde brug for, og år efter år var det de samme, der støttede salget, og ligeledes de samme der gjorde sig umage med ikke at kommentere på kortene eller undgå at udveksle et ord, før boden var væk igen. Om de der faktisk købte, sendte hele herligheden videre ud i verden med rigtige frimærker, eller de ligger lunt og godt rundt i diverse skuffer (kortene altså), ved jeg af gode grunde ikke, men taknemmelig for salget er jeg.

Julen før turen gik til det Olympiske Akademi i Grækenland, havde jeg fået lov til at stille en kurv med diverse kort på disken hos en bekendt i hans dentalbutik, påklistret et skilt, der informerede om, at alle indtægter ville gå til opholdet dernede. Efter 6 uger med kurven stående fremme lige hvor patienter alligevel skulle køre kortet igennem efter endt behandling, håbede jeg selvfølgelig på, at eventuelle småmønter eller endda nogle gyldne nogen uden hul ville ende i den medfølgende pengekasse.

Som tak for at have lagt disk til kortene, medbragte jeg en Gammel Dansk til 119 kr. Flasken blev overrakt, og selvom modtageren var helt uden ansvar for salget, så han alligevel lidt brødebetynget ud, da pengekassens indhold talte to stykker tyggegummipapir, en clips, en reklameflyer for Sygeforsikringen Danmark og en halv knækket ispind. Eneste umiddelbare fordel var, at jeg ikke selv ville gå ned på kort de næste mange år.

Nogle år senere spurgte en kollega, om vi skulle dele en stand ved et rigtigt julemarked. Kortproducerings-gnisten blev øjeblikkelig tændt, og stod i lys lue, og efter et stort og rungende "JA", gik produktionen af julekort ellers i gang. Alt blev klippet og skåret i hånden. Først skulle selve basiskortet opmåles, skæres, falses og foldes. De første to trin gentog sig ved fremstilling af rammen. Nisser, træer, landskaber, sokker, skorstene, snefnug, stjerner, kræmmerhuse, hjerter, alle skovens dyr og andet i massevis blev også håndskåret og sat fast med dobbeltklæbende tape på mosgummi, så det fik et skær af 3D, og prikken over juletræet blev ofte et eksklusivt klistermærke med "Glædelig Jul" eller lignende årstidstilpasset hilsen. Ned i cellofanposen med den ligeledes håndskårne kuvert og til sidst et håndtegnet logo og prisskilt. Hallmark fik i den grad konkurrence på både kvalitet og pris, og jeg var egentlig ganske godt tilfreds med resultatet, selvom specielt pegefingeren havde fået en sjov skæv vinkel af at skære med hobbykniv i et større tocifret antal timer.

I sofalampens skær blev der desuden flettet stjerner til den helt store guldmedalje i flettestrimmelbredder der spændte fra 0,5 mm gavebånd over bonruller på 8 cm. Med et nyindkøbt trærundstoksjuletræ under armen, en kæmpe rygsæk bagpå og fire plastickasser forsvarligt pakket i wrap-around plasticsække og knapt så forsvarligt stablet i favnen med kun 10% frit udsyn, gik det hen til julemarkedsmatriklen med 5A bussen til en københavnsk forstad.

Da præcis det samme gentog sig året efter, dog uden selskab af min kollega, spoler vi bare et år frem, da forberedelserne og stedet var stort set identiske. Dog havde vejret vist sig fra en noget mere positiv side end året før, da en snestorm gjorde, at flere af de andre sælgere for ikke at nævne potentielle kunder, aldrig nåede frem. Borde blev stillet hensigtsmæssigt, alle ting sat pænt op og mit lille "Kom-og-fold-dig-ud-origami-work-shop-skilt" stod også klar, så eventuelle interesserede kunne dumpe ned på en stol og deltage, uden andre anstrengelser end at tage overtøj og vanter af.

Ordet "Origami" hang i fine japanske stavelser flag-guirlande-style på væggen, indtil en mand, der havde passeret tidligere med en asiat under armen, kom og så ud som om, han ville sige noget. "Er der noget, du bare MÅ eje?" spurgte jeg friskt, og pegede som en anden Kategorina på udbuddet af alverdens julerier, hvorpå han svarede, "Nej, men min japanske kæreste siger, du har stavet forkert". Sagde pænt tak for info, og bad ham derpå om at hente hende, så hun kunne rette op på mit skilt, hvilket han gjorde. Efter at have tilføjet det der svarer til en manglende streg i et dansk "Ø", gik hun derfra med en saml-selv-terning som tak.

50% af underholdningen på sådan en weekend er at iagttage de besøgende. Teenageveninder i stramme gamacher og skuldertasker med tynde stropper påhæftet bløde runde dyr med fake-pels, ældre kvinder med strikhue, frakker i praktiske farver og duggede briller, børnefamilier med baby i klapvogn og ældste barn på et par år siddende på fars arm, og så de der ægtepar i slut halvtredserne frem til slut tresserne, hvor konerne kommer gående flere meter foran de medfølgende mænd, der ligesom gør sig umage for at signalere, at de netop bare følger med, fordi de skal.

Adspurgt om at deltage i papirfoldning, holder de fleste afværgende hænderne op, for det er ABSOLUT ikke noget for dem.

Da en af mine mange hjemmestrikkede Ph.d'er også tæller en i "Mænd over 60", blev det hurtigt en sport, at få dem til at tage plads og lave noget fornuftigt, når nu konen alligevel bare tudser rundt. Samme glæde som springer frem, når elever opdager, at noget de har opgivet på forhånd, faktisk viser sig at være cool eller ligefrem sjovt, dukker også op, når hr. Larsen, (der ifølge ham selv har mindst 7 tommelfingre og en hammertå, selvom sidstnævnte næppe er relevant), stolt fremviser den æske eller lignende, han selv har foldet. Om det ændrer noget i det store perspektiv, tænker du nok?! Måske, måske ikke, men alle gode stunder, kommer ikke dårligt igen, og selv små succesoplevelser tæller positivt på humørbarometeret, når konen om et øjeblik kommer trippende, og fortæller, at hun lige kom til at købe filt-nisser for 550 kroner.

Lad mig bare være ærlig og sige, folk stod ikke ligefrem i kø for at købe julekortene. Til gengæld måtte de to små piger længere nede i lokalet lukke deres biks allerede om lørdagen, da deres lager af slikæbler, havregrynskugler og konfekt blev revet væk. Forklaringerne fra folk om, hvorfor de ikke havde brug for kort, var mange. Top 10 lød således:

1) Jeg sender kun e-mails og sms'er

2) Frimærker er for dyre

3) Jeg har ikke nogen at skrive til

4) Min håndskrift er grim

5) Den slags klarede min mand, men han er død nu

6) Ingen sender til mig, så jeg sender jeg heller ikke til dem

7) Jeg fejrer ikke jul

8) Jeg er venstrehåndet (Øh...???)

9) Det er ikke på mode

10)   Jeg ved ikke, hvad jeg skal skrive

Netes KORTe Kundeservice blev aktiveret, så natten mellem lørdag og søndag blev brugt til at lave en masse "hjælpeskilte", der kom op at hænge på sidevæggen ved standen. Døde ægtefæller kunne jeg af gode grunde ikke gøre så meget ved, men løsninger på flere af de andre forklaringer blev fikset, inden dørene atter blev slået op.

Blandt andet var der tilbud til dem med grim håndskrift om skriveassistance, hvor de selv kunne vælge udførelsesgrimhed på en skala fra 1-5, eller håndskrifts-turbo boot camp til DIY folket, tilbud om at sende julekort til mig for de der ingen havde at sende kort til, og endelig var der masser af indholdsinspiration klistret op til fri afbenyttelse.

"Kære fætter Tage! Undskyld du aldrig fik din næsehårstrimmer retur. Jeg håber denne julehilsen, vil rette op på 27 års glemsomhed!"

"Julen er ikke, hvad den plejer at være, for hvem skal nu vaske op?! Kom hjem min elskede, og jeg tilgiver alle de dumme ting, jeg har lavet siden sidste jul. Kh. Din egen bassemand"

og
"Til dig fra mig. g l Æ D E L I G jul!"

...var blot nogle af de forslag, der skulle inspirere og forhåbentlig booste salget.

Da de sidste besøgende var smuttet hjem søndag eftermiddag til glögg og kontoudtogs-kigning, var det tid til at tælle op, hvor mange penge der var omsat for. Stjerner og diverse var næsten udsolgt, men stakkene af julekort, resultatet af virkelig mange timers arbejde, var efter godt 16 timers julemarked fuldstændig uforandret i højden. Antal solgte kort var derfor helt præcist:

0.

Måske jeg skulle slå mig på marcipangrise-insemination i stedet?!

Maj 2019
Politiets Hotline

På min blot anden dag som semi-bilejer, ringede et ukendt nummer til min telefon. I sådanne tilfælde lader jeg den som regel ringe, men trykkede i dagens anledning alligevel på den grønne knap. En stemme med meget kraftig parodi-agtig udenlandsk accent, spørger, om jeg er mig.

"Måske" svarer jeg.

"Jamen det er Politiet!"

"Helt sikkert!" siger jeg.

"Jamen, har du ikke en bil, der holder oppe ved Kvickly? Sådan en Opel?!"

"Måske" svarer jeg igen, mens ham i den anden ende nok godt kan høre, at jeg ikke helt tror på ham.

"Ring til Lars, og spørg ham" siger han så, og lægger på. Ringer op til ham, der stadig står som ejer af bilen, og får desværre afkræftet min mistro til det netop indgåede opkald.

"Den er altså god nok! Han har også lige ringet til mig".

Ergo ringer jeg tilbage, og stemmen fra før gentager, at det er Politiet, og beder mig gå op på p-pladsen. Her ligger der, helt som beskrevet i telefonen, knust rudeglas over det hele. Nogen har moret sig med at slå vinduet i førersiden godt og grundigt i smadder, uden så meget som at ridse deres initialer eller lave andet primitivt og ødelæggende. Det virker mest som om, nogen er gået forbi, og netop i det øjeblik de har passeret bilen, tænkte; Hov, der er en rude, den er hel, den må jeg hellere smadre, for hvad skal jeg ellers lave de næste 57 sekunder?

"Jeg skal bruge dine person-tal" siger personen i den anden ende.

"Mine HVAFFORNOGLE-TAL?" udbryder jeg højt, og tilføjer så, da tiøren pludselig falder, "Mener du mit PERSONnummer?"

Efter at have givet de oplysninger han bad om, sad han muligvis med et indtryk af, at der var en rimelig skeptisk borger i den anden ende, mens denne tænkte, at nu bliver kontoen lænset, og jeg ender på forsiden af Ekstra Bladet som dagens mest naive fjols. Men lettere undskyldende spørger han, om der er andet han kan hjælpe med, hvilket jo i og for sig var pænt nok, men adspurgt mener han alligevel ikke, at det er Politiets opgave, at assistere mig med en ledningsfri støvsuger og en spand!

Maj-Juli 2019
Holbæk og Omegn

Da den gamle Opel næsten var blevet fri for knust glas, var det for alvor på tide, at komme ud på vejene og få noget erfaring bag rattet. Allerede efter få gange blev et af succeskriterierne for en vellykket tur, at der hverken blev dyttet eller luftet midterfingre i min retning. Alligevel var der som sprit ny bilist, ikke at forveksle med ny spritbilist, lidt start... skal vi kalde dem... udfordringer.

2. køregang dukkede en voldsom lokal byge meget uventet op. Havde forvildet mig ud på motorvejen, (dødsønsker kommer åbenbart i mange former), men sad med snuden helt oppe i ruden, mens samtlige viskere kørte for fuld smadder. Lige så pludseligt det startede med at regne, lige så hurtigt skinnede solen igen. Desværre havde jeg helt glemt, hvordan man slukkede bagviskeren, så den fortsatte ufortrødent i turbofart med at viske ruden ren for alt det vand, der ikke længere var der, helt ind til København. Der var vist kun 3 børn fra passerende biler, der pegede grinende undervejs.

3. køregang syntes jeg, bilen var lidt svær at styre. Efter små 17 km på motorvej (...) opdager jeg så, at håndbremsen er trukket. Af en eller anden grund bliver jeg i tvivl, om den faktisk kan lægges ned, mens bilen er i fart. Derfor går der yderligere et stykke tid, inden jeg vover pelsen. Jamen så fint den kørte derefter...!

5. køregang kunne jeg bruge erfaringen fra en tidligere tur. Efter at have kørt fra Holbæk til Roskilde, opdager jeg igen igen, at håndbremsen er på overarbejde. Forskellen denne gang, var at den straks blev sænket til vandret. Man lærer vel af sine fejl. Måske. Engang. I 2029.

6. køregang tænker jeg, at den Audi der passerede med ekstrem høj fart, efter en tung fod blev dumpet på speederen og med en meget lille sidedørsmargin hen over fuldt overtrukne streger, måske syntes, jeg kørte en anelse langsomt. I hvert fald flashede han sin midterfinger og overkrop (?), og råbte noget, jeg nok skal være glad for, forsvandt i larmen. Opdagede så, at man det sidste lange stykke havde måttet køre 80 og ikke 50, som jeg var overbevist om. Det siges at fart dræber, og i dag lærte jeg, at det i visse tilfælde sikkert gælder både den høje og lidt for lave fart, med mindre ens dør er forsvarligt låst!

7. køregang går det fredsommeligt hen ad Jyllingevej. Politiet kører bagved, og i mit stille sind fryder jeg mig over, at der er kommet så meget styr på teknikken, at jeg undgår pinlige manøvrer foran ordensmagten og sved af den klamme slags på panden. På et tidspunkt holder

vi for rødt. Ved gult for de vinkelretkørende gør jeg klar, og da lyset i min bane skifter til grønt, trykker jeg på speederen. MEN DER SKER INGEN TING!

I løbet af nul komma fem sveder jeg som en gris, og det der føles som en hel halv time, eller måske det der er længere, passerer, inden jeg opdager, at koblingen ikke er trådt ned. Lyset skifter til rødt uden at rækken af biler har flyttet sig nogen steder over hovedet. Frygter, at hr. Betjentsen kommer hen, og banker på taget, men kommer heldigvis afsted, næste gang der er grønt. Politibilen passerer, de kigger, jeg smiler, de smiler ikke, og endelig er jeg ude på motorvejen. Vælger ganske vist den forkerte retning, men i det mindste er der ingen røde (eller blinkende!) lys og der ER kønt i Hillerød.

9. køregang var det tid til at tanke for blot anden gang samlet og første gang helt alene. For folk der har tanket hundredvis af gange, kan det naturligvis ikke få deres puls synderligt i vejret, men for mig var det altså en ret stor begivenhed. På standeren stod, at man skulle betale i butikken, så stillede mig pænt i kø udelukkende med mænd, der næppe syntes, det her ville gå hen og blive dagens bedrift.

"95, 95, 95" kværner inde i mit hoved, så jeg kan sige, hvilken slags brændstof der skal betales for, og så spørger hende damen bag skranken gudhjælpemig, om det er blyfri eller diesel? Hjernen går i baglås, inden jeg trækker mig ud ad køen med ordene, "Jeg skal lige tænke", mens tre gange Brian griner i skægget. Pludselig var der en smule forbindelse oppe mellem de sporadisk fungerende hjerneceller, så jeg hopper ind i køen igen med ordene, "Det er den med tallet 95". Fik betalt, og kunne så liste ud i bilen med røde ører.

10. køregang var første tur ud i lørdagstrafikken med stop hos min frisør gennem 16 år. På villavejen stiller min hjerne spørgsmålet, om man egentlig måtte parkere det sted, jeg var ved at sætte bilen. Tænke tænke og så konstatere, at der jo er en første gang for alting, og at en p-bøde jo skulle komme før eller senere. Altså trækker jeg håndbremsen, låser døren, og smutter ind i den sorte stol. Under 10 minutter senere står jeg, og bøvler med låsen, da en mand råber noget, mens han kommer nærmere. Tænker, at han burde tage en mad med Stryhns, da jeg jo tydeligvis er på vej væk. Men nøglen nægter pure at komme i låsen, og da manden er faretruende nær, opdager jeg, at det ikke er min bil! Kigger op, og ser min lille Opel holde en postgang

længere fremme, styrter hen til den, låser døren op, og forlader gerningsstedet så hurtigt som muligt. Ups…!

14. køregang gik i den mørkere del af skumringen fra Nr. Asmindrup til Holbæk uden lys. Mødte ikke en eneste, hvilket jo sådan set var heldigt. Opdagede det først, da den obligatoriske du-har-glemt-at-slukke-lyset-tudelyd udeblev, da jeg åbnede fordøren for at stige ud. Pænt sort. På flere planer.

16. køregang er benzinnålen pludselig faretruende tæt på nul. Kører ind ved den første den bedste stander, men det der står på de to pistoler, kunne lige så godt have været thai, for jeg aner ikke hvilken en pistol, der skal bruges. Beslutter mig for at vente, til der kommer tankningsselskab, hvilket bliver en meget pumpet og tuschet fyr. "Undskyld, må jeg stille dig dagens absolut dummeste spørgsmål", piber jeg i hans retning.

Svaret er et dybt brum af en slags, der åbenbart betyder ja, for han spørger højt, hvad jeg vil spørge om. "Jo altså… Jeg ved ikke, hvilken pistol jeg skal vælge", fremstammer jeg, og han må lige kigge en ekstra gang, som om ordene hænger i luften, og lige skal tjekkes, om det virkelig var det, han troede, han hørte, der blev sagt. Jeg får tilføjet noget med at være helt blank, men så blænder han op for et meget imødekommende smil, forklarer pædagogisk, hvorfor jeg IKKE skal bruge DEN pumpe, men bare give los med den anden.

Da han atter sidder bag rattet, kører han elruden ned og smiler opmuntrende, inden der gives alt for meget gas. "Bare rolig du! Al begyndelse er svær (tandpastasmil). Du skal NOK lære det!".

1991-2019
Lejlighedslotto

Nogen har held i spil. Andre i kærlighed, og mon ikke der også findes dem, der excellerer i begge dele? Efter et eventyr som selvstændigt erhvervsdrivende havde mine forældre desværre måttet sande, at selv ikke 16 timers arbejdsdage og tæt tiltro til meget nære forretningsvenner, altid bragte noget godt med sig.

Firmaet gik konkurs, huset røg på tvangsauktion, og familien Knudsen måtte flytte til "musiKparken [35] " i Costa del Brøndby Strand, hvor dagligdagen ofte bød på trusler om bank, og hvor min brors fine nye cykel med lidt hjælp fra nogle drenge længere nede ad rampen, først svævede, siden smadrede mod jorden nede i parkeringskælderen. Min far måtte ned og banke på, men faderen i nummer nogen-og-tredive trak bare beklagende på skuldrene, mens hans store børneflok hang ud ad vinduet på førstesalen, mens de lavede ansigter og fremviste finmotoriske fingerfærdigheder med midterfingeren.

Efter to år var min bror og jeg tæt på at blive sent til moster og onkel i Jylland, indtil der var bedre udsigter på boligfronten. Weekend efter weekend gik således med at kigge på socialt boligbyggeri, og tro mig, der fandtes faktisk steder på Vestegnen, hvor solen ikke kunne klemme sig frem, hvor meget den end prøvede. Ventelisterne alle steder var alen lange, men kontaktformularer og gebyrer blev udfyldt og betalt alle steder. I Karlslunde faldt kærligheden på nogle røde murstensrækkehuse med fint blåt træværk, men

---

[35] Frit efter Musik-Lars

damen på kontoret oplyste, at der var over 20 års ventetid. Mine forældre lod sig opskrive alligevel.

Stemningen hjemme var trykket, da telefonen pludselig ringede. Min mor løftede røret, og svarede med enstavelsesord, indtil hun sagde "Tak!", og lagde på. "Vi skal flytte", sagde hun så, og strålede som en sol på en skyfri efterårsdag. Det viste sig, at boligselskabet havde haft indbrud natten efter vores besøg, og gerningsmanden havde smadret computeren, så de ikke kunne få adgang til databaserne. Samtidig var der dukket et ledigt rækkehus op til snarlig indflytning, og da min mors kontaktoplysninger stadig ikke var indtastet i systemet, men lå og flød på en gul post-it lap, fik hun tilbuddet, der skulle kvitteres for hurtigst muligt.

Om vi så selv havde været ude på nattesjov med en mursten i baglommen, kunne heldet ikke være faldet på et mere tiltrængt sted. Således flyttede vi til Karlslunde, hvor julen blev fejret siddende på et større læs flyttekasser. Men den største gave var naturligvis den, der indtraf lige før d. 24. december.

...

Cirka 10 år senere sidder jeg ude i Korea, og kigger på de papirer, jeg har fået tilsendt fra et kollegie i Silkeborg, hvortil der skal flyttes ved slutningen af mit udvekslingsår, for at påbegynde lærerstudiet. Min gåtursveninde er startet i Holbæk, og forsøger med en bestikkelsespakke bestående af remoulade, bernaisepulver og ristede løg, at få mig til at ændre planer, så jeg i stedet flytter til Nordvestsjælland. Da hjemveen kunne aflæses ligefrem proportionalt på badevægten ude i Seoul, siger jeg "OK", hvis hun ellers kan ordne det således, at værelset ved siden af hendes, kan blive mit. Trylle trylle trylle, ud til højre med Silkeborg, og kollegieværelset med mit navn på døren stod klar ved studiestart.

...

6 år senere bliver jeg afhentet af en kollega på vej til julesjov med vores 2. klasse. Da vi passerer vandrerhjemskrydset i Holbæk, siger han, at hvis jeg kender en, der akut mangler en billig lejlighed med udsigt over fjorden, må jeg godt sige til. "TIL!" lyder det straks fra mig på bagsædet, der to dage inden var havnet i den situation, at fraflytning var meget påkrævet. "Jamen, viceværten vil kun have kvinder over 40", siger han beklagende. Får alligevel lokket nummeret

383

ud af ham, og lover manden i den anden ende, at jeg gerne skriver under på at flytte ud, første gang han måtte modtage en klage.

Han går med til at mødes, og få uger efter sidder jeg, og nyder udsigten over fjorden. 90m2 var imidlertid alt for meget for en med en 2,5 personers sofa, en 16 huls reol og et spisebord, så da en ældre dame på tredje i samme bygning fortæller under simultan postkassetømning, at hun drømmer om mindst 80m2, foreslår jeg, at vi bare bytter. Kort tid efter er udsigten over fjorden blevet omend endnu bedre, og arealet meget mere passende.

...

Fra tid til anden får jeg trang til forandring, så efter næsten 15 år i Holbæk med en enkelt 10 måneders afstikker til det vilde Nordvestsjælland og et par andre krumspring, drømmer jeg om et job i nærheden af Grøndalcentret, hvor man kan udleve alle sine våde sportsfantasier under samme tag. Et blik på Googlemaps afslører navnet på de nærmeste folkeskoler, og da jeg kun har kendskab til den ene, og de samtidig søger, er det jo en no-brainer. Efter to samtaler samme sted går jeg mod bussen, og tænker, at udsigten over København ikke ville være helt tosset. Da så telefonen ringer, og manden i den anden ende tilbyder mig jobbet, siger jeg pænt ja tak med galoperende og lykkeligt bankende hjerte, stolt over at være udvalgt blandt 51 ansøgere. "Men hvordan med bolig? Bliver det et problem?" spørger han. "Ork nej... Bellahøj camping er et glimrende sted" griner jeg, og kigger boligportaler, straks vi har sagt på gensyn.

Selv med 20 års anciennitet hos et stort lejeboligselskab, er der min. 16 års ventetid, på de boliger jeg er interesserede i. Det var derfor ikke videre relevant. For 29 kroner kunne man i stedet købe 3 døgns adgang til en af Danmarks største boligsider. Tænker, at det må være rigeligt, men får et chok over priserne, og hastigheden hvormed lejlighederne bliver taget af sitet igen. Mange bliver lagt på og taget af igen indenfor få timer! Det minder om regulær nervekrig! Pludselig falder øjnene på en andel i Nordvest, der har været opslået i 2 dage. Ringer op med det samme, men bliver mødt af en telefonsvarer. Indtaler besked, og sender derefter 2 sms beskeder med kort mellemrum. Da der ikke er nogen form for svar, tænker jeg, at det også ville have været FOR heldigt, men så lyder tonen fra min telefon, og en pige spørger, om det er mig, der har ringet?!

8 har allerede været og set på andelslejligheden med sund økonomi, alle vil gerne købe den, så jeg siger, at jeg er bosiddende i Holbæk, og ikke gider tage hele vejen derind, hvis de allerede havde besluttet, at sælge til en anden. "Kom bare, men det skal være inden for tre timer, for vi vil gerne beslutte os i dag", siger hun, og lægger på.

Frem med Rejsekortet og op til stationen mens jakken kommer på i løb, af på Nørreport og ind i 250S bussen. Af ved Bellahøj Svømmehal og navigeren rundt på de mindre veje. "Ding dong!" Efter lidt skratten i dørtelefonen bliver der åbnet, og jeg står i en lejlighed, der bare er ganske fantastisk og hyggelig! "Waou...!", er min første kommentar. Pigen smiler. "Sådan sagde jeg også for to år siden! Men nu flytter jeg ind til min kæreste på Tagensvej, fordi vi skal giftes".

Kæresten dukker også op efter en rundvisning, hvor jeg uden tvivl har julelys i øjnene. Ved lidt efterfølgende small talk viser det sig, at hendes far bor, hvor jeg er vokset op, og alle hans venner bor i Holbæk. Jeg går en sidste runde alene, og med hånden på dørhåndtaget klar til at gå, siger pigen, "Du ligner en, vi ikke får problemer med. Lejligheden er din, hvis du vil have den!" Det er ikke helt god stil at kramme fremmede, men blev simpelthen så glad!

...

Efter 2,5 år i NV med udsigten til indførelsen af uddannelsesloftet blev der trykket "Ja tak!" på studiepladsknappen, og sagt op på skolen indenfor et døgn, da brevet om optagelse på den internationale Tourism Management uddannelse kom. Eneste udfordring var så, at jeg intet kendte til Vejle, men akut havde brug for et sted at bo. Et nyt 3 døgns boligportalsabonnement blev købt, og stik mod hvad man umiddelbart kunne tro, var der ikke uanede super billige og fede lejligheder i provinsen.

Gentagne besøg over første adgangsdag resulterede i ingenting, men pludselig dukkede en halvfærdig annonce op. Billederne var fine, prisen acceptabel om end i den lidt dyre ende, men boligstørrelse og beliggenhed perfekt med skoven i baghaven. Mens ejeren til opslaget fik tastet de sidste informationer ind, sad jeg bare, og ventede på, at telefonnummeret blev offentliggjort. Da det endelig skete, blev jeg mødt af en telefonsvarer. Forsøgte flere gange dog med samme resultat, så til sidst indtalte jeg en besked, og gik i ventemode. Underligt nok begynder telefoner sjældent at give lyd, bare fordi man kigger intenst på dem.

På dag to var der endelig kontakt. Damen ville gerne høre lidt om den interesserede lejer, der fortalte om et skift fra fast arbejde, til livet som studerende på SU i den modsatte ende af Danmark. Også hun berettede om flere på venteliste, men da hun selv havde skiftet retning sent i livet, blev det mig der løb med lejligheden. Som en ekstra service hentede hun mig endda på skolen efter første skoledag, hvor jeg var ankommet med morgentoget med ikke så få stykker bagage incl. en 60 cm høj plys pingvin forsvarligt gemt i en 80L rygsæk. Havde en anelse sommerfugle i maven, over at skulle ud og underskrive kontrakt på et sted, jeg kun havde set på billeder. Ikke det klogeste træk, men man har jo lov til at blive positivt overrasket, og når der oven i købet fulgte søde naboer med (Hej Jane og Thomas ;) er det svært ikke at føle sig ekstra heldig!

Nu orker du nok ikke at læse mere om mine boliggevinster, men hæng lige på lidt endnu.

Efter to år i Vejle var det tid til at finde et job. Desværre var der ikke bid nede på det lokale turistkontor, selvom min praktikansvarlige gjorde en ihærdig indsats, og da turene over bæltet hver/hver anden uge var ved at blive en smule trælse, sendte jeg en besked til min tidligere udlejer i Holbæk med en forespørgsel, om der mon var en ledig lejlighed i en af hans tre ejendomme. Der gik ikke mere end 5 minutter, før han ringede op. "Jeg skulle egentlig have ringet til en mand i går om en lejlighed, men det nåede jeg ikke. Sad med telefonen i hånden, for at ringe op nu, da din besked kom. Det er i øvrigt din den gamle oppe på 3. sal bare med nyt køkken og bad. Den er din, hvis du vil have den!

Således gik turen atter hjem til Holbæk.
Godnat og sov godt!

Forår 20xx
Virkeligheden

Der er så yndigt ude på landet, kan man læse i et eventyr af vores alle sammens nationaldigter, der kun ville portrætteres fra den ene side. Han har været borte i mange år, og kan derfor ikke klandres for et statement, der ikke altid holder vand. Politikeres succes bliver målt på deres 100 første dage i embedet. Al begyndelse er svær og jeg er ikke politiker, eller det der ligner, men for en sikkerheds skyld, holdt jeg op med at tælle absurditeter, allerede inden første måned var gået.

2. skoledag skal jeg hjælpe med slagets gang nede i en 1. klasse. At påstå kaos kunne være opfundet i netop dette rum, ville ikke være en overdrivelse. I et hjørne står en meget yndig lille pige. Da hun får øje på mig, holder hun sig for ørerne, lukker øjnene, og skriger af sine små lungers fulde kraft, "Nej nej nej, jeg vil ikke se på ham den brune. Han er en stor fed brun negerlort!" Der efter løber hun om bag en skærm, og skriger videre.

I mellem hendes skrig, begynder et par af de andre børn at diskutere omfanget af min brune farve, der på ingen måde overhovedet er brun, hvilket vi ved selvsyn konstaterer, ved armfarvesammenligning et par dage senere. Men tilbage til skrigeriet. En siger med høj gennemtrængende stemme, at "Så brun er han altså heller ikke!" 17 par øjne kigger granskende i min retning. Et par stadig fra bag skærmen, et par fra under et bord, og endnu et par fra døren, hvor en dreng er ved at stikke af. En pige vil gerne vide, om jeg er en dreng eller en pige, men da hun ikke synes, svaret giver mening, råber hun, at jeg altså mest ligner en dreng.

Efter sammenlagt 4 minutters effektiv undervisningstid ud af 75 minutter, går vi ud, og venter på, at SFO'en skal slå dørene op. En af drengene sparker 5. klassernes bold væk, og da jeg meget bestemt beder ham hente den igen, kvitterer han med et "Fucking Bitch!" og trasker roligt den anden vej. På vej til lærerværelset efter en pænt surrealistisk dag kører en større dreng en metalflaske langs væggen, og der efterlades en grim skæv streg. Min "Stop lige det der"-sætning bliver mødt med et meget klart "Næh", hvorpå han roligt fortsætter på samme måde.

7. skoledag skal jeg atter ned hos de søde små. Eleverne skal lave en opgave om dem selv, og forsøge at skrive og tegne, hvordan de ser ud, hvad de kan lide ect. Flere skriver, at de spiller Fortnite, og et eller andet jeg lykkeligt har glemt, men i det ene hjørne sidder en lille mut dreng. Sætter mig hen på hug, og opmuntrer ham til at komme hen til bordet, så vi kan hjælpes ad. Det

tager lidt tid, men da han endelig har bagdelen plantet på stolen, og en spidset låneblyant i hånden, stiller jeg 10.000 kroners spørgsmålet: "Og hvad spiller DU så?"

"Pik!" svarer han helt præcist.

15. skoledag bød på idræt. 3 voksne til 17 børn var ikke helt nok til at holde dem i ro. Drengene havde besluttet sig for at have knoprede fodboldstøvler inden døre, og løb stortrampende over trægulvet for at provokere, det bedste de havde lært. To børn leger med de bolde, vi skal bruge til undervisningen, mens de siger, at en af de andre voksne har givet dem lov. Min puls stiger til usunde højder, da den voksne bekræfter, og spørger, om vi ikke bare kan bruge nogle andre bolde. Imens er en pige i færd med at smøre harpiksfjerner ud på dele af halgulvet, mens to andre skændes bravt om, hvem der skal være trøje-uddeler. De kan ikke blive enige, og ender hysterisk skrigende med at flå voldsomt i hinandens hår.

Pigen fra før er nu nået til at fordele produktet i sit eget hår, mens andre griner, og får hende til at fjolle endnu mere. På vej tilbage til klassen efter noget jeg snart ikke ved, hvad jeg skal kalde, stjæler harpiks-pigen en sut fra det kommunale sut-træ. En ældre dame ser det, og stavrer hen mod træet, mens hun gør truende fagter. Pigen giver hende fingeren, og skråler et "Fuck dig".

Damen ser så overrumplet ud, at hun så ud til, at kunne tilte hvert øjeblik. Det synes pigen er sjovt, og hapser en sut til fra træet. Damen er nu så oprørt, at hun vifter med sin telefon, så stavgangsstængerne dirrer, mens hun desperat råber, om man da ikke kan ringe til nogen?! Forsøger selv, at se ud som om, alt er under kontrol, og siger, at hun roligt kan gå videre. "JEG HAR ONDT AF DIN MOR" hikser damen i retning mod pigen, der vender sig om, og trækker ned i bukserne for at flashe sin bagdel. Huskede jeg at skrive, at vi taler om en pige fra 1. klasse?

18. skoledag er det blevet tid til en test. I min egen klasse har jeg netop overværet et hjertegribende øjeblik, hvor den absolut fagligt svageste, efter klassekammeraterne på skift havde læst deres hjemmedigtede historier op, for første gang stillede sig op foran klassen, og med stolthed i stemmen læste de to-stavelsesord, han selv havde skrevet. Det var ikke en sammenhængende historie. Ikke ord med samme

overskrift. Bare ord. Med to stavelser. Efter et øjebliks stilhed klappede klassekammeraterne spontant, mens dansklæreren sank en ekstra gang.

Men tilbage til testen i nabolokalet. Tre elever skal gå med mig ud på gangen, så dem i klassen kan få fred, og de udvalgte har mulighed for ekstra hjælp. Efter ganske kort tid hopper den ene op på bordet, og tramper rundt med snavsede udesko på den enes prøve. Da jeg forsøger at få ham ned, prutter han kammeraten i hovedet, og kradser store krusseduller med en farveblyant hen over papiret, til det går i stykker. Ejerpigen græder højlydt, og sidstemand føler sig måske overset. For han rydder bordet med armen, kigger på mig, og råber koldt, "Gå tilbage til dit lorteland". Da jeg flyver i hans retning, peger han blot på mig, og råber "Jeg flææækker dig". Sekunder senere er begge drenge løbet storgrinende ned ad gangen, mens tøj og sko foran de andre klasser bliver smidt rundt med og losset til.

Mange voksne, typisk forældre der ofte modtager knapt så opmuntrende mails på intra, eller andre der ikke selv står med håret i postkassen på daglig basis, mener, at det ene og alene må være lærerens fejl, når undervisningen eller deres børn

ikke lykkes. Jamen det giver da sig selv...........?!
Eller...?!

23. skoledag tænker jeg i mit stille sind, efter at
have jagtet tre børn, der har revet samtlige af en
klassekammerats Pokemonkort i stumper og
stykker, og overværet en dreng fuldstændig
umotiveret og i fuld fart komme løbende og
kropstackle en pige, så hun klaskede sammen på
gulvet, at livet simpelthen er for kort til det her!

August 1980
Dametoilettet, Kastrup Lufthavn

Fem lange år havde mine forældre i Danmark
ventet på, at denne dag skulle oprinde. Det var
godt nok ikke mig, der var ventet på i alle fem år,
da jeg kun havde eksisteret i små tre måneder,
men som vordende adoptivforældre var det noget
op ad bakke med at blive godkendt i en lang
række lande, hvis en eller begge forældre ikke var
medlem af folkekirken. Sydkorea var en
undtagelse. Der var det vigtigste, at man
brændende ønskede det barn, man fik stillet i

395

udsigt. Og det gjorde mine forældre-to-be i en grad, der knapt lod sig beskrive.

Beviset derpå er et sort-hvid billede af en lille buttet pige med sort hår, skæve øjne og betuttet smil, knugende et fly fra KoreanAir i den ene hånd. Motivet er præcis så tydeligt, som utallige kys og tårer tillader et papirfoto fra firserne at være. "Er hun med?", skulle min far have spurgt ude i den lufthavnsvinge, der kun var tilgængelig for personale og par, der ved udgang til Terminal 1 få timer senere, pludselig var blevet en familie. Der blev nikket, men alligevel blev vejret holdt, da et andet par var kørt forgæves ikke en men hele to gange før. Med et kommer en gruppe damer gående med hver sin Korean Air-farvede tøjbylt i favnen. Larmende stilhed bliver afløst af glædeslyde og pludren. Børnene, der har været undervejs i over 30 timer, da der dengang skulle flyves over Anchorage i Canada pga. forbud mod at krydse russisk luftrum, bliver overdraget. Der tælles, jo der er ti fingre og ti tæer, der gives hånd, og så er Hr. og Fru Knudsen blevet førstegangsforældre til en Nete.

Min far har fortalt, at jeg på vej ud til taxaholdepladsen satte i et blændende smil, hvorpå der lød en eftertrykkelig tryk-smattet lyd, der blev efterfulgt af en let genkendelig lugt. Min mor gik straks i panik, for drømmen om datteren fra landet bag de blå bjerge, var vist ikke nået stort længere end til omfavnelsesøjeblikket i lufthavnen, så hvad man skulle gøre med en storskidende unge, havde ikke været med i tankerne.

Derfor tog min far resolut barn og ble under armen, og stormede ind på dametoilettet med tilhørende puslebord, hvor en større gruppe indiske damer stormede ud af skræk for den mand, der trængte ind på deres område. På bedste magiske begyndervis fik han vasket barnet, OG placeret en fin ren ble, inden turen gik hjem til Nordsjælland og livet i Danmark som Nete Yom Knudsen, dansk statsborger, Made in Korea.

Tak fordi du læste med!

Blå Bog 2037

Navn: Nete Yom Knudsen
Alder: 20+
Favorit destination: Min seng
Beskæftigelse: En 30/50/20 ordning som hhv. forfatter, langturscyklist og kattedame
Forhold: Que?
Dyr: Pilo Pingvin og en forkælet Russian Blue kat
Favorit musik: Helst ikke for højt
Bedste surprice-besøg: Overraskede min bror på Continental Divide, da han næsten var i mål med sine nye titaniumknæ og undervejs klaskede 1.000.080 myg og alle rekorder i PokemonGo.
Største bedrift: At cykle tværs over USA uden at blive skudt, køre forkert eller punktere
Største bommert: På 18. år fortsat at glemme håndbremsen
Fedeste gadget: En skridttæller. Nej vent... En SODASTREAM!
Adresse: Home is where the heart is
Nytårsforsæt: Ikke at supplere samlingen af Post-, Køre-, Jule-, Samle-, Identitets-, Stempel-, Cykel-, Sygesikrings-, Rejse-, Periode-, Vejr- og Vejkort med yderligere titler
Taknemmelig for: 4 årstider, stærke tænder, folk der gider returnere et "Godmorgen", og at du på magisk vis er nået helt hertil!

Tusind tak!

… til alle jer der har støttet mine kort(e)
bogprojekter med interesse, konstruktiv kritik,
opmuntrende ord, og ikke mindst…
faktisk har købt skidtet! ☺

Kære bror
Særlig tak til dig!

Så fik du ret alligevel!

Postkort forsidefoto: Ole D. Jørgensen
Julekort forsidefoto: Selfie-Nete
Alle andre fotos: Privat

Lille Pind
Min allerbedste rejsemakker

Hallasan, Jeju Island 2007 sammen med bror.

Rejseramme fra Fremtiden

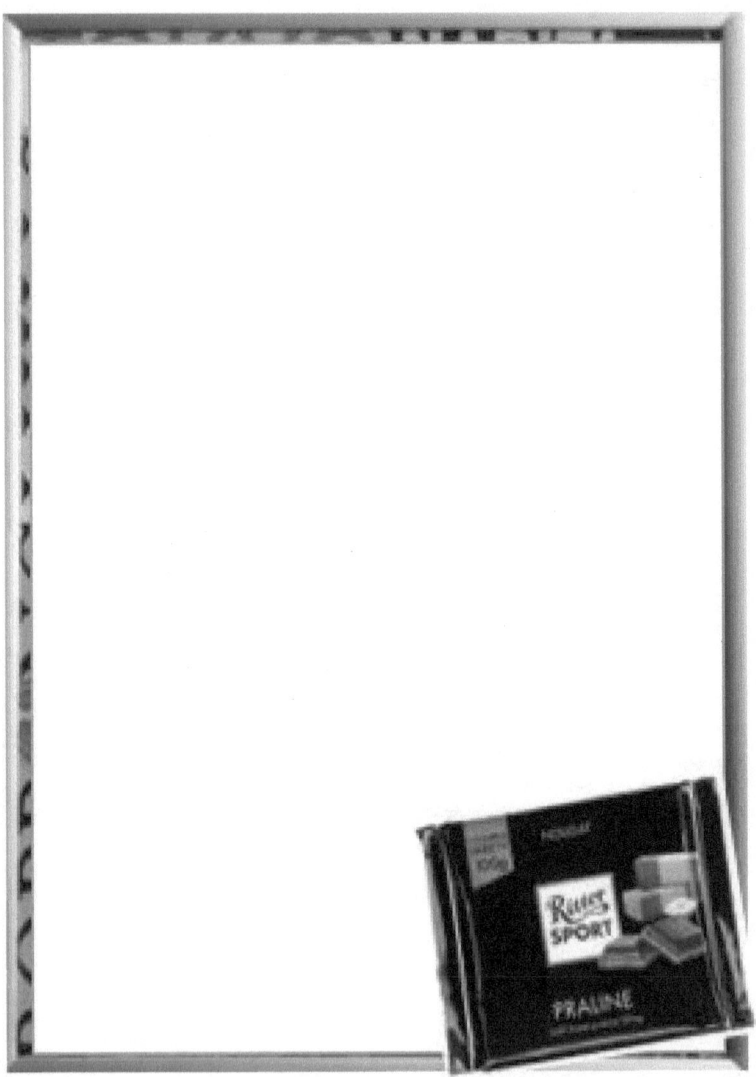